5訂版

書式
ダウンロード
特典付

JN026976

実例でみる

介護事業所の
経営と
労務管理

合同経営グループ 著
特定社会保険労務士 林 哲也 監修

日本法令

はじめに

　本書は、介護事業の現場で奮闘している経営者と経営管理者を対象としています。超高齢化時代を目前にして、地域の高齢者介護の担い手として介護事業者と介護労働者を育てるべき時代にあるにもかかわらず、介護サービス業界は重大な曲がり角を迎えました。

　2005年の介護保険制度改正、2006年の介護報酬単価改正が行われて以後、在宅介護サービスを軸に事業撤退や事業譲渡などの動きが広がっています。また、「結婚して家族を養うために寿退社」する動きが報道されるなど、介護労働者の過重労働、低賃金の実態が社会問題化しました。

　この度、日本法令から「心を込めて地域で一生懸命介護サービスに関わっている経営者と介護労働者が、介護サービスに力を入れたくても、膨大な書類仕事に追われているなどの問題があり、厳しい状況に置かれている介護サービス事業者の事業の維持、発展に貢献する本の出版をしたい」とのご依頼がありました。

　私自身が、社会保険労務士事務所を運営する一方で、居宅介護支援事業所を運営する香川県ケアマネジメントセンター株式会社の代表者として、また、香川県介護サービス事業者協会という介護サービス事業者の団体の事務局に関わっていることもあり、常々、介護サービスの生残り策を模索してきた経緯もありました。

　特に香川県ケアマネジメントセンター株式会社は、ケアプランを作成する居宅介護支援事業所だけの独立系ケアマネージャーの集団として運営されてきました。まさに介護保険制度の改正の荒波を真正面から受けながら経営を継続させてきました。

　本書は、特に小規模の民間事業所で、訪問介護、デイサービスなどの在宅系サービスの介護事業所の運営を想定しています。

　介護サービスの中でも、最も中核的サービスであるこれらの在宅系サービスは、率直に言って今後も厳しい経営状況となると見込まれています。しかし、どんなに厳しい制度改正があろうとも地域の介護インフラとして事業を維持、発展させる社会的責務が、経営者の責任として求められます。

　今後の展望としては、経営基盤強化と介護労働者の賃金アップのために

介護報酬を引き上げるとの予測もあります。しかし、長期的には、重大な国家財政赤字の問題もあり、社会保障費の大幅な削減が求められることは容易に予測できます。介護保険制度が大きく改定されても、また、最悪の場合には制度そのものが崩壊したとしても、高齢化は着々と進んでいくのです。自社の介護事業を維持、発展させる覚悟と戦略を確立させることが私達に問われているのです。

　そのために、本書の中でご紹介している各種の書式を活用していただければと思います。これらのデータは、本書中でもご案内していますが、インターネット上からダウンロードできるようにしてあります。

　本書が、介護事業所として生残りを目指す経営者の皆さんの一助となることを願っております。

2009 年 4 月

著　者

書式ダウンロード特典のご案内

本書に収録されている下記の書式をダウンロードすることができます。
ダウンロード方法の詳細は、巻末をご覧ください。

- ●経営理念検討シート
- ● 10 年ビジョン検討シート
- ●経営戦略を考えるシート
- ●幸せアンケート
- ●経営方針（経営戦略）シート
- ●中期経営計画作成シート
- ●単年度経営計画作成シート
- ●担当者別重点実施方針
- ●等級フレーム・役職の定義・役職任命要件
- ●等級表・昇格要件

- ●人事評価シート
- ●是正対応報告書
- ●休職通知書
- ●復職の申出書
- ●労働条件通知書
- ●報連相研修まとめ
- ●自然災害発生 BCP 初回ヒアリングシート

5訂版の発行にあたって

　本書は、2009年に初版が発行され14年が経過しました。今回が5度目の改訂版となりました。

　本書で新たに強調している第一のポイントは、「介護職員処遇改善加算」についてです。本書の初版出版の年に「介護職員処遇改善交付金」が創設され、2012年に「介護職員処遇改善加算」制度へと引き継がれました。創設当時は、男性介護職員が「結婚するためにまともな職業に就きたいので寿退職したい」という事例が増え、社会問題となっていました。その後、働く職員の処遇改善は待ったなしの課題とされ、「介護職員処遇改善加算制度」が始まり、数度の改定を経てきました。本書では、現時点での制度解説をしていますので積極的に活用されることを願います。

　第二のポイントは、厳しい経営環境においても、経営理念、10年のビジョン、中期方針、計画を具体化し、職員の働きがいのある職場づくりに取り組んでいる参考事例を新たに追加していることです。また「情報によるマネジメント」として報連相を積極的に活用し、介護事業所の総合力を高めるノウハウも提起しています。そして、就業規則を積極的に「介護事業所で働くルール」として活用することで、人を大切にする経営を追求していくことを改めて強調し、整理しています。

　第三のポイントは、新たな課題である事業継続計画（BCP）の策定や、外国人労働者の活躍のあり方について新たに章が追加されたことです。
　BCPの策定は、コロナ禍の2021年4月に施行された「令和3年度介護報酬改定における改定事項について」で、2024年から策定が義務づけられており、目前となっています。

　なお、今回の改訂より、合同経営グループの若くて有能な著者たちが改訂に携わりました。
　本書が提供するノウハウが、全国の介護事業所の人事労務に関わる皆さんの参考となり、介護の現場で活用されることで、介護の仕事に生きがいを持ち、働きやすくなり、働きがいを感じるための諸施策が展開されることを期待します。

2023年6月
著者グループ

CONTENTS

第 1 章　介護保険制度の歴史的経緯と課題

第 2 章　経営指針を社員と共有する

第❸章　介護職員処遇改善加算とキャリアパス

第**4**章　介護職員の働きがいと
　　　　　労働条件の明確化

第5章　「真・報連相」で職場を変える

第6章 介護事業所をめぐる今日的な課題

第 **1** 章

介護保険制度の
歴史的経緯と課題

I 介護保険制度の意義

　介護保険適用事業所は言うまでもなく、介護保険制度次第で事業に大きく影響を受けます。これまでの制度改正において、事業の方向転換を余儀なくされた事業所も多いことでしょう。

　介護保険制度は高齢者の増加、核家族化の進行、介護離職が社会問題となるにつれ、家族負担を軽減し、介護を社会全体で支えることを目的として、2000年に創設されました。これまで制度自体を持続可能とするために様々な措置が講じられてきましたが、今後も変わり続けるでしょう。事業所として持続させるためには、制度の意義を知り、今後の制度が目指す姿を予測することによって、改正への対応、国が目指している方向性と事業所の方向性のすり合わせをすることが求められます。

＞ I 「日本国憲法」は、介護事業者の「座標軸」

　基本的な事項ですが、社会保障制度としての介護保険制度を考える場合、最初に確認しておくべきことは、個人の人権と、権利としての社会保障制度であることを理解しているかどうかです。これを「座標軸」として、昨今の制度改正をとらえることが大切です。

（I）　基本的人権の尊重、幸福追求権および公共の福祉

　日本国憲法においては、国民の一人ひとりをかけがえのない個人として大切にすることを基本思想とし、「公共の福祉に反しない限り」において、生命と自由および幸福の追求をする権利があることとされ、人は生まれながらにして自由と平等を基本的人権として保障され、「国民は、個人として尊重される」ことを宣言しています。

　今日、介護保険制度の「給付制限」など、「財源問題」が社会問題となっていますが、制度の意義を振り返るとき「生命、自由及び幸福追求の権利」が本当に尊重されているかという点は、大切な視点になります。

```
【日本国憲法】
（個人の尊重と公共の福祉）
第13条　すべて国民は、個人として尊重される。生命、自由及び幸
　　福追求に対する国民の権利については、公共の福祉に反しない限
　　り、立法その他の国政の上で、最大の尊重を必要とする。
```

（2）　国民の生存権と国の社会福祉の責任

　また、日本国憲法第25条を背景として展開している施策であることも確認しておく必要があります。

```
【日本国憲法】
（生存権及び国民生活の社会的進歩向上に努める国の義務）
第25条　すべて国民は、健康で文化的な最低限度の生活を営む権利
　　を有する。
2　国は、すべての生活部面について、社会福祉、社会保障及び公衆
　　衛生の向上及び増進に努めなければならない。
```

　介護保険制度は、国民の健康で文化的な最低限度の生活を営む権利を実現するために、国家の施策として制定された社会保障制度であることは間違いありません。ですから、財源問題からのみ出発して、「国民の健康で文化的な最低限度の生活を営む権利を実現する」という公の責任を曖昧にするようなことは断じて許すことはできません。

　財源問題において、「財源があるかどうか」という論議では「金がないからそこそこに」となってしまいますが、国民生活の向上のための国の義務をいかに果たすべきかという視座で検討することが、もう1つの大切な視点になります。

＞ 2　高齢者福祉制度の変遷

　介護保険制度施行以前の福祉としての「介護」は、基本的には税

金で運営される「措置制度」でした。1963年に「老人福祉法」が施行され、「特別養護老人ホーム」「養護老人ホーム」「軽費老人ホーム」「老人介護支援センター」などが措置として運営されるようになったのです。

その後、予想を上回る少子高齢化の進展により財政的に維持できなくなるとして1982年には「老人保健法」が施行され、医療費が無料から有料に切り替えられました。しかし、その後も少子高齢化の動向は変わらず、「老人福祉法」、「老人保健法」における介護の領域を別の財源で対応する必要があるとして、介護保険制度が実施されることになりました。

さらに、2008年には「老人保健法」から「後期高齢者医療法」へと移行し高齢者からも独自に保険料を徴収する制度へと変わりましたが、今も多くの問題を抱えているといわれています。

これらの改正は制度を維持する財源問題を大義名分として行われたのですが、その目的である「老人福祉法」で示された「老人の福祉を図る」制度を維持し、持続可能なものにしていくという使命がなおざりにされてはなりません。

そこで、財源問題を理由に制度が変えられてきたことによって、本来の目的である「老人の福祉を図る」ことが実現できているかどうかが問われかねない状況になっているのではないか、ということを第3の視座として提起したいところです。

実際に「後期高齢者医療」が始まった直後にあるケアマネージャーが利用者宅を訪問したところ、利用者が直径10センチ程度の大火傷をしているにもかかわらず「戦争の時はこれ以上の火傷をしたが、自分で治した」と、通院しなかった例がありました。制度改正による医療の利用抑制の効果が発揮されたわけです。こうした例を見聞きすると、制度改正によって制度の本来の目的が見失われていないかを自問自答していくことも不可欠であると考えられます。

（1） 介護保険制度の目的

介護保険法の第1条は、次のように規定されています。

【介護保険法】

（目的）

第1条　この法律は、加齢に伴って生ずる心身の変化に起因する疾病等により要介護状態となり、入浴、排せつ、食事等の介護、機能訓練並びに看護及び療養上の管理その他の医療を要する者等について、これらの者が尊厳を保持し、その有する能力に応じ自立した日常生活を営むことができるよう、必要な保健医療サービス及び福祉サービスに係る給付を行うため、国民の共同連帯の理念に基づき介護保険制度を設け、その行う保険給付等に関して必要な事項を定め、もって国民の保健医療の向上及び福祉の増進を図ることを目的とする。

　この第1条から読み取れる法律のポイントは、次の点にあります。

① 　加齢によって生ずる心身の変化に起因する疾病等により要介護状態となり、入浴、排せつ、食事等の介護、機能訓練ならびに看護および療養上の管理その他の医療を要する者等を対象とすること

　加齢によって心身に何らかの変化が出てくることは不可避であると言えます。この加齢による心身の変化に起因した疾病等によって介護を必要とする状態になっている者が対象となります。多くは、75歳以後の後期高齢者世代になると介護を必要とする割合が急増します。

② 　これらの者が尊厳を保持し、その有する能力に応じ自立した日常生活を営むことができるようにすることを目指すこと

　人として生きるための生活の質を維持させながら、最終的には人として満足のできるターミナル（終結）を迎えられることを目指しています。この「日常生活を営む」とは、単に要介護者本人の「日常性」が確保されることだけではなく、要介護者本人を取り巻く「家族」の生活にも可能な限り「日常性」が確保されることが理想です。

③ 必要な保健医療サービスおよび福祉サービスに係る給付を行うこと

当然、介護保険サービスは、福祉的な領域のサービスだけに限定されるものではありません。訪問看護や介護老人保健施設など医療面からの介護サービスメニューも展開されています。

④ そのために、国民の共同連帯の理念に基づき介護保険制度を設け、その行う保険給付等に関して必要な事項を定めること

この共同連帯の立場から、介護サービスの給付費について、被保険者から徴収した保険料と、国・都道府県・市町村の負担によって運営される制度となりました。

⑤ 国民の保健医療の向上および福祉の増進を図ること

前述のように日本国憲法第25条には「生存権、国の生存権保障義務」が規定されています。介護保険法は、介護の分野でこの実現を目指した法律と言えるでしょう。

(2) 「介護保険」と被保険者

介護保険法第2条には「被保険者の要介護状態又は要支援状態に関し、必要な保険給付を行うものとする」とあり、要介護状態または要支援状態にある人を対象としています。この被保険者は、下表のように第1号被保険者と第2号被保険者とに分けられています。

第9条	第1号	市町村の区域内に住所を有する65歳以上の者
	第2号	市町村の区域内に住所を有する40歳以上65歳未満の医療保険加入者

この第2号被保険者について、現在の「40歳以上」の年齢の下限を変更し、保険適用の母数を拡大し、財政基盤の拡大を実現しようとする案が、度々議論されています。

2024年改正に向けた議論の中でも40歳未満への拡大に積極的な意見がありましたが、介護保険を取り巻く状況の変化も踏まえつつ、引き続き検討を行うことが適当として見送られ、2027年以後の介護保険制度改正論議で再度議題とされる予定です。

（3） 制度改正の2つの基本軸

　厚生労働省は、2つの軸で介護保険制度の必要性を説明しています。これまでの制度改正論議ではこの2つの側面が常に一体不可分に展開され、これらが相互に強弱の違いを表しながら進展してきました。

① 第1の基本軸～高齢者の医療費高騰（財政問題）への対応
② 第2の基本軸～社会的介護の実現

　そして、団塊の世代が75歳以上となり医療や介護を必要とする人がますます増加する2025年を見据え、2013年には社会保障・税一体改革を行うとして持続可能な社会保障制度の確立を図るための改革の推進に関する法律（平成25年法律第112号）が成立しました。医療・介護サービスの提供体制の改革も施策のうちに含まれており、改革後の姿として下図が示されています。

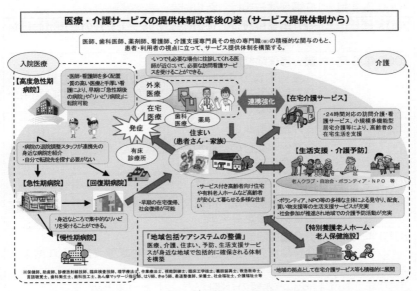

（出典）医療・介護サービスの提供体制改革後の姿（サービス提供体制から）

Ⅱ 介護保険制度改正

　介護保険制度には、下表のような変遷がありました。これらが事業者や利用者にどのような影響を及ぼしたのかを見ていきます。

☆ = 報酬改定　■ = 制度改正

1947年5月3日	日本国憲法施行
1963年	老人福祉法施行
1982年	老人保健法施行
1987年	老人保健法改正老人保健施設創設、介護福祉士・社会福祉士創設
1989年	ゴールドプラン発表、ケアハウス創設
1990年	老人保健法等福祉八法の改正
1994年	新ゴールドプランの策定
1995年	高齢社会対策基本法の制定
1997年	介護保険法成立　「冬の時代」の始まり
1999年	ゴールドプラン21の策定
2000年4月	介護保険法施行　新規創業、労働移動の波
2003年4月	☆**介護報酬改定**　地域包括ケアシステムの実現に向けた取組み開始
2005年6月	■**介護保険制度改正** 介護認定者の4割近い利用者が介護給付の対象から外れて新予防給付を受けることになり、家事援助の利用が制限される
2006年4月	☆**介護報酬改定**
2007年	介護保険給付の総額が初めて減少し、不正請求問題が社会問題化
2008年4月	後期高齢者医療法施行　介護事業所の倒産事例多発
2009年4月	☆**介護報酬改定**　改善交付金が導入され加算制度を多用した給付改定を実施
2010年4月	☆**介護保険制度改定** 介護職員処遇改善交付金に名称を変更（2011年度末まで実施）
2010年11月	「安心と希望の介護ビジョン」とりまとめ
2012年	☆**診療報酬・介護報酬同時改定** 介護職員処遇改善交付金から介護職員処遇改善加算に変更 団塊の世代が65歳に到達開始

2012年9月	「認知症施策推進5カ年計画（オレンジプラン）」を公表し、スタート
2015年	■☆介護保険制度改正と介護報酬の改定 介護予防・日常生活支援総合事業の創設、団塊の世代全員が65歳以上に
2017年	「認知症施策推進総合戦略〜認知症高齢者等にやさしい地球づくりに向けて〜（新オレンジプラン）」を策定
2018年	☆診療報酬・介護報酬同時改定 3月末に要支援者に対する訪問介護、通所介護の介護予防・日常生活支援総合事業への移行完了 介護保険サービスの利用者の一部の自己負担を3割に引上げ
2019年10月	☆介護報酬改定 「介護職員等特定処遇改善加算」創設
2020年	■制度改正
2021年	☆介護報酬改定 LIFE関連加算の創設
2022年	☆診療報酬・介護報酬同時改定 介護職員等ベースアップ等支援加算創設
2024年	☆介護報酬改定
2025年	■制度改正 団塊の世代全員が75歳以上に
2050年	日本人の2.5人に1人が65歳以上に

＞ 1 事業所経営に関する影響

　介護報酬は「出来高制」のため、事業者はサービスを提供しなければ報酬を受け取ることができません。しかも前出の表のとおり制度改正や報酬改定が頻繁にあり、毎回振り回され、時には2005年改正のように事業所が多数廃業せざるを得なくなるほどの影響を被ることとなります。

　直近の2021年報酬改定では、基本報酬が全体的には引き上げられたほかに、次のような変更がありました。

（1） LIFE（ライフ）関連加算の創設

　LIFE とは、利用者一人ひとりの ADL（基本的日常生活動作）や認知症の状態、栄養状態、口腔機能など心身の状態に関する様々な情報を登録することで、累積されたデータベースからケアに関する提案（フィードバックデータ）が受けられる仕組みのことです。背景には、今後高齢者が増加するにあたり、国としては保険給付を抑えたいため、サービス提供による改善状況を把握するビッグデータの収集準備を始めたところです。

　事業所としては、もちろん利用者の介護度が下がるのは喜ばしい半面、実際の業務と基本報酬を考えると、収益的なジレンマも存在しているのが正直なところです。より評価を反映させるために情報収集を推進する動きもありますが、システム自体の度重なる不具合を含め、提出する書類は増えているのに加算額としては少額なため、事業所にとっては手間のほうが増えたという声も耳にします。

（2） サービス提供体制強化加算の見直し

　この加算は主に従業員の経験年数や資格によって取得できるもので、それらが充実しているということはサービスの質も高いと見込めるので加算する、というものです。これまで「3年以上」とされていた介護職員の経験年数の下限が「7年以上」になるなどの見直しがされました。開設5年目の事業所がやっと加算を取れたと思ったのに、また要件を満たすまで待たなければいけないといった事態となっています。

　このように、事業所は制度改正や報酬改定に毎回振り回されることになるため、情勢や情報をいち早く捉え、「嵐の時代」を展望し、利用者、従業員のために経営基盤を確立していくことが必要です。そのためにも、早期に介護保険事業を中核事業として育てるとともに、高齢者が「自費でも使いたい」と思うような高齢者ビジネスを展開し、介護保険制度がどのような仕組みになろうとも事業を継続できる、自立した介護事業経営のビジネスモデルを確立することが急務となっています。

▶ 2　介護職員に関する影響

　介護業界は、大手や通所系であれば定時労働、週休2日制を実現することもできますが、大半の施設系はいわゆるシフト制で不規則な生活となりがちです。しかも介護報酬には限りがあるため給与が上がりにくく、そのために新規入職者が少なく離職率も高止まりしています。

　給与アップをして将来設計を描けるようになるために、介護福祉士や社会福祉士などの資格取得といったキャリア形成支援を行うことが求められます。介護職員処遇改善加算制度においてもキャリアパス要件が設けられ、希望をもって将来に向けて働き続けることができる環境整備が求められています（本制度を活用した職場環境の改善については第4章で解説）。また、2021年の介護報酬改定で義務化された介護の職場におけるパワハラ、セクハラなどのハラスメント防止対策も重要です（対策の詳細は第5章で解説）。

　従業員が働きやすい職場を、いかに実現するかが課題です。

　2025年以降を展望した地域包括ケアシステムは、介護労働者が優れた技術と高い人間性を発揮し、地域で暮らす高齢者に「看取り」までのレベルの高いケアを提供することを期待しています。従業員には、こうした期待も伝え働きがいを感じてもらうことも重要といえるでしょう。

▶ 3　利用者と家族に関する影響

（1）　日頃からの備えと業務継続に向けた取組みの推進

　新型コロナウイルス感染症によって、介護施設でクラスターが多く発生し、特に休業することもできない施設系等では負担が顕著となりました。通所系では利用控えをする利用者が増え、休業や廃業する事業所が出ました。また大規模災害の発生頻度も増していることから、2021年の介護報酬改定にて、感染症や災害が発生した場合であっても、利用者に必要なサービスが安定的・継続的に提供される体制を構築するため、業務継続計画（以下、「BCP」という）

の策定が感染症対策、自然災害対策の両方にて作成が義務づけられました。

　介護事業所は社会インフラの一部として休業しないこと、たとえ休業したとしても早期に復帰することが求められます。今後はこのBCPの精度がいかに高められ、非常時に有効に発動することができるかどうかも、事業所選びの重要な項目となっていくでしょう。BCP策定に関するについては**第6章**で詳しく解説します。

（2）　地域包括ケアシステムの推進

　団塊の世代が75歳以上となる2025年に向けて、「地域包括ケアシステム」の構築が進められています。2020年介護保険法改正には在宅医療・介護連携推進事業の見直しが盛り込まれ、2021年度からの第8期介護保険事業計画において切れ目のない在宅医療と介護の提供体制の構築が進められています。

　もはや病院や施設で「看取り」を期待することはできない時代に入ったことを十分に肝に銘じておく必要があります。何でも「介護保険で」と考えず、上手に地域のサービス等を調べ、賢く利用することが大切です。元気な高齢者は「軽度の要介護者への介護」を担うことも厚生労働省の審議会では議題となっています。

Ⅲ これからの社会保障改革の展望
～全世代対応型の持続可能な社会保障制度構築に向けて

▶ Ⅰ 人口の大幅減

　介護保険制度の背景にある「少子高齢化」は、前出の「持続可能な社会保障制度の確立を図るための改革の推進に関する法律」による社会保障改革の取組み開始以降も改善せず、人口減少が続いています。このまま推移するならば2070年には8,700万人になると推計されていて、この数字は2021年と比較すると約3,700万人減となり、2020年の中国地方・九州地方・四国地方の人口を合わせた2,500万人よりも減少するということです。

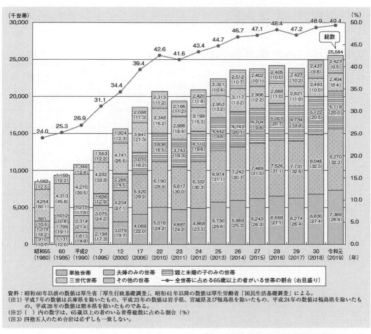

資料：昭和60年以前の数値は厚生省「厚生行政基礎調査」、昭和61年以降の数値は厚生労働省「国民生活基礎調査」による。
(注1) 平成7年の数値は兵庫県を除いたもの、平成23年の数値は岩手県、宮城県及び福島県を除いたもの、平成24年の数値は福島県を除いたもの、平成28年の数値は熊本県を除いたものである。
(注2) ( ) 内の数字は、65歳以上の者のいる世帯数に占める割合 (%)
(注3) 四捨五入のため合計は必ずしも一致しない。

（出典）令和4年版高齢社会白書

理由の一つに、出生率の減少が挙げられます。1971年の第2次ベビーブーム以降減少傾向が続き、2016年には97万6,979人で100万人割れとなりました。2022年の出生数は速報値で79万9,728人と、80万人を切っています。

社会保障改革として子ども・子育てに関する各種施策も実施され、男性の育児休業取得促進なども行われていますが、回復には至っていません。

＞ 2 孤独死の増加、看取りの意義

2010年人口動態統計（確定数）によれば、昔は「お爺さんやお婆さんが自宅で亡くなるのを家族が看取る」という光景から「国民皆保険」の定着によって、「医療機関」で「看取られる」ことが主流になりました。

加えて、右ページの資料のとおり65歳以上の一人暮らしが男女ともに増加傾向にあります。

死亡の場所別にみた構成割合の年次推移

年次		総数	病院	診療所	介護老人保健施設	助産所	老人ホーム	自宅	その他
1951	昭和26年	100.0	9.1	2.6	・	0.0	・	82.5	5.9
55	30	100.0	12.3	3.1	・	0.1	・	76.9	7.7
60	35	100.0	18.2	3.7	・	0.1	・	70.7	7.4
65	40	100.0	24.6	3.9	・	0.1	・	65.0	6.4
70	45	100.0	32.9	4.5	・	0.1	・	56.6	5.9
75	50	100.0	41.8	4.9	・	0.0	・	47.7	5.6
80	55	100.0	52.1	4.9	・	0.0	・	38.0	5.0
85	60	100.0	63.0	4.3	・	0.0	・	28.3	4.4
90	平成2年	100.0	71.6	3.4	0.0	0.0	・	21.7	3.3
95	7	100.0	74.1	3.0	0.2	0.0	1.5	18.3	2.9
2000	12	100.0	78.2	2.8	0.5	0.0	1.9	13.9	2.8
05	17	100.0	79.8	2.6	0.7	0.0	2.1	12.2	2.5
08	20	100.0	78.6	2.5	1.0	－	2.9	12.7	2.3
09	21	100.0	78.4	2.4	1.1	0.0	3.2	12.4	2.4
10	22	100.0	77.9	2.4	1.3	0.0	3.5	12.6	2.3

（出典）平成22年人口動態統計年報より著者作成

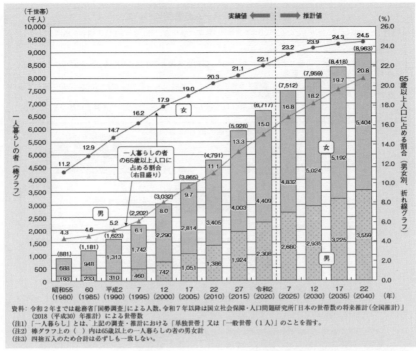

資料：令和２年までは総務省「国勢調査」による人数、令和７年以降は国立社会保障・人口問題研究所「日本の世帯数の将来推計（全国推計）」
　　　（2018（平成30）年推計）による世帯数
（注1）「一人暮らし」とは、上記の調査・推計における「単独世帯」又は「一般世帯（１人）」のことを指す。
（注2）棒グラフ上の（　）内は65歳以上の一人暮らしの者の男女計
（注3）四捨五入のため合計は必ずしも一致しない。

（出典）令和４年版高齢社会白書

　こうした現状を受け、2021年度からの第８期介護保険事業計画
において切れ目のない在宅医療と介護の提供体制の構築が進められ
ています。介護サービスも、今後は、こうした高齢者の「看取り」
までを見据えながら在宅や高齢者住宅なども含めて、高齢者の尊厳
を守るためにどのような在り様が考えられるかを探求しなければな
りません。

　次の２つの図は、厚生労働省が「地域包括ケアシステム」の概念
を示す際に使用しているものですが、在宅を中心にして多様なサー
ビスがある、という程度の理解では不十分です。図の在宅を中心と
しながら、矢印がどこに向いているかがポイントです。さらに、在
宅医療と介護の連携により、看取りについても在宅が想定されてい
ることを理解しておきましょう。

地域包括ケアシステムの構築について

○ 団塊の世代が75歳以上となる2025年を目途に、重度な要介護状態となっても住み慣れた地域で自分らしい暮らしを人生の最後まで続けることができるよう、医療・介護・予防・住まい・生活支援が包括的に確保される体制（地域包括ケアシステム）の構築を実現。

○ 今後、認知症高齢者の増加が見込まれることから、認知症高齢者の地域での生活を支えるためにも、地域包括ケアシステムの構築が重要。

○ 人口が横ばいで75歳以上人口が急増する大都市部、75歳以上人口の増加は緩やかだが人口は減少する町村部等、高齢化の進展状況には大きな地域差。

○ 地域包括ケアシステムは、保険者である市町村や都道府県が、地域の自主性や主体性に基づき、地域の特性に応じて作り上げていくことが必要。

（出典）地域包括ケアシステムの構築について

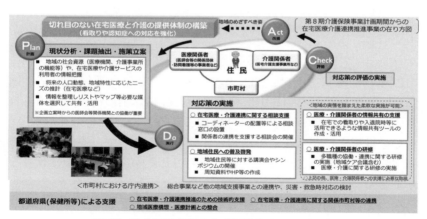

（出典）社会保障審議会介護保険部会意見（令和4年12月20日）

▶ 3 介護保険制度これからの20年

　これまで見てきたように、介護事業は制度改正の影響を大きく受けます。今後、制度がどのような方向に向かうかを見極めて利用者の確保と職員の確保の両方ができなければ、事業を続けることは困難です。65歳以上人口がピークを迎える2042年まで約20年と、先のことのように感じられるかもしれませんが、若い職員からすれば今後20年存続するかが危うい企業では介護を一生の仕事にすることはできず、後継者も育たなくなってしまうでしょう。そのため、将来を見据えてまずは10年後に企業としてどうありたいかといったビジョンを明確にすることが必要です。

　政府は、2040年を展望した社会保障・働き方改革として、2019年5月に次の4つの取組みを進めると表明しています。

（1）多様な就労・社会参加の環境整備
（2）健康寿命の延伸
（3）医療・福祉サービスの改革による生産性の向上
（4）給付と負担の見直し等による社会保障の持続可能性の確保

2040年を展望し、誰もがより長く元気に活躍できる社会の実現

● 2040年を展望すると、高齢者の人口の伸びは落ち着き、現役世代（担い手）が急減する。
　→「総就業者数の増加」とともに、「より少ない人手でも回る医療・福祉の現場を実現」することが必要。
● 今後、国民誰もが、より長く、元気に活躍できるよう、以下の取組を進める。
　①多様な就労・社会参加の環境整備、②健康寿命の延伸、③医療・福祉サービスの改革による生産性の向上
　④給付と負担の見直し等による社会保障の持続可能性の確保
● また、社会保障の枠内で考えるだけでなく、農業、金融、住宅、健康な食事、創薬にもウイングを拡げ、関連する政策領域との連携の中で新たな展開を図っていく。

2040年を展望し、誰もがより長く元気に活躍できる社会の実現を目指す。

≪現役世代の人口の急減という新たな局面に対応した政策課題≫

多様な就労・社会参加	健康寿命の延伸	医療・福祉サービス改革
【雇用・年金制度改革等】 ○ 70歳までの就業機会の確保 ○ 就職氷河期世代の方々の活躍の場を更に広げるための支援 （厚生労働省就職氷河期世代活躍支援プラン） ○ 中途採用の拡大、副業・兼業の促進 ○ 地域共生・地域の支え合い ○ 人生100年時代に向けた年金制度改革	【健康寿命延伸プラン】 →2040年までに、健康寿命を男女ともに3年以上延伸し、75歳以上に ○ ①健康無関心層へのアプローチの強化、②地域・保険者間の格差の解消により、以下の3分野を中心に、取組を推進 ・次世代を含めたすべての人の健やかな生活習慣形成等 ・疾病予防・重症化予防 ・介護予防・フレイル対策、認知症予防	【医療・福祉サービス改革プラン】 →2040年時点で、単位時間当たりのサービス提供を5%（医師は7%）以上改善 ○ 以下の4つのアプローチにより、取組を推進 ・ロボット・AI・ICT等の実用化推進、データヘルス改革 ・タスクシフティングを担う人材の育成、シニア人材の活用推進 ・組織マネジメント改革 ・経営の大規模化・協働化

≪引き続き取り組む政策課題≫

給付と負担の見直し等による社会保障の持続可能性の確保

（出典）厚生労働省「2040年を展望した社会保障・働き方改革について」

2021年度介護報酬改定にて導入されたLIFE加算は、この(3)の医療・福祉サービス改革のうちデータヘルス改革として掲げられている取組みの一つです。同様に、今後は基本報酬を減らしたうえで、加算体制を整えた事業所のみ評価するといった仕組みになっていくことが予想されます。既に、介護事業所は効率化を求められており、より少ない人手でも回るようICTの導入を条件に人員条件の緩和などが進められています。ただし、これについては、裏を返すと、少ない人員でできるのだから、今後、国が事業所の介護報酬を抑えてくるのではないかという懸念も出てきます。大規模事業所であるほど、効率が高く、その結果として、大規模事業所として基本報酬を下げています。

　改革の項目には「経営の大規模化・協働化」も掲げられており、今後大規模化が進んでいくと、小さな事業所は太刀打ちするのが難しくなるでしょう。同じサービス内容であれば、利用者は利用料が安い大規模事業所を利用したがるものだからです。

　小規模事業所では、今後、機能訓練に特化するなど何かしらの専門性がない限りは地域内に大手が進出してきた際、飲み込まれるしかないでしょう。そして、大手が専門性を高めると何をしても太刀打ちができなくなります。その前に利用者が離れないように自社の強みを把握し、育てていく必要があります。

　また、制度改革の方向性として、介護予防給付として行われている要介護1・2への訪問介護・通所介護を総合事業に移行するほうが効率的、という意見があり、2027年度からの第10期介護保険事業計画期間の開始までに検討のうえ結論を得るとされています。移行を見越して対応を検討することも必要でしょう。

第 2 章

経営指針を
社員と共有する

I 「自立型介護経営」を実現するための経営指針

　少子高齢化による人口減が今後の社会に及ぼす影響は大きなものであり、政府の「次元の異なる少子化対策」の効果を予測することは困難と考えられるので、高齢化社会を見通してできる事業と対策を講じていく必要があります。今後増えると予測される孤独死の増加や看取りの意義を考えると、地域社会で必要とされる介護事業所は、ますます重要な役割を担うことになるでしょう。

　「コミュニティビジネス」としての地域密着型のサービスの提供は、地域社会に希望の灯りをともす事業になるともいえます。地域社会に根づいて長く事業を継続していくためには、介護保険制度に振り回されない自立型介護事業経営の実現が必要となります。介護事業所としての枠組みだけでは本当の意味での活きた経営ができないので、その場所で働く人の職場づくり、働きやすい職場環境の整備とともに、社員が安心して長く働き続けることができる処遇面の充実も必要となります。

＞ １　経営指針の必要性

　介護サービス事業は、法的には法人による経営を必要とされ、その多くが中小企業です。

　中小企業経営は、夫婦等の同族や経営者一人で事業を開始する傾向があり、率直に言って経営幹部集団と意見を交換しながら意思決定をする組織経営がどうしても苦手な傾向にあります。しかも、経営者が経営管理よりも現場で先頭に立って働いているケースが圧倒的ではないかと思われます。

　介護事業の特徴を考えると、他の事業以上に経営者自らがプレイングマネージャーとして現場の第一線に関わることは大切だと実感しています。特に、経営者の人間としての生き様やリーダーシップが発揮されることによって働く者も共感を覚えるといえます。

　ただ、介護事業を取り巻く経営環境は今まで以上に複雑・多様な

状態になってきています。さらには介護保険制度開始から 20 年以上が経過し、事業承継・後継者問題などの検討も必要となるなど、経営課題はますます多様化しています。今後、介護保険諸制度が劇的に変化することも想定されます。そういった状況になったときに、経営者は何をもとに事業を進めていけばよいのでしょうか。

だからこそ、経営者が抱えている最も根源的な課題に回答することを目的とした文書である「経営指針」が必要であると言えます。

以下では、「経営理念」「10 年ビジョン」「経営方針」「経営計画」の 4 つを総称して「経営指針」と表現することとし、経営指針をつくる目的について考えます。

（1） 経営環境の激変を乗り越える「構造改革」の覚悟を固めるため

第 1 章でみたように、今後ますます少子高齢化が進みます。しかも介護保険制度は 5 年ごとに制度変更を繰り返します。この激変の中事業所経営をリードしていくことは、「創業」にも等しいものです。

今後、介護保険制度が高齢者の増大を見越して要介護者の中重度化に対応しようとしていることや、厚生労働省が 2017 年に掲げた「新オレンジプラン（認知症施策推進総合戦略）」にも打ち出されているように、認知症への積極的な対応をしようとしていることは、介護事業者と介護労働者にとっては、より高い介護技術レベルが求められるようになることを示唆しています。

こうした変化に対応できるよう、これまでの事業領域や経営活動の仕方を見直し、新たに事業を創業する覚悟で抜本的に事業の在り方を再検討することが求められます。小手先の改善に終始するのではなくて、自社の経営の構造改革に着手しなければなりません。総じて、従来のやり方を漫然と繰り返していては絶対に生き残れません。漫然としていては必ず「倒産」に追い込まれます。

今こそ経営環境の変化を的確に捉え、ぶれない座標軸（経営理念）を持ち、自社の「構造改革」を断行することができるかどうかが問われています。

（2） 制度の激変に左右されない「自立型介護経営」を実現するため

　私流の「自立型介護経営」の概念は「介護保険制度の激変に振り回されず、ぶれない座標軸（経営理念）を明確」にしていることです。

　介護保険制度は、今後とも激変が連続します。この激変を乗り越え、自社の「構造改革」を実施するには、自立した視点から介護保険制度と利用者を見つめ、制度の激変をリードして行く「自立型介護経営」を実現することが必要です。

　介護事業は、一定数の利用者と契約ができ、サービスを提供して給付請求さえすれば「売上は必ず入金される」という業界で特に不況の時代には「安定産業」とさえ思われる業界ですが、事業の根本的な問題として「価格決定権」のない産業であるということは、「経営」という観点から見ると決しておもしろい産業ではありません。結局のところ首根っこを押さえられているわけです。

　どんなに素晴らしい介護サービスを提供しても、その単価はどこでも同じ額に（地域単価はありますが）しかなりません。報酬単価表による国家統制価格で仕事をしているので、良いサービスのために多くの経営資源を投入しているからと言って特別に高い報酬をもらうことはできない仕組みになっています。

　これまでにも、介護バブル期に「介護の甘い蜜」を食べ過ぎて「介護保険制度依存症」になり、自立思考ができなくなった事業者が2005年の介護保険制度改正で要支援者が介護給付の対象から除外され次々に倒産したり、コロナ禍の利用控えで廃業せざるを得なくなったりした事業者がありました。ですから、従業員は口にこそ出しませんが、「うちは大丈夫だろうか」「今後給付抑制が強化されたら事業縮小や身売りがあるのではないだろうか」と不安を抱いていることは事実です。

　介護保険制度の激変に振り回されず、ぶれない座標軸（経営理念）を明確にし、従業員の誰もが安心してついていける「自立型介護経営」の展望を明確に示すことが、経営者に求められています。

具体的にどのような「自立型介護経営」が考えられるか、実践的類型を列挙したのが下表です。経営理念の検討を経て「自立型介護経営」の方針を明確にし、その実践展開をする過程では、この事業を支える自立的な介護労働者を育てることも大切です。

実践的類型	メリット・チャンス	デメリット・リスク
複合的なサービスの組合わせ	制度・単価改正のリスク分散ができる 「終末まで面倒を見てほしい」と思う利用者の安心のパッケージが提供できる	大きな経営資源が必要になる可能性がある（施設要件・資格者要件確保の必要）
小規模のデイサービスに特化し内容を改革	ビジネスモデルが見えやすい 経営資源は小さくてよい	間違えると存在基盤が一気に喪失 高収益は見込めない
介護保険以外の地域支援事業、新予防給付への特化	「要介護」状態でない若い広範な層を対象にできる 利用者の増加が見込める事業であり安定事業の可能性あり	未経験分野であり方法論的に未熟 単価改正による収益減リスクはある
介護保険事業の領域との連携サービス（高齢者住宅など）	介護保険制度の改正があっても影響は少ない 高齢者に満足や安心のパッケージが提供できる	大きな経営資源が必要になる可能性 別事業領域のノウハウ必要

（3）　経営指針の確立により、地域の対外的な信用力を高めるため

　経営者が心底の思いを込めて経営理念を明確に語ってくれ、ともに実践している会社の従業員は、「何としても継続発展させたい会社」と感じます。大切なことは、従業員は地域の住人でもあるということです。しかも、地域の他の事業所の従業員もよく知っているのです。この従業員が利用者や知合いに「うちの会社はすごく良

い」と誇りを持って語ってくれるかどうかは、重要なことです。

　こうした信頼感は、従業員を募集する際に安心感とやる気を引き出すことにも繋がります。従業員と利用者、周りの同業者からも信用され、大切に思われる介護事業所になることが、その介護事業の品格となりブランド力となって強靭な信頼関係に取り囲まれた会社となるのです。

　その出発点は、経営者の明確な経営理念の発信にあると言えます。

▶ 2　「人材確保指針」が指摘する「経営理念」の必要性

　「社会福祉事業に従事する者の確保を図るための措置に関する基本的な指針」（2007 年 8 月 28 日厚生労働省告示第 289 号。以下、「人材確保指針」という）では、「経営理念」についても述べています。

（1）　経営の在り方を研究するため

　第一に、経営の在り方を研究するために経営理念を明確にすることを求めています。

> **第3　人材確保の方策**
> （中略）
> (2)　**新たな経営モデルの構築**
> ①　福祉・介護サービスが人によって支えられる事業であることを踏まえ、福祉・介護サービスを行うのにふさわしい経営理念を確立するとともに、質の高いサービスを確保する観点から、サービスの内容に応じた採用方針や育成方針の確立など、明確な人事戦略を確立すること。（経営者、関係団体等）

　経営の「構造改革」のために経営理念が大切であると厚生労働省も述べていることは、極めて注目に値することであると思われます。また、次の表にまとめた事項も提示しています。

人材確保指針で述べていること	意　味
先進的な経営の取組みの研究	既存の事業の延長線で事業を考えるだけではなくて、先進的な介護事業のビジネスモデルを研究すること
経営主体、事業の規模・種類、地域特性の研究	ビジネスモデルが地域で受け入れられるか、あるいは自社の経営資源で対応できるか研究をすること
福祉・介護サービスを行うのにふさわしい経営理念の確立	新たなビジネスモデルを選択するにあたっては、自社の意思決定の基準を明確にして選択すること

　実際に厚生労働省が率先して「経営モデル」を普及できるかは若干の疑問がありますが、経営者は自らの五感を研ぎ澄まして学べるビジネスモデルを研究する必要があります。そのうえで、自社の力量、地域のニーズを分析し、最終的には経営理念に基づいた意思決定を行うことが求められます。

（2）　福祉・介護サービスを行うのにふさわしい経営理念の必要性

　第二に、福祉・介護サービスが人によって支えられる事業であることを踏まえ、福祉・介護サービスを行うのにふさわしい経営理念を確立するため、次の3つを求めています。

1　採用方針の確立
➡　経営理念を明確にすることによって、どのような介護労働者に働いてもらいたいかを明らかにする
2　育成方針の確立
➡　介護労働者に自社でどのように成長してもらいたいかを明確にすることで、仕事を通じた働きがいを体験でき、離職率が低減する
3　人事制度の改革
➡　「確立」ではなくて「改革」としているところがミソで、従業員に将来どのように人生を歩んでもらいたいのか処遇について明確な理想を持ち、改革する

人材確保指針が打ち出された最大の動機が、名前のとおり人材確保にあるので、こうした「採用方針の確立」「育成方針の確立」「人事制度の改革」というベクトルを明示することは当然のことです。しかし、「採用方針の確立」、「育成方針の確立」と「人事制度の改革」では、経営上の意味合いが少し異なります。

　3つ目の「人事制度の改革」には、賃金の昇給に直結するという意味での「人事制度の改革」まで着手するかどうかが問題となります。現状および近い将来に「昇給原資」が確保できるだけの収益性のあるビジネスモデルが確立できるかどうかがカギとなるからです。

　介護の世界は、男性が「結婚前に寿退職する」といわれるように「一家の柱とはなれない」のが当然の宿命のようにいわれ、まともな職業として選択するのは間違いのように扱われています。一方で、ハローワークに出されている求人を見ると「最低賃金に少し色を付けた程度」という表示が散見されます。こうした「介護事業は賃金が安いのが当たり前」という考えを経営者自らが打破し、「業界の常識にこだわらない賃金を」等の理念を掲げ、そのために収益性の高いビジネスモデルを立案するという経営計画や経営方針を提起し、その実現に向かって労使一体となって邁進するということも、理念経営の一つの在り方だと確信しています。

　右の図のとおり、人材確保指針では人材確保の安定化・定着化を図ることが重要だと示しています。

　将来にわたって安定的に人材を確保していかなければ、事業を続けていくことができません。そのためには、就職期の若年層を中心とした国民各層から選択される職業となるよう、他業種・他職種とも比較して適切な給与水準が確保されるなど労働環境を整備したり、従業員のキャリアアップの仕組みを構築し高い専門性に見合った処遇を確保したりするなどが必要となってきます。

　介護の担い手を増やそうと、厚生労働省も「介護のしごとの魅力発信事業」などにより福祉・介護の仕事の魅力を伝え、イメージアップを図るため、体験型・参加型のイベントを開催したりターゲット別（若年層向け、子育てを終えた層向け、アクティブシニア

人材確保指針のポイント

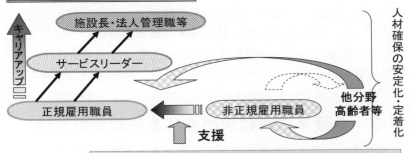

4．新たな指針のポイント

施設長・法人管理職等

サービスリーダー

正規雇用職員　←　支援　←　非正規雇用職員　他分野
高齢者等

キャリアアップ

人材確保の安定化・定着化

労働環境の整備の推進	○ キャリアと能力に見合う給与体系の構築、適切な給与水準の確保、給与水準・事業収入の分配状況等の実態を踏まえた適切な水準の介護報酬等の設定、介護報酬等における専門性の高い人材の評価の在り方検討 ○ 労働時間の短縮の推進、労働関係法規の遵守、健康管理対策等の労働環境の改善 ○ 新たな経営モデルの構築、介護技術等に関する研究・普及　等
キャリアアップの仕組みの構築	○ 施設長や生活相談員等の資格要件の見直し等を通じた従業者のキャリアパスの構築や研修体系 ○ 従事者のキャリアパスに対応した研修体系の構築 ○ 経営者間のネットワークを活かした人事交流による人材育成　等
福祉・介護サービスの周知・理解	○ 教育機関等によるボランティア体験の機会の提供 ○ 職場体験、マスメディアを通じた広報活動等による理解の促進等
潜在的有資格者等の参入の促進	○ 潜在的有資格者等の実態把握／福祉人材センター等による相談体制の充実／無料職業紹介等による就業支援・定着の支援　等
多様な人材の参入・参画の促進	○ 高齢者への研修、障害者への就労支援等を通じた高齢者などの参入・参画の促進　　　　等

そのほか、経営者、関係団体等並びに国及び地方公共団体が、十分な連携を図りつつそれぞれの役割を果たすことにより、従事者の処遇の改善や福祉・介護サービスの社会的評価の向上等に取り組んでいくことを明記。

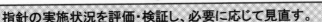

指針の実施状況を評価・検証し、必要に応じて見直す。

（出典）厚生労働省「『社会福祉事業に従事する者の確保を図るための措置に関する基本的な指針』の見直しについて」

層向けなど）の情報発信などを行ったりしていますが、関心・興味を持った人が自社を訪れたときに自社の魅力を十分に発信できなければ、採用には繋がりません。また、採用された人が定着するためには、処遇面だけでなく、自身のキャリアアップの道筋が用意されているかや、会社の将来性など、様々な要素が絡み合ってきます。

　介護・福祉サービスの事業は人によって支えられています。その事業をするにふさわしい経営指針を作成し、理念を社員と共有することで、経営基盤としての人の定着が図られていくのです。

▶ 3　介護事業所に求められる経営指針とは

　「経営指針」は、「経営計画」と表現する場合もありますが、表現についてはこだわりません。自社の存在価値と事業の方向性を明確に定めた総合的文書であれば、十分かと思います。

　これからの介護事業所に求められる経営理念とは、行き当たりばったり、制度に振り回されるなりゆきの経営から、企業の目的・目標をしっかりと定め、企業が目指すべき姿、自社の理想的な未来像（ありたい姿）をしっかりと描き、それを達成するための道筋をしっかり示すために必要と言えます。

　経営指針を体系的に表すと、右図のように示すことができます。

（1）　経営理念

　「経営理念」は、経営陣の人生をかけた経営の基本目的として明文化されます。自社の存在目的とは何かを考え、「特定の時間・場所に制約されず表明される事業の情熱・理想」を表明するものです。つまり、介護事業の経営にあたっての根本的な考え方を明示するものです。

　福祉・介護サービスが人によって支えられる事業である以上、人が一つの目的に向かって行動できる組織であることが必要です。

　一つの目的に向かって行動できる組織となるために最も大切なことは「何のために介護事業をしているのか」という目的意識が、全社的な価値観として明確にされることです。経営者としてその思いが明らかにされていることが必要です。

経営指針成文化の枠組み

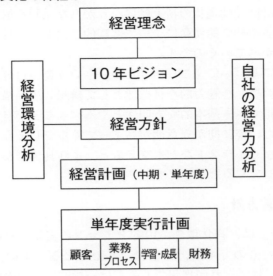

また、「従業員の満足度100%」の実現を考慮することも大切です。

介護サービスは労働集約産業なので、「介護従事者の幸せ」と一体であることが絶対的に必要です。「従業員の満足度100%」を実現しなければ「利用者（家族含む）満足度100%」を追求することは不可能です。「気分がむしゃくしゃしたから利用者を虐待した」という事件が増加していることがそれを物語っていますが、自分が不幸せな人が他人を幸せにすることは、絶対にできないのです。

経営陣と従業員が「この会社で働いて生きて良かった」と心底から思える経営理念を検討し、共有することができれば、その会社は、とても幸せな方向への第一歩を踏み出したことになります。

（2） 10年ビジョン

「10年ビジョン」とは、経営理念を追求していく過程における自社の理想的な未来像（ありたい姿）を具体的に表したものです。

10年という期間は、単年度計画や中期計画（3〜5年）を考え

ようとするときに設定される期間とは、まったく異なる次元の期間です。短期計画では現状の積上げになりがちな発想を取り払い、自社の存在意義や社会的使命について客観的に検討し、理想的な未来像を思い浮かべていくのです。

　経営理念に基づいて「こうありたい」という姿、自分たちの将来の「ありたい姿」を魅力的な目標像として構想し思い描くことで、長期的に目指すべき基本的な方向性とやるべきことが自ずと明瞭になり、ありたい姿に向かう意欲が高まってくるでしょう。言葉での表現だけでなくイラストなども交えると、より具体的なビジョンが浮かび上がってくると思います。

（3）　経営方針

　「経営方針」は、経営理念、10年ビジョンの実現を目指す筋道を明らかにしたものですが、経営理念、10年ビジョンの高い志を実現するためには、それが理想であるだけ一般的に2つの壁に行き当たることになります。

　第1の壁は、社会的な壁です。いくら「利用者のために」と思って訪問介護を行っても「軽度利用者は介護予防へ」と制度改正されると、介護保険制度では「それまで」となってしまいます。経営環境変化という脅威が、常に迫ってくるわけです。

　第2の壁は、社内的な壁です。自社には優れた力もあると思いますが、「人・モノ・金」と経営資源を並べて今後の事業を考えると、足りないことが山積しています。そのため、不足を解消する方針体系を確立する必要があります。

　経営環境の脅威に対してチャンスを生かして打破するか、または自社の経営資源を傾注して打破するか、さらには一時的に保留して別のルートを探るか等、その方針を意思決定する必要があります。

　自社の経営資源不足を解消するために、自社の強みを投入して解決するか、独自に弱みを取り除くか、弱みを保留して別のルートを探るか等、これも方針を意思決定する必要があります。これらの意思決定したものを総称して「経営方針」として取りまとめることになります。

	内　容	考え方
経営理念	・どのような会社を目指すのか？ ・経営者の心底から発する生き様そのもの ※　事業の方向性・会社の社会的存在意義。介護労働者の幸せ追求	①　「何のために自分は経営をしているのか」「自社の社会的存在意義は何か」について心底説明できること ②　従業員の幸せの追求の理想も大切である
10年ビジョン	・理念にもとづく組織の高い理想を映し出しロマンにあふれている ・組織の個性や独自能力が反映されている ・社会や市場の変化を創造的にとらえ、適合している ・目的と方向性が明瞭で、誰にでもわかりやすい	①　将来社会における自社の存在意義や社会的使命を客観的に検討する ②　社員にとって希望が持てる未来の想像ができるビジョンであること
経営方針	・理念の実現を目指す道筋（やること・守ること）を明確にすること ・理念が貫かれた方針であること ※　そのためにも、自社を知る・環境をつかむ・将来を予測する	・経営理念を実現するために「経営環境の分析」と「自社経営力の分析」を実施する ・分析による「長期経営課題と方針体系の整理」には、 (a)　経営理念、10年ビジョンと経営環境変化の間のギャップを解消する方針体系の整理 (b)　諸原資の不足を解消する方針体系の整理 の2つの目的がある。 ・「長期経営目標の設定と長期方針の絞込み」で、主要な業績指標に対する目標の設定と、成し遂げる長期方針を選択する ・具体的には「3年後のゴール」を設定し、それを成し遂げる方針を検討する
経営計画	・理念の実現のための手段・方策・手順について、いつまでに・どこまで・どのように、が科学的に分析された計画 ※　計画・実践・検証・修正する	・具体的な行動を起こすための日程、対象、原資などを具体的に検討する ・また、その「解消策」を具体化するプロジェクトを取り込んだ「年次別期間総合計画」を作成する

経営方針の「考え方」欄内の表：

経営環境の分析	自社が社会的にどのような居場所にいるのか、今後の主要な経営環境変化に対する予測
自社経営力の分析	自社の保有する有形・無形の諸資源の掌握をする

（4）　経営計画

　「経営計画」は、策定された目標と戦略に基づき、それを達成するための手段、方策、手順を具体的に策定するものです。

　言い換えれば「経営計画」は、「経営方針」に沿った「解消策」を具体化するプロジェクトです。例えば「現在と異なる新しい介護サービスに着手する」と言えば、そのための「日程、対象、原資は……」などと具体的に検討します。その「解消策」を具体化するプロジェクトを取り込んだ「年次別期間総合計画」を作成する場合もあります。

（5）　経営指針の全体像

　「経営指針」はこれらの４つの構成要素でつくられていますが、４つの構成要素の中でも最も根本的な要素となるのが、「経営理念」と「10年ビジョン」です。この「経営理念」「10年ビジョン」を実現するために「経営方針」「経営計画」が立案され、実施されるわけです。

Ⅱ 経営指針作成の手順

⟩ 1 介護事業の「働きがい」を経営理念で明確にする

　介護事業は、率直に言って他の事業に比べると「働きがい」を実感しやすい仕事です。

　家族が要介護状態となり介護サービスを利用するまでのプロセスには、総じて他人に言えない悩みと葛藤があります。介護サービスが広く利用されるようになった今でも、依然「他人に家の中のことをお願いすることには抵抗がある」という感情は残っています。それをも乗り越えて依頼し、実際に介護サービスを受け入れ困っていたことが少しでも解決することによって、その利用者と家族は救われます。

　ある民間から参入した事業所は「長らくいろいろな仕事をしてきたが、人から『助かった』と涙を流して拝まれる体験は初めてだ」と言っています。

　経営者がベクトルさえ間違えなければ、必ず働きがいが山のように発見できる職場領域なのです。

　介護事業において経営者の考え方を明らかにしていくためのポイントは、次の3つです。

（1）　ポイント1：経営者自らの介護への思いを明確にする

　第一は、業界常識にとらわれず経営者自らの介護体験や介護への思いを明確にすることです。

　介護事業は専門職の集合体でもあるので、どうしても「業界の常識」という物差しで考える風潮があります。サービスを提供する側の都合や視点から理念を具体化してしまうと、「してやっている」という偏った考えが表に出た理念となりがちになります。

　そうならないためにも、視点を変えてみることをお勧めします。

介護を受ける利用者と家族のために、どのような有益なサービスや価値を創造して提供していきたいのか、「経営する目的」について、「利用者と家族は自社に何を求めているのか」という相手側の視点から深めることです。

（2）　ポイント２：介護労働者をパートナーとして位置づける

第二は、ともに働く介護労働者をどのように見るかということです。

経営者が、ともに働く従業員を最も信頼し合える頼もしいパートナーとして位置づけられているかどうかが分かれ目です。

経営理念を明確にすることによって、経営者は介護サービスの提供意義と利用者と家族への責任を自覚し、経営者としての誇りを培うことになります。また従業員は、経営者の介護サービスに対する基本姿勢を知ることによって、安心感と誇りを持って仕事に向かうことができることにもなります。まさに経営理念は、望ましい企業文化を培い、介護事業の品格となりブランド力となって、強靱な信頼関係に満ちた会社をつくっていきます。

（3）　ポイント３：利益を得ることの意味を真剣に考える

第三は、利益を得ることの意味について真剣に考えることです。

介護事業では、大規模な投資をしている経営者の「経営の目的」が、「利益を出して借金を返すこと」になっている場合が多々あります。それを真顔で信じている経営者もいますが、この考えをまともに従業員に説明して共感が得られるでしょうか？　また、利用者と家族から理解を得られるでしょうか？

利用者は、施設の借金を返すために介護サービスを依頼してくるのではないのです。従業員は、施設の借金を返す「道具」ではないのです。借金を返すことができるのは、企業活動を経て利益が得られたからです。

では、この利益とは一体何なのでしょうか？　この点が非常に大切なポイントになります。

突き詰めれば、利用者と家族に介護サービスという有益なサービ

スを提供し、そのサービスを受けた利用者と家族が「良かった」「助かった」と思ってくれるからこそ、その対価として利用料が支払われ、介護保険からも介護報酬が支払われます。このように、会社が従業員とともに一生懸命に社会に向かって貢献したことの結果が、利益として現れてくるわけです。

コラム　手に持つお花を …

　著者の知人で花屋さんの二代目経営者をしている ○ さんから経営理念の作成に苦労されたお話を聞いて感動しましたので、ご紹介します。

　○ さんは、ある人から「今の花屋さんの仕事が好きなのか？」と聞かれたことをきっかけに、「何のために花屋を経営しているのか……」と悩んでいたそうです。

　ある日、ご年配の女性が来店し、「手に持つお花を……」と注文されました。○ さんは「娘さんの結婚式で持つブーケかな」と思いながら製作し、手渡す際に何となく「何にお使いですか？」と尋ねました。

　すると、「実は、私は現在入院中で、今日が自分自身の力で外出できる最後のチャンスなのです。写真屋さんで私の『遺影』を撮るために、前からこちらでお花を買って行こうと思っていたのです」という答えが返ってきたのです。

　事情を知った ○ さんは、女性には先に写真屋さんへ向かってもらう一方、もう一度お花を作り直して写真屋さんに届けたそうです。

　○ さんはこのことをきっかけに、「『たかがお花』と言う人もいるかもしれないが、その女性には『人として生きた証し』のひとつとしてお花を大切に思ってもらえたのだ、花屋という仕事は『人が人らしく生きることをお手伝いする』ことだったのだ」と実感したそうです。

Ⅲ　経営理念検討シートを書く

> 1　作成方法

　このシートは、経営理念を検討するためのシートです。

　まず、自社の設立の背景などを分析し、1から8までを順次記載して、再考する機会にしてください。次に、各項目の着眼点を熟読し、現時点で考えていること、思っていることを率直に記載してみてください。これまでも「漠然と」は経営理念を認識していたと思いますが、こうして整理をすることで自分自身の考えをアウトプットする過程が、大切なのです。記載してみて曖昧なところや不明なところがあれば、経営陣に投げかけたり社員と語り合ったりして、明確にすることも大切です。そのキャッチボールが「全社参加の経営理念」の入り口となります。

　行動理念は、複数展開しても結構ですし、目的理念と一体にして展開することも方法です。最終的には、自社の風土と経営者としての思いで決定します。

> 2　経営理念検討シート作成例

　参考に、香川県ケアマネジメントセンター株式会社の経営理念検討シートをご紹介します（52ページ）。また、事例紹介として、株式会社せとうち福祉サービスの経営理念の例も併せてご紹介します（53ページ）。

　こうして自ら考えていることを書き出してみることで、自分自身の思いを再確認したり修正したりすることができます。

■ 経営理念検討シートの記載方法

経営理念検討シート

1. 何のために介護事業を経営しているのか

この欄は次の点に留意して検討し、記入する
第1：利益を生み出すことについて真剣に考える（利用者や家族が「良かった」「助かった」と思ってくれるから利用料が支払われる）
第2：ともに働く介護労働者をどのように見るかを明らかにする（最も信頼し合える頼もしいパートナーと位置づけているかどうかが分かれ目）

2. 創業時の（継承時）の精神は何か 決意・思いは何か

経営の基本姿勢を問うものなので、経営者の生き様も含めて検討する
業界常識にとらわれず、自らの介護体験や介護への思いを明確にする

3. 自社の固有の役割は何か

この欄には、自社の事業について、
① 我が社が存在することによって地域や社会にどのような恩恵を提供しているのか
② 他社にはない、我が社独自の存在意義は何か
を中心に、目指す具体的な仕事や役割を明らかにして記入する

「自社が存在しないと利用者はどのように困るのか」と逆説的な視点から自社の事業内容の特質を表現する工夫も大切

4. 大切にしている価値観、人生観

この欄には、中小企業経営に大きく影響する経営者の価値観、人生観を記入する

5. 利用者と家族、取引先に対する基本姿勢

この欄には、直接的利害関係者である
① 利用者と家族に対してどのようなサービスを提供するか
② 取引先に対しての姿勢はどうあるべきか
といった視点から地域社会の構成員として共存共栄する道を探り、記入する

6. 介護労働者に対する基本姿勢

この欄には、自社の従業員と会社がどう関わり合うか、従業員に何を期待するかを記入する
従業員は福祉・介護サービスでは最も大切にすべき人々だが、単なる利益確保の道具と見るか目的をともに実現するパートナーと見るかによって、内容がまったく異なるものになる

7. 地域社会や環境に対する基本姿勢

この欄には、地域に根を下ろし、地域に育てられる存在である介護サービス事業として地域や環境にどのような貢献ができるかを考えて記入する

8. 経営理念	

香川県ケアマネジメントセンター株式会社の経営理念検討シート

1. 何のために介護事業を経営しているのか
① 介護を必要とする利用者と家族が、限りなく在宅で暮らし続け、悔いのない人生の最後を、家族とともに過ごしてもらえるような科学的なケアプランを提供するため。
② 独立系ケアマネの可能性を実証するために事業をしている。

3. 自社の固有の役割は何か
質的には、現在関わっている利用者と家族が本当に良かったと思われるケアプランづくりに専念できる会社として、独立系ケアマネを貫く。
さらに、利用者が満足のいくケアプランの作成に労力を惜しまず取り組むことが、独立系だからこそできる強みである。

2. 創業時の（継承時）の精神は何か 決意・思いは何か
介護保険制度が「家族介護から社会的介護」を理念としていることで、自分自身が経験した「家族の死」に向き合うために介護事業への参入を決意した。

4. 大切にしている価値観、人生観
① 「明けない夜はない」。困難と思うことを楽しみ、突破することで新しい可能性が見えるはず。
② 「社会的介護なしに、幸せな家庭は築けない。」家庭の主婦に頼る介護では、家庭崩壊につながる。
③ 自分が間違ったときは率直に認めることから、解決が始まる。

5. 利用者と家族、取引先に対する基本姿勢
① 「サービス内容に問題のある事業所」が多いので、事例を積み重ねて、公正で公平に対応する。そうしないと利用者に損害を与えてしまう。
② 老舗の「施設」といえども、考え方を尊重しながら、間違ったことには断固とした意見を言う。媚びを売らない。
③ 単なる不理解の事業所には「援助」の手を差し伸べていく。

6. 介護労働者に対する基本姿勢
① 会社は、将来、現在の社員の中で受け継いでもらうこととしている。
② 社員を絶対に「消耗品扱いしない」運営をする。
③ 社員が「正しいと思って実行した」ことで、行政や事業所とのトラブルが発生した場合は、自分自身が矢面に立つ。

7. 地域社会や環境に対する基本姿勢
① 当社のスタンスのケアマネが一人でも増加することが、地域の介護を必要とする利用者の希望となるように、切磋琢磨したい。
② 「紙」を多用する仕事であるので、「紙」を大切に利用する。

8. 経営理念	**あなたの場所で、あなたらしく** ① 利用者も家族も「生きていて良かった」と感動できる科学的なケアプラン追求の使命 　利用者も家族も、大切な人生を、安心し喜んで生きる日々となるケアプランを追求することが私たちの使命です。 ② 利用者と家族の人生に向かい合い、共感し合える介護サービス業者と社員を育てる使命 　利用者も家族も、そして介護サービス業者と仕事に従事する社員の皆が共感しながら生きることができなければ「社会的介護」は実現できません。ハートと技術のあるサービス業者（社員も含む）を見つけ、育ってもらうことが私たちの使命です。 ③ 制度激変の嵐の中で正統派独立系ケアマネの真価を発揮し育つ使命 　介護保険制度の激変の嵐の中で、正統派独立系ケアマネとして開花し、県下に広げることが使命です。

株式会社せとうち福祉サービスの経営理念と事業戦略

【会社概要】
　会社名：株式会社せとうち福祉サービス
　所在地：〒 767-0033
　　　　　香川県三豊市三野町吉津甲 605 番地 2
　電　話：0875-72-3991　　FAX：0875-56-2667
　取締役会長：岡田　武資

✿　概　要

　㈱せとうち福祉サービスは、創業 23 年（2023 年 3 月時点）となりました。高齢社会を迎えることを予測し、地域貢献を理念に事業を開始しました。地元有志 36 名の出資により「地域に必要とされる皆の会社」という考え方からです。

　経営理念には、3 つの課題を挙げました。この理念は毎年、従業員と株主に周知し、現在も変わっていません。理念で主張していることは、①地域社会に役立つ会社の存在意義があり、②従業員の生活を守り、人間として成長することを期待すること、③会社が競争に勝ち残り、発展していくことの実行、を宣言したことです。

　事業展開は地元重視であり、適切な事業利益を求め、全県拡大、全国展開は志向しません。福祉を目的とする事業のゆえんとなり、現在の事業は、居宅支援、デイサービス、グループホーム、小規模多機能居宅介護、福祉用具販売、さらに特定施設である介護付高齢者住宅と 6 事業、12 部門の運営をしています。

✿　今後の事業戦略

　当地域における介護事業所はかなり増加が見られ、介護サービスの提供は充実してまいりました。特に通所介護は、事業の手がけやすさと単純な事業展開が受け入れられて、大幅な増加となりました。

　今後は、地域の他の介護事業所の競争力に負けない新たな仕組みを構築していきたいと考えています。

（1）サービスの質を決定づける職員の資質向上

　高齢者の生活支援ニーズは、身体的介護支援、食事栄養支援、入浴清潔支援、さらには機能訓練といった多様な介護サービスが求められます。そしてこれらの支援成果は、認知症予防ならびに家族と周辺社会に、大きな安心感と生活機能の改善を提供することができます。

　サービスの質を向上するには、何と言っても職員の質がポイントだと考えています。社内のコミュニケーションの促進、労務管理に明確な会社方針を説明し、職員の人間的成長、スキルアップを促進することを重視しています。

（2）居宅支援事業は、地域の高齢者のための要と位置づける

　居宅介護支援部門は、過去の報酬改定においても十分な見直しとは言えず、この部門の採算は厳しい状況にあります。

　しかし、広い目で見て、地域全体の高齢者が適切なサービスを受けられるか否かはケアマネジャーにかかっており、適切な介護サービスを受ける要なのです。

　当社としては、この事業部門に多めの人数で7名のケアマネジャーを配置しています。他の介護事業所から依頼されるケアプラン作成も引き受けることも含めて、当社の総合サービス力をより適切に提供できるようにしています。

（3）食事の提供内容の戦略的な見直し

　利用者の食事の提供にも力を入れています。高齢者の食事は健康と楽しみの両面でとても大切です。当社は創業以来、介護食の献立、個別メニューに取り組んでまいりました。「明日はデイサービスで美味しい食事が食べられる」と楽しみにしていただけるような運営をしたいと思っています。

（4）利用者目線で、地域の総合的な介護サービスの連携に尽力

　介護保険制度、介護サービスは利用者から見れば複雑でわかりにくい制度です。

　介護業界では、様々な業界団体が作られています。これらの団体は、事業者の立場での目的を遂行するために結成され、活動している

ケースが目立ちます。

　介護サービスのお客様は利用者なのですから、利用者から見てサービスの量、サービスの質、サービスの内容がよくわかる地域になることが望まれます。

　しかし介護は、措置時代の流れもあって、法人の種類、サービスの種別によって、それぞれ縦割りになり、一つの壁になっているように見えます。

　地域の高齢者が本当に穏やかな生活を送ることを支援できる介護サービスの仕組みをつくるためには、法人の種別、サービスの種別の壁を乗り越えて、利用者に目を向けた地域のサービスの総合的な仕組みをつくることが好ましく、必要であると考えています。

　当社の事業範囲の地域においては、これを目的とした三豊市介護サービス事業者協議会が生まれて 11 年が経過しました。地域社会において、行政、介護事業者、医療機関ならびに諸インフラ団体が繋がりをもって高齢者を支援していくことが大切であると考えています。当社は、この協議会の会員として積極的に協力、尽力し、地域貢献をしていきます。

(5) 介護事業の人材確保

　人口減少社会が進んでいます。このことはどうしてもマイナスイメージが強い印象となっております。ある地域のデータ推計では、13 年後の 2036 年には介護認定者は現在の 101％と、ほぼ横這いで推移することが見込まれています。一方で人口減少により労働対象年齢人口は 81.5％ となり、現在より 18.1％ 減少することが予測されています。これは、近い将来に要介護利用者マーケットは若干の増加となるものの、サービスを提供する介護人材が大幅に減少していくことを示しています。

　私ども介護事業者は地域一体・官民一体となって、介護人材の確保という大きな課題に取り組む必要があります。

✽　株式会社せとうち福祉サービスの経営理念

(1)　よく働き、仕事を通じ自己実現ができ、家庭を支える楽しい職場
をつくりましょう。

　従業員と会社にとってどんな職場を目指すのか

・会社の方針に沿ってよく働く集団であること

・自分の考えを仕事に反映し、達成感が感じられること

・安定した収入が得られ、家庭を支えることができること

・長く継続して勤められる職場であること

・社会の一員として会社に帰属できること

・成果に対して公平な評価が得られること

・人間として進歩し、良好な人間関係により楽しく仕事ができること

(2)　親切な行動と人的支援により、社会に役立つ会社を目指しましょ
う。

　会社の存在意義

・常に相手の立場を思いやり、親切な言葉と行動により、お客様のお
　役に立っている

・介護支援、看護、介護、社会福祉等の専門家による支援をすること
　ができる

・支援を必要としている高齢者および家族等の自立援助により社会の
　福祉向上に貢献する

(3)　信頼を築き、より高い安全と合理性を求め続ける事業集団を育て
ましょう。

　会社の事業運営と発展

・社会秩序を守り、地域に信頼される事業運営を進めましょう。

・常に人、組織、事業結果の現状把握に努め、常に10年先の職場づ
　くり、10年先の事業運営を考えましょう。

Ⅳ 自社の事業を分析する

　10年ビジョンを作成するにあたって、自社の事業分析は必要です。事業計画などを作成するときによく使用されるのが、「SWOT（スウォット）分析」です。SWOT分析は、自社の状況を、強み（Strength）、弱み（Weakness）、機会（Opportunity）、脅威（Threat）の4つの分類項目で整理し、分析する方法です。SWOT分析をすることで、自社の現状での立ち位置が明確になり、今後の進むべき方向性を検討するうえで経営戦略の方向性も明らかになってきます。

＞ Ⅰ 「SWOT分析」検討シート

	プラス要因	マイナス要因
内部環境	強み（Strength）	弱み（Weakness）
外部環境	機会（Opportunity）	脅威（Threat）

（1）「強み」の見つけ方

　中小企業でよく耳にするのが、「うちには強みがない」「特別なことは何もない」などということです。しかし、継続的に事業をしていれば必ず何か得意なことはあるはずです。少し、視点を変えて考えてみましょう。

① 顧客の視点から考える

　「なぜ、お客様は当社を利用するのか」「なぜ、当社のサービスを選んでくれるのか」と問いかけてみてください。あるいは、お客様に褒められたことを思い出してください。機会があれば顧客アンケートを実施するのも一つの方法です。

② 競合他社と比較してみる

　競合他社と比較してみてのサービスはどうでしょうか。他社の商品やサービスと比較してみて、良いところを見つけましょう。

③ 従業員や支援者等に聞いてみる

　従業員に自社の良いところを聞いてみましょう。違う視点からよく見ているかもしれません。顧問税理士や取引先に聞いてみるのも、第三者として的確な意見がもらえるかもしれません。

（2）「弱み」の見つけ方

　弱みは強みの裏返しになりますので、強みを考えながら併せて弱みの部分も検討し、整理していきましょう。顧客、競合他社、従業員等のそれぞれの視点で考えましょう。

　内部環境の「弱み」と外部環境の「脅威」は混同しがちですが、内部環境は、「自社が原因のもの、自社が持っているもの、自分で変えていけるもの」という考え方をしてください。逆に外部環境は「影響は受けるが、自分では変えることができないもの」と考えると良いでしょう。

（3）「機会」と「脅威」の見つけ方

　外部環境の「機会」と「脅威」は大きな視点（マクロ環境）と、小さな視点（ミクロ環境）の2つで考えていきます。同じ事象でも、自社の置かれている立場によって、機会になることも脅威になることもありますので、自社にどう影響があるのかを考えながら検討していきましょう。

　外部環境（マクロ環境）は、「政治」「経済」「社会」「技術」の4つの柱で考えます。「政治」は、法律の改正や政治動向、「経済」は景気動向や金利など、「社会」は人口動態や生活スタイル、「技術」は新技術の登場や技術の陳腐化などです。

　外部環境（ミクロ環境）は、市場規模や成長性、競合他社の動向など自社に直接関わるような外部環境について検討します。

　SWOT分析が終わったら、クロスSWOT分析で、今後の戦略について考えていきます。

		内部環境	
		強み	弱み
外部環境	機会	**強み×機会** 強みを発揮して、機会を活かす	**弱み×機会** 弱みを改善して、機会に挑戦
	脅威	**強み×脅威** 強みを利用して、脅威を避ける	**弱み×脅威** 脅威の影響を最小限にとどめる

（出典）ミラサポプラス「マンガでわかる『SWOT分析』」

▶ 2 「事業ドメイン」を考える

　SWOT分析で明らかになった自社の強みや弱み、内部環境、外部環境などをもとに事業戦略を立てる前に、まず自社の「事業ドメイン」を考えていきます。

　「事業ドメイン」とは、わかりやすく言えば「どの業界でどんな商品・サービスを展開するか？」を明確にしたものであり、事業ドメインを設定すると自社の本業やコア事業がよりわかりやすくなります。

　企業が事業ドメインを設定する目的は、より効果的な経営戦略を立てるためです。事業ドメインを設定することで、より自社の目指すべき姿や目標などが明確になり、効果的な成長を実現させやすくなります。

　「経営理念」は会社が目指すべき理想の姿であり、行動指針ですが、事業ドメインは事業展開や規模拡大などターゲットを明確にし事業戦略を立てるために設定するものですので、設定目的が大きく異なることも理解しておきましょう。

> 3 「事業ドメイン」検討例

重点要素	内　容	居宅介護支援事業所の例
顧客軸 （誰に？）	誰に提供するのか	介護を必要とする高齢者とその家族
技術軸 （何を？）	どのような技術を用いて商品・サービスを展開していくのか	在宅生活の継続ができるようにサービスを提供
機能軸 （どのように？）	自社の商品やサービスでどのような機能や価値を提供していくのか	在宅支援ができる多職種専門家スタッフ
わが社の 「事業ドメイン」は？	あまり長くなり過ぎず、読めばイメージが浮かぶ言葉で端的に表現	在宅介護に希望の灯り（あかり）をともす「灯業」

V 10年ビジョンの策定

> 1 「10年ビジョン」とは

「10年ビジョン」とは、経営理念を追求していく過程における自社の理想的な未来像（ありたい姿）を具体的に表したものです。

「10年ビジョン」はただ夢を語るだけのものではありません。10年ビジョンが達成された時に何が具現化するのか、社会はどのようになるのか、人々に何をもたらすのか、事業を行ううえでの使命や価値や背景などの意義づけが大切になります。自社の存在意義や社会的使命について客観的に考えながら、熱意と未来を創造するワクワク感を持って「10年ビジョン」を作成してみましょう。

> 2 「10年ビジョン」の策定にあたって

10年ビジョンを策定するために、主に次の構成要素を検討することが必要です。顕在化していない業界や社会の変化の芽、可能性の芽を探します。

（1）社会変化のリード

　10年後に社会や業界、市場がどのように変化しているかを予測し、自社がどのような立ち位置で事業領域や地域・ターゲット・技術・差別化要因を検討し、どのような事業展開になっているか

（2）新たな価値の創造

　10年後に自社はどのような新しい価値をどのように創造し、どういった商品やサービスとして提供しているのか

（3）10年後の自分たちを創造する

　10年後の自分たちの年齢構成、持つべきスキルや技能・資格、組織規模や価値観、一人ひとりの社員や経営者自身がどのように成長し、どのように働いているのか

⬇ 10年ビジョン検討シート

会社名：＿＿＿＿＿＿＿＿　　　　　作成：20　年　　月　　日

10年ビジョン検討シート

1. こんな会社にしてみたい、こんな仕事をしていたい

2. こんな経営者になりたい

3. 社員と働く姿やこんな社風をつくりたい

4. 取引先や地域や社会とこんな関係でありたい

⬇

10年ビジョン

　これらを記入してみると、意外と10年は早いものだと感じるはずです。文章で記入するだけでなく、イメージとして絵や図などにビジュアル化して一目で全体像がわかるように伝えたり、表やグラフを使ったりするのもよいでしょう。

> 3 「10年ビジョン」は未来への懸け橋

　「10年ビジョンを策定する」と言っても、その検討過程は大変な作業です。なぜなら、現状認識、情勢認識、時代認識、業界や地域の特性の把握など予測されることは限りなくあり、現状把握の過程で目に見えることは、良いことばかりではないからです。

　では、なぜ中期計画ではだめなのでしょうか。中期計画は、Ⅰ3(2)でも述べたように、現状の延長線上で考えられることが多いので、ある程度先を見通すことができます。しかし3～5年より先のことはまったく考えられないような小手先だけの経営で、社員の未来は明るくなるのでしょうか。

　10年ビジョンを策定し、社員に共有することで、10年ビジョンに向けた社員との歩みが始まるのではないでしょうか。現状にとらわれない、ありたい姿を目指したビジョンには、ワクワク感が伴ってきます。そこから社員のやる気を引き出し、ありたい姿の場所へ行くことが「見えない未来」ではなく「ワクワクする楽しみな10年後」に変わっていくのです。

事例紹介 ていくあい有限会社の経営理念と10年ビジョン

【会社概要】
　会社名：ていくあい有限会社
　所在地：〒631-0065
　　　　　奈良県奈良市鳥見町2丁目19番地2
　電　話：0742-41-2955　　FAX：0742-41-2120
　代表者：竹村　ひとみ

❋　経営理念に込めた思い

　「出会ってくれてありがとう」という言葉は、訪問看護師時代に、がんの末期の方が、最後の言葉としてくださったものでした。あるセ

ミナーを受講したときに「経営理念を一言で言ってください」と言われ、思わず出た言葉がこれでした。その時にこの患者さんのことを思い出し、患者さんの手を握り、お互いに大泣きしたことを思い出しました。

「介護」は、生きていく不安とか孤独とかそういった否定的な感情とともに、日常の暮らしへの感謝や、生きていることへの奇跡や、生きている意味を高めるような肯定的な感情も、介護をされ合う関係性の中で生まれてきます。

小さな会社で自分たちにできることは本当に微々たることですが、「介護」を通じて、「生きていく喜びを伝えられる会社」になりたい。人生の最後の時間を、そしてその時間を支える社員にとっても、ていくあいでともに過ごす時間を、少しでも豊かに、かけがえのない時間にしたい。

私は、そういうことを深く大切に考える仲間たちと「介護という仕事」に誇りを持って丁寧に取り組みたい。

介護は、関わる人たちみんなの自己存在の証明の場だと思えるのです。「食べること」「働くこと」「学ぶこと」「一緒に生きること」で、社員と、利用者さんという人生の先輩や地域の子供たちも仲間にして、自分自身の幸せも重ねて生きていきたいと思っています。

❋ ていくあい有限会社の強み

大きなことより小さなことを、強さだけでなく弱さこそ大事にしています。

女性は、結婚・育児・介護・孫の世話・健康など、人生の中での様々なことが仕事を続けることを困難にさせます。「それでも働き続けたい」と思っている人を、お互いに助け支え合うことで、私たちの介護という仕事を見つめ直したり、「働くこと」の価値を伝えられたりする場にもなります。大きな視点で見ると、社会進化を進めることに繋がっていると思います。小さな想いの結集を継続していくことで、大きな力に変えていくことができるのが当社の強みです。

また、介護だからと言って高齢者だけの関わりではありません。「介護の想い」というのは、人が育つ中で育まれていくものであり、日常の暮らしの中に息づいていないと消滅してしまうものでもあります。

「介護を日常の中に」ということで、介護の実習受入れはもちろんのこと、高校生インターン、小・中学校での介護の福祉体験、大学・専門学校での講義などを通じて、若者に介護の楽しさや誇りを伝える機会に積極的に参加しています。近くの保育園との交流は、デイサービスの利用者さんが保育園に出向き、毎月のミュージック・ケア（音楽療法）、運動会の応援、合同避難訓練、お化け屋敷、認知症キッズサポーター養成講座、人間紙芝居公演と、１年を通じていろいろな活動をしています。子どもたちの心に残る体験を、みんなで一生懸命考え、実践しています。利益には繋がらないけれど、子どもたちの未来のために、本気で真剣に考え、笑いながら行動していく楽しそうな大人の姿を見せていきたいと思います。

❋　ていくあい有限会社の経営理念

出会ってくれてありがとう。
♪ていくあいは、
在宅介護のいろいろなニーズにお応えし、
「あなたに出会えて本当に良かった」と
家族のようなかけがえのない
存在になります。

♪ていくあいは、
誠実に生き、
仲間と夢を語り合い、
仕事の喜びを共有し、
人として成長し続けられる会社を創ります。

♪ていくあいは、
音楽とともに笑いにあふれ、
ご利用者さまと一緒に、
若者の夢の実現と、
子どもたちの優しい心を
育むお手伝いをして、
地域社会に貢献します。

✻ 現在の経営課題

　現在の経営課題は大きく２つあり、１つは介護保険の内容がどんどん変化していることです。介護保険制度の変更などへの対応はもちろんのこと、利用者さんの家族の意識も変わってきているので、会社として、社員個々の能力として高めていかなければならないことです。最近はカスタマーハラスメントということも念頭に置いて対策を講じていなければ、トラブルに繋がりかねません。

　２つ目は、やはり人材不足という点です。社員が高齢化し、若い世代を採用したくてもなかなか応募自体も少ないのが現状です。福利厚生なども含めて若い人が応募したくなるような魅力的な会社になることが必要です。

✻ 10年ビジョンと今後の事業戦略

　ていくあいの10年ビジョンは、社員も含め全員で考えたものです。大きな柱を６つとして考えていきました。

キーワード	内　容	ビジョン（抜粋）
会　社	人材確保と若い世代の定着	・継続して新人雇用ができる ・10人で11人分の利益が確保でき、長期休暇を実現！
社　員	専門職として成長を続けられる	・互いに教え合い、学び合える風土づくり ・資格取得の継続
外部に向けて	介護の仕事の魅力向上	・「老い」の喜びや豊かさを発見し、発信していくことができる ・本の出版
サービス	豊かな生活づくりのお手伝い	・心と体の維持ができる ・誰かの役に立てていると感じられる活動
地域との繋がり	世代を越えて集まれる場所づくり	・元気な高齢者さんや人の役に立ちたい方の力を発見できる場所づくり ・認知症サポーター講座や介護予防講座の開設

勤務環境	長く安心して働ける会社	・育児や介護等、何らかの理由で働きにくくなっても「働き方」を支援できる会社 ・全員が1年に1回「1カ月休暇」が取れる!!

　このビジョン策定の話し合いの中で特に盛り上がったのが、「まるまる1カ月休暇」です。将来目標に向けてみんなが一つになって頑張ることができる源泉にもなっています。

　これも含めて達成するための今後の事業戦略としては、「自立型介護経営」を目指すためにその事業の中心の柱を育てることとして、①介護保険外の自費でのサービス提供の強化、②介護技能実習評価の評価者委託事業、③福祉用具の開発販売、④お惣菜の販売などを考えています。この中には、既に取組みが始まっているものもあります。

　「まるまる1カ月休暇」の実現に向けては、まずは週休3日制の実現からということで準備を開始しました。また、先日、福祉用具の開発販売に向けて「特許申請」を初体験したところです。

　日々の暮らしの中で、常に目の前の困りごとに関わっている私たちだからこそ、考え、改善していけることを、専門職としての大切な使命として育て合いたいと思います。

　利用者の方々との死を迎えるその時も含めて、お互いに、感謝され合う関係性を育て合う過程において、互いに成長し続け、楽しく仕事ができることこそが、私たちを強くし、次のステージへの一歩を歩ませてくれるのだと思います。

　私たちを取り巻くすべての人に、心から感謝をし、お伝えしたいです。

　「出会ってくれてありがとう」

VI 経営方針

　「経営方針」は、経営理念と10年ビジョンの実現を目指す中期（3～5年程度）のありたい姿と目標値を示し、その到達への筋道＝経営戦略を明らかにしたものです。

＞ 1 「経営戦略を考える」シート

　筋道を明らかにするためには、環境や市場の変化としてどのようなチャンスが広がり、どのような脅威が広がっているのか、また利用者と家族は何を望んでいるのかを、分析します。そして、自社の強みと弱みを分析します。

　こうして理念の実現を阻む社会的な「壁」と社内的な「壁」を認識し、その「壁」にどのように働きかけ、有利な方向に転換していくかということを検討します。その解決のための方針（経営戦略）を検討することになります。

　今後の介護保険制度の変遷の中でもつぶされることのない「自立型介護経営」をどのように展望し、どのように実現していくのかを考えることがポイントになります。

＞ 2 「経営方針（経営戦略）」シート

　シートは、次の項目で構成されています。

---

(1) 事業展開と事業改善
(2) 働きがいのある会社づくり(介護労働者の幸福追求の方針)
(3) 企業の社会的責任 （地域社会、環境への対応）
(4) 中期の事業目標

　上記1の「経営戦略を考える」シートで分析し、具体化した経営戦略を、さらに各柱に沿って展開してみます。

（1） 事業展開と事業改善

　事業展開には2つの側面があります。1つは地域的拡大、つまり同一サービスを違う地域で展開する地域的拡大です。もう1つは、質的に新たなサービス領域の展開をすることです。

　中学校区であってもさらに新しい事業所を展開するか、もしくは違うサービスを併設するかということを検討することが求められます。その際は、従来からある事業が生きるようなサービスの研究が大切なベクトルのように思われます。

　こうして徐々に自社の「構造改革」を実施し、本当に収益を確保できる事業へと経営資源を特化していくプロセスを展開することになります。

（2） 働きがいのある会社づくり（介護労働者の幸福追求の方針）

　この点も、実践的には非常に重要です。私がお勧めするのは「幸せアンケート」です（次ページ参照）。簡単なアンケートで、質問項目は2つだけです。

　回答欄の「一番辛かった・悲しかったこと」に対しては、会社の経営陣が持てる総力を発揮して経営責任として解決することを宣言し、取り組むことで、最後は「幸せしか残らない」会社が実現できることになります。こうした取組みで感じたことを記載することも、1つの方法です。

（3） 企業の社会的責任（地域社会、環境への対応）

　中小企業は地域社会の中で必要とされ、生かされ育てられてきた存在です。特に介護事業は、地域社会から求められて存在している事業でもあり、地域社会の安心と幸せを支え合う社会的存在となっているはずです。

　そこで、改めてどのような形で地域社会に存在したいのかを考えて表明してみましょう。自社が存在することで地域社会にどのような貢献をしているかを、しっかりと考えることが大切です。

⬇ 幸せアンケート

幸せアンケート

　このアンケートは、「経営指針書」に反映されるものです。

　アンケートの設問は 2 点で、極めてシンプルなものですが、アンケートの目的は、「うれしく思ったこと、幸せに感じたこと」をもっともっと大きくし、「悲しいこと、辛かったと感じたこと」を組織的に改善し、なくしていくために実施します。

　このアンケートで明確になった事項については、経営陣として責任をもって取組みを推進いたしますので、目的の趣旨を理解して記載をしてください。

記載日	20　年　月　日	氏　名	
当社で仕事をしていて「一番良かった・うれしかった・幸せに感じたこと」			
当社で仕事をしていて「一番辛かった・悲しかったこと」			

　★記入後、プリントアウトして提出してください。
　提出期限は、　　月　　　日までです。

　また、地球環境保全への取組みも大切ですので、この点でも環境保全への取組みを検討してみましょう。

（4）　中期の事業目標

　売上の目標を設定し、その達成のための具体的な方策を検討します。

　特に介護サービス事業所における「営業」の在り方については、具体的な作戦が必要です。

　介護労働者は、「当社の利用をお願いします」と正面切ってお願いをすることに不慣れな職種ですが、地域で困っている要介護者はたくさん存在し、良い介護事業者との出会いを求めていることは間違いありません。

したがって、大切なことは「あのデイサービスは良かった」と利用者と家族に言ってもらえることが、最大の宣伝だということです。その一言が地域の噂になり、品格とブランド力にまで育っていくのです。

　その意味で、自社で働く介護労働者自身が、自社のサービスを良いものだと自信を持てるかどうかが重要な点になります。

　介護労働者自身も地域で生活する人であり、身近に要介護者の知合いも多数生活しているはずです。そのときに「良いサービスをしています」と誇りを持って言えるようになっているかどうかがポイントです。

3 📥「経営戦略を考える」シート作成例

会社名：香川県ケアマネジメントセンター㈱

作成：20○○年○月○日

経営戦略を考える

1. 経営理念

あなたの場所で、あなたらしく

① 利用者も家族も「生きていて良かった」と感動できる科学的なケアプラン追求の使命
利用者も家族も、大切な人生を、安心し喜んで生きている日々となるケアプランを追求することが私たちの使命です。

② 利用者と家族に向かい合い共感し合える介護サービス業者と社員を育てる使命
利用者も家族も、そして介護サービス業者と仕事に従事する社員の皆が共感しながら生きることができなければ「社会的介護」は実現できません。ハートと技術のあるサービス業者（社員も含む）を見つけ、育ってもらうことが私たちの使命です。

③ 制度激変の嵐の中で正統派独立系ケアマネの真価を発揮し育つ使命
介護保険制度の激変の嵐の中で、正統派独立系ケアマネとして開花し、県下に広げることが使命です。

2. 環境・市場の変化

●チャンスの面

高齢社会の到来で「要介護者」は確実に増加している。また、QOLを大切にする利用者とその家族の増加に伴い、利用者に寄り添ったケアプランの作成ができるケアマネジャーは今後ますます必要とされるはずである。

●脅威の面

・介護保険財政の圧迫で、介護保険制度の改悪が行われ、軽度要介護度の利用者の利用制限が行われた。

・ケアマネの受諾件数の制限（39人まで）が行われた。

・特定事業所には単価を大きくされた（要介護度3以上が6割）

3. 利用者と家族は何を望んでいるか

① 利用者本人は、可能な限り、在宅での余生を望む。しかし、家族に疎まれた人生の終末は希望しない。

② 家族も住み慣れた家で看取りたいが、重度化した場合には長期で家族介護を行うことは無理。

③ 可能なサービスを利用しながら、家族での介護を実現したいとは思っている。

4. わが社の持ち味

独立系であり、あらゆるサービス事業者との対等な評価が行える。利用者を主人公としたサービスプランの提供を追求することができる。

看護師、薬剤師、福祉用具専門員等の各分野の資格者を持つ者がプランを提供しており、在宅の諸問題に総合的に検討を加えることができる。

5. わが社の弱点

独立系であることにより、サービス事業の提供がないので、次の2点の弱点がある。

① 自社でサービスをコントロールしにくい。現場でヘルパーが何をしていても、深く関与しきれない。結果として不正なサービスを見過ごす可能性もある。

② 収益性に乏しい。収益の上限が法で左右される。

6. 経営戦略

① 「独立系」であることは絶対に維持する。

② 将来、さらにQOLの追求を求める利用者と家族は増大すると考えられる。「香川県ケアマネジメントセンター株式会社」という社名にふさわしく、県下全域をカバーする事務所となる。

③ そのためには、優れた資質を保持するケアマネを育てるとともに、募集しながら量的拡大を目指す。

④ その過程で「特定事業所」にチャレンジできるのであれば、別会社も含めて収益性の拡大を追求する。

⑤ 介護予防ケアプランの作成は、本来行政が責任を持って行うべきものであり、外注化（アウトソーシング）には応じない。

4 📥「経営方針（経営戦略）」シート作成例

会社名：香川県ケアマネジメントセンター㈱

作成　20○○年○月○日

経営方針（経営戦略）

経営理念
あなたの場所で、あなたらしく

① 利用者も家族も「生きていて良かった」と感動できる科学的なケアプラン追求の使命

利用者も家族も、大切な人生を、安心し喜んで生きる日々となるケアプランを追求することが私たちの使命です。

② 利用者と家族の人生に向かい合い共感し合える介護サービス業者と社員を育てる使命

利用者も家族も、そして介護サービス業者と仕事に従事する社員の皆が共感しながら生きることができなければ「社会的介護」は実現できません。ハートと技術のあるサービス業者（社員も含む）を見つけ、育ってもらうことが私たちの使命です。

③ 制度激変の嵐の中で正統派独立系ケアマネの真価を発揮し育つ使命

介護保険制度の激変の嵐の中で、正統派独立系ケアマネとして開花し、県下に広げることが使命です。

ビジョン（経営目標）
独立系ケアマネとして経営を維持発展させることで、

① 県下全体をカバーする

社名にふさわしく、香川県下全体で居宅介護支援事業を展開する。

② オンリーワン業務品質

県下でオンリーワンの優れた業務品質の会社となる。

③ 魅力ある業務にする

ケアマネが「定年退職」するまで働きたいと思える仕事の内容とする。

④ 優れた人間関係の確立

お互いを大切にする人間関係の確立した事務所となる。

経営戦略
事業展開

若い世代の採用に力をいれ、事業所全体の若返りを図りつつ、ベテラン社員から利用者との対応のノウハウをしっかり受け継ぎ、質の高いサービスが維持できるように共育する。

また、介護サービス事業だけでなく、介護関連の新規事業の追求も検討していく。

事業改善

タブレット端末の導入も行ってきたが、書類書きに追われる傾向にあり、不必要な書類も増えてきていると考えられる。業務の合理化が重要になってきている。

働きがいのある会社づくり（介護労働者の幸福追求の方針）
日常的に、経営指針に基づく「独立系ケアマネ」の是非の議論や進路の検討なども社内で行っており、ケアマネの意に沿わない運営は徹底排除をしてきた。

同時に、今後の県域全体を展望すると、量的拡大に一番の問題が生まれる可能性のある管理者育成が、中心課題と考えられる。

企業の社会的責任（地域社会、環境への対応）
介護保険の制度を維持するためにも、サービス提供をする事業所が不正受給や不必要なサービスを行わないように、サービス内容を適正に提供していることを監査できるように努力することが求められる。

可能な限り在宅で余生を過ごせるように、よりいっそうプラン作成に努力することが社会的貢献に繋がる。

3年後の業績目標値
（売上高、総資本経営利益率、自己資本比率など）

① 売上高は、人数によって制限があり、一人月間30万円を基準とすることは変わらない。

利用者と事業者の繋がりを大切にしてリレーションの力で利用者層を拡大していく。地域の志のある事業者との連携を大切にする。

② 賃金制度について再考し賃率を検討する。

③ 資本経常利益率は9%であり、自己資本は借入れがゼロである。

④ 資本金については、2023年中に、持株会、社内直接投資を組織し、社長の保有率を5割以下にする。

VII 経営計画

経営計画は、中期経営計画と単年度経営計画に分けて記載します。中期経営計画で明らかにする中期目標等を経営方針で明示している場合もありますが、いずれにしても中期的計画と単年度計画は明確に区別する必要があります。

❯ 1 中期経営計画

概ね3カ年計画として経営方針（経営戦略）をさらに具体化します。中期経営計画は、3〜5年の期間で社内外の経営理念の実現の「壁」を打開していくための、経営体質を改善する計画と位置づけてよいものです。シートの中の「数値目標」の項目については、77ページにある解説を参照してください。

3カ年経営計画では、バランススコアカードの考え方から、次の5つの計画の柱を提起してみました。

---

(1)【顧客】顧客満足の向上への改革方針
(2)【業務プロセス】介護サービス・市場創造への改革方針
(3)【学習・成長】人材共育の改革方針
(4)【財務】業績向上・財務強化・営業に関する方針と目標
(5) 良い企業文化をつくる

（1）【顧客】顧客満足の向上への改革方針

利用者と家族の満足をさらに向上させるために、どのような具体的な方策を考えるかということです。顧客との対応や結びつきをどのようにして強固なものにしていくのかを考え、具体化します。

（2）【業務プロセス】介護サービス・市場創造への改革方針

この点では、自社の新しい介護サービスのモデルの創造、現在のサービス提供地域の拡大、業務の見直し、設備投資、他社との連携をどのように展開するかを考えます。

（3）【学習・成長】人材共育の改革方針

人材採用方針、共育方針、賃金等の労働条件の改善を考えます。介護労働者の満足度100%を実現する計画を具体化することが目的です。人間は社会的な動物ですから「満足度」の背景には「頼り、頼られる」という社会的な人間関係の中で自らを愛し、関係する人々を愛することになります。

（4）【財務】業績向上・財務強化・営業に関する方針と目標

やはり経営ですので、試算表や決算書を分析し、自社の財務体質を認識し、その強化のための計画を具体化します。

（5）　良い企業文化をつくる

企業の品格でありブランド力の中核となるべき自社の経営理念の共有と、全員参加の経営の実現の計画を具体化します。

以上、中期経営計画の全体像を説明しましたが、大切なことは、中期経営計画シートに記入しシートを完成させるということではなく、経営理念を念頭に置いて、その実現のための「壁」は何かを「見える化」し、それを解決することでどのような経営が実現するのかを考え、経営者の魂を込めた文書とすることです。

魂を込めて記入することで問題解決のための「物語」が解明されることとなります。その結果、経営者の心がワクワクと動き出します。また、問題解決のための「決意」が湧き出してきます。そうなっていない場合は、再度見直す必要があります。

また、社内にも公開しながら、総意を結集するリーダーシップを発揮することも大切です。場合によっては、決定前の段階で幹部会議や全社検討会議などを開き、適切に意見を聴取することも一つの方法です。

「記入したが公開したくない」と思う段階では、まだ本物ではありません。「この内容を実現するために、私は存在している」と真顔で言える経営者とならなければ、本物ではありません。

> 2 ⬇ 中期経営計画作成シート

　前項の5つの柱を押さえた中期経営計画がまとまったら、「中期経営計画作成シート」に記入します。このシートの数値目標の項目は厚生労働省が実施している「介護事業経営実態調査」でサービス事業区分ごとに公表されている項目でもありますので、自社の数字を調査結果と比較することもできます。

会社名：＿＿＿＿＿＿＿＿＿＿　　　　　　　作成：20　年　　月　　日

中期経営計画作成シート（3カ年経営計画）

経営目標

数値目標

項　目	直近の決算数値	3年後の目標
介護事業収益	千円	千円
利益率	％	％
利用者1人当たり収入	円	円
利用者1人当たり支出	円	円
1人当たり給与費	円	円
収支差率	％	％

どのようにして目標を達成するのか（ストーリー）

計画の概要

項　目	計画の内容
①【顧客】顧客満足の向上への改革方針 顧客対応 顧客との結びつき	
②【業務プロセス】提供サービスの検討・市場創造への改革方針 既存業務の見直し・新サービス業務の検討・設備投資、他社との連携	
③【学習・成長】人材共育の改革方針 人材採用 社員共育 労働条件改善、職場環境改善	
④【財務】業績向上・財務強化・営業に関する方針と目標 目標数値の設定、設備投資の検討、営業方針の決定	
⑤良い企業文化をつくる 経営理念の共有・共鳴 全員参加の経営	

(注)「数値目標」の意味と計算方法について

介護事業収益	決算書の「損益計算書」では、「売上高」と表示される部分です。 　事前準備として事業所ごとの売上高や、サービス区分ごとの売上高について、近年の推移も含めて分析しておきましょう。その分析を踏まえて、3年後の目標値を設定します。
利益率	利益率（経常増減差額率）とは、売上高に対して純利益が占める割合のことです。 　利益率（経常増減差額率）は、介護事業所や介護施設が収益性を計るのに重要な指標です。マイナスの値となる場合、将来的な財務状況悪化が懸念されますので、注意が必要です。 　　利益率＝経常利益額（経常増減差額）÷介護事業収益計×100%
利用者1人当たり収入	介護保険サービスの種類により、計算方法は若干異なってきますが、原則は次の計算式となります。 利用者1人当たり収入＝介護事業収益（保険外収益の利用料も含む）÷延べ利用者数（人） ＊　利用者数の積算方法については、自社のサービス区分において算定方法の基準を設け、それに沿って計算をするといいでしょう。例えば、通所介護の場合であれば、次のように換算し延べ利用者人数を積算していくのも一つの方法です。 利用者の所要時間 7時間以上 9時間未満　利用者数をそのまま計上 　　　　　　　　　 5時間以上 7時間未満　利用者数×3／4 　　　　　　　　　 3時間以上 5時間未満　利用者数×1／2
利用者1人当たり支出	介護保険サービスの種類により、計算方法は若干異なってきますが、原則は次の計算式となります。 　　　利用者1人当たり費用＝介護事業費用÷延べ利用者数（人） ＊　利用者数の積算方法については、上記の利用者1人当たりの収入で使用した数字を利用します。
給与費	給与費（人件費）は、売上高に対しての人件費の割合を示す指標であり、会社が新たに生み出した収入のうち、どれだけ人件費に分配されたかを示す指標です。 　　　給与費＝$\dfrac{人件費}{収入}$×100（%） ＊　1人当たりの給与費を算出する場合は、常勤換算職員数を算出したうえで計算する必要があります。
収支差率	収支差率は、介護の中で事業の優位性を図る際に用いられる指標です。 　　　収支差率＝$\dfrac{（収入－費用）}{収入}$×100（%）

> 3 単年度経営計画

経営理念、10年ビジョン、経営方針（経営戦略）、中期経営計画をさらに具体化し、次期1年間で何をやるかを明確にするものです。

中期経営計画が3年から5年の期間で経営体質を改善する計画と位置づけられるのに対し、単年度経営計画は、利益計画を中心にしながら具体的な実行計画（アクションプラン）を策定します。

単年度経営計画作成シートに沿って、具体的に検討してみましょう。その際に大切なことですが、シートは、最初から順番に書いていかなければならないというものではありません。書けるところから書くことも方法です。最終的に全体の統一感が得られるようにすることで構いません。これはいずれのシートも同じことですが、特に具体的になればなるほど筆が止まる傾向がありますので、順番にこだわらずに記載しましょう。

（1）　経営目標

中期計画の経営目標を踏まえて「今年の重点」を意識して記載してください。具体的に「今年は何に取り組み、達成し、経営を変革するか」を明確にすることが目的です。

例えば、中期経営計画で「3年後には、現在と異なる新しい介護サービスに着手している」と経営目標で設定したら、当年度の経営目標では「どのようなサービスが妥当かを研究し、当年度中に決定する」といった記載をすることになるでしょう。

（2）　数値目標

3年後の目標を踏まえて「次年度の目標」を記載することになります。単純に3分の1としても結構ですが、経営の実態や介護保険制度の改正も考慮しながら若干の傾斜をつけて、毎年度の達成を目指すものとして記載します。

なおこの次年度の目標を、毎月の月次レベルでも具体化することが必要となります。

したがって、これらの数値は年度末になって具体化するというのでは手遅れとなります。年度の12カ月で半年経過後には、「翌年度は10%アップにしたい」等の目標のガイドラインを策定します。

　10カ月後には次年度掲示目標案を立案し、年度末には社内開示できるようにしましょう。

（3）　目標達成への基本方針（どのように目標を達成するか）

　単年度で掲げる目標を達成することを意識して具体化をします。強化したい事業領域、地域、人事を育成するなど、変革の方向性について物語を書くようにイメージしながら書くことになります。

　先の当年度の経営目標の一つを「どのようなサービスが妥当かを研究し、当年度中に決定する」とするならば、基本方針としては「具体的な研究すべき事項を明らかにする」とし、その具体化のための日程や数値目標、実施する担当者あるいは組織的にプロジェクトを構成するかなどを明確にすることになります。

　この計画で1年を過ごせば「会社と自分か変わる」と、ワクワクする内容となれば成功です。また、経営者として挑む覚悟が明確にできるのもありがたいものです。

（4）　年度計画

　中期経営計画で明示された①顧客、②業務プロセス、③学習、成長、④財務、⑤良い企業文化づくりの項目について、次年度はどのように取り組み、どこまで達成するかを明確にします。

　経営計画の段階になると、売上高や付加価値等の数値面での具体化が絶対に必要となります。

　特別な数値を使って経営分析をする手法もありますが、中小企業の場合は、最低限、次ページの数値程度の自社分析をすることは必要な事項です。経営環境の激変を乗り越える自社の「構造改革」にとっては「数字に強い」経営者となることが不可欠です。

> 4 ⬇ 単年度経営計画作成シート

第○○期　経営計画

20　　年　　　月　～　20　　年　　　月

1. 経営目標

2. 数値目標

	直近の決算数値	3 年後の目標	次年度の目標
介護事業収益（売上高）	千円	千円	
売上①			
売上②			
売上③			
…			
経常利益	千円	千円	千円
利益率	％	％	％
利用者 1 人当たり収入	円／人	円／人	円／人
利用者 1 人当たり費用	円／人	円／人	円／人
1 人当たり給与費	円／人	円／人	円／人
収支差率	％	％	％

注）　売上高の下の売上①以下は、部門別や商品品目別等の売上目標について、実態を踏まえて展開してください。欄を拡大しても結構です。

3. 目標達成への基本方針（どのように目標を達成するか）

注）　次年度の単年度目標を記載し、中期計画で記載した「どのようにして目標を達成するか（物語）」をもとに今後 1 年間をどのように展開するかについて、総括的に記載してください。

4. 年度計画

注）　年度計画は、設定した次年度の目標を達成するための「作戦計画」です。目標を意識して具体化しましょう。

① 【顧客】顧客満足の向上への改革方針
【顧客対応】

【顧客との結びつき】

② 【業務プロセス】介護サービス・市場創造への改革方針
【新製品・新市場開発】

【業務の見直し・設備投資】

【他社との連携】

③ 【学習・成長】人材共育の改革方針
【人材採用】

【社員教育】

【労働条件改善】

④ 【財務】業績向上・財務強化・営業に関する方針と目標

⑤ 良い企業文化をつくる
【経営理念の共有・共鳴】

【全員参加の経営】

Ⅷ 部門計画

　全社的な経営戦略や経営計画を踏まえて各部門の1年間の計画を
つくることも大切です。全社目標を達成するために、自部門ではど
のような行動をするのかを考えます。全社的な経営指針を各部門で
も討議し、目標をできるだけ具体化して部門計画として確立するこ
とが大切です。

部門計画策定までのフロー

経営理念 10年ビジョン	事業所設立から背景の分析等をしながら、経営目的から社会や環境への基本姿勢などを明らかにする 可能なら10年ビジョンの策定も行い、長期的戦略の道筋も確認しておく
経営方針	経営理念の実現のために、3〜5年後のあるべき姿と目標数値を示し、到達までの筋道をつける
中期経営計画	3〜5年の間に経営理念実現の「壁」となるものを打開していくために5つの柱で経営体質の改善を図る
単年度経営計画	1年ごとに利益計画を明らかにしながら、具体的な実行計画（アクションプラン）を策定する
部門計画	全社的な目標である経営戦略や経営計画を踏まえ、各部門で目標達成のためにどのような行動をするのか考える

IX 経営指針の実践と見直し、共有の深化

> 1 経営指針を社内全員のものにする

経営指針を成文化する過程では、徐々に社内に投げかけていくことが大切です。

介護事業の方向性について、現在の事業をさらに強化するのか（受注拡大など）、別の事業にも進出するのか、また介護事業以外の経営にも着手するのかなどは、現場で働く従業員の積極的な関わりを必要とするものです。

単に「社長が決めたから」という姿勢で関わる場合と、「私達も一緒に決定した」という意思決定への参加を経て取り組むのでは、まったく取組み姿勢が異なります。悩んだときや困ったときは、率直に社内に投げかけてみることも大切です。

こうして作成した経営指針を、一つの文書としてまとめます。

枚数が多いことが良いことではありません。別に1枚であっても使用者と介護労働者が「私達のもの」と思えるものであれば問題はありません。また色刷りの有無も関係ありません。「これで行く」と意思決定した思いが明確にされていれば、それは立派な経営指針です。

次に紹介する「担当者別重点実施方針」は、経営指針書や部門方針を受けて各人にどのような方針と計画をもって仕事をするのかを明確にするためのシートです。

毎年、毎月こうしたシート等で各人ごとの方針と計画を検証することも、社内全員が経営の意思決定に参加するために大切なことです。

部　門	総務部門	氏　名	香川　花子	担当業務	総務全般	

項目	1. 前期の振返り	2. 部門方針を踏まえた目標	
		3年後の目標	今期の目標
① 業務課題	・ルーティンワークの習得	・各総務担当者がルーティンワークを1人でこなし、かつ幅広い担当業務を行っている	・在庫保存書類の管理（一覧表の作成） ・業務管理システムの習得
② 部門内階の社員への支援	・ケアマネへの業務フォロー ・各部門業務繁忙期の補助	・各部門の緊急的補助にも対応できるようになっている	・仕事の仲間とのより深い信頼関係を築き、会社のさらなる前進に繋げる
③ 自己のキャリア開発目標	・Word・Excelの習得	・仕事の業務に必要な専門知識を持ち、業務を効率的にこなせるようになっている	・Word・Excelの習得 ・簿記の学習

●＝重点課題　○＝準備過程　△＝妥当性の検証

視　点	今期 重点項目	重点項目の 具体的行動	10	11	12	1	2	3	4	5	6	7	8	9
顧　客	来客対応	丁寧な接客を心掛け、要件を的確に伝える	○	○	○	○	○	○	○	○	○	○	○	○
	電話対応	会社の顔として丁寧な対応を心掛ける	○	○	○	○	○	○	○	○	○	○	○	○
業務 プロセス	保存箱の整理	保管分・廃棄分の区別を明確にして整理する	○	○	●	●	●							
	請求業務	システムを正確に使いこなす	○	○	○	○	○	○	○	○	○	○	○	○
学習・ 成長	自己の成長	簿記の勉強をする				○	○	○	●	●	●			
		業務の効率化を考える	●	●	●	●	●	●	●	●	●	●	●	●
財　務	売上 （万円）	目　標	10	5	10	10	10	15	15	10	15	15	15	10
		結　果												

> 2 経営理念を外部へ発信する

経営指針を社内発表したら、次は、経営理念の部分を軸にして社外に発表します。

（1） 利用者と家族へのお知らせ

「○○だより」などのニュースを発行しているのであれば、そこに掲載してはどうでしょうか。ホームページにも掲載することもよいでしょう。従業員のネームプレートに表示することも一つの方法です。

（2） 銀行や取引先、同業者へのお知らせ

経営指針発表会を開催して説明会をしている会社もありますが、作成された指針書を手渡して、一読をお願いするだけでも力を発揮するものです。事業経営者は、取引先の会社が何をどのように考えているか、とても関心を持っています。

（3） 採用面接時に提示し、自社を知ってもらう

厚生労働省が最も期待している部分と思われますが、地域で有能な介護従事者を確保するためには、自社の品格やブランド力を明確にして「選ばれる会社」になることが必要です。

余談ですが、求職者が応募する会社のホームページをとても熱心に研究してから面接に来る時代になりました。経営指針とともに、実際にそこで働く人の声がとてもよく読まれています。「一緒に働ける人かどうか」と関心を持っているようです。

本当に優れた人に働いてもらいたいと願うのであれば、経営理念に経営者として想いを込めた手紙をつけて、心を込めて語りかけることで求職者に安心感を提供し、「選ばれる会社」になることができるのではないでしょうか。

> 3 経営指針を日常行動の指針にする

大切なことは「経営指針の日常化」です。だからと言って「毎朝

唱和する」ということではありません。

　介護事業所には、週単位や月単位で部門会議や全社会議を開催するなど、何らかの意思疎通の場があるはずです。そこで改正事項の周知や、地域の介護サービス事業所の情報、従業員と介護事業所および従業員間の意思疎通を図っていることが多いと思います。

　一般的に、事業というものは日々問題発生の連続です。日々発生する諸問題に対する対処方針を考え、最良の方針を意思決定しています。管理監督者としての意思決定事項もありますし、個々の従業員としての意思決定事項もあります。「介護保険法改正をどう見るか」等の国政レベルの問題から、地域の介護サービス事業所の動向、「最近の介護サービスで困ったことは何か」「利用者から褒められたこと」など、事業所や利用者の問題も話題になります。

　その際に、自社の経営指針書を引用して「大元の考え方は」と考え方を紹介し、問題を解明することで「問題に対する考え方」が、個々の介護労働者の能力として自ずと身に付きます。

　日々発生する問題を部門単位や事業所単位で解明し周知を図ることは、組織経営にとって当然のことです。個々の介護労働者の知り得ている情報の量や理解レベルは、様々です。個別の情報を生にやり取りする中で本質的な問題を解明するためには、介護事業所としての経営理念や計画、方針に関わって検討を行うことで系統が明確になり、組織の認識として深められて行きます。

▶ 4　経営指針の見直し

　経営指針は、一度作成したら未来永劫変わらないというものではありません。

　経営指針で成文化する事項は、概ね「年」を単位として作成されています。「3年後はこうしたい」、そのために「来年はここまで取組みを進めたい」など、1年単位で介護事業所と介護労働者の将来計画をしています。

　したがって、見直しのサイクルは最小限1年を単位に、会社創立日や決算直後の時期など、節目を設けて取り組むことが大切です。

　介護事業所は、24時間365日切れ目なく、利用者の生活に関心

を寄せて介護サービスを提供し続けます。利用者の生活には「休み」はありません。

　ですから、介護事業所としてこうした PDCA のサイクルを意識していないと、月単位での介護計画に追われて、抜本的な見直しや経営革新などの発想が生まれなくなり、介護サービスに埋没して流されてしまうことになります。

　1年単位で、計画を立案（Plan）したら、実行（Do）し、点検（Check）して、是正措置（Action）をする。そして再度、計画を立案して実行するという PDCA サイクルで物事を考えることは、自社の経営革新を展望するために必要なことです。

X 「数値計画」のための試論

> 1 勘定科目の全体像を把握する

　経営指針書の作成に際して、戸惑いが多いのが「数値計画」です。

　月次決算で作成される試算表や、年に1回の決算で作成される決算報告書では、「売上高」と「経常利益」については相当深く関心を持っていますが、その他の勘定科目となるとあまり関心を示さないというか、わからないという経営者を時々見かけます。しかし、これでは事業を大きくすることはできません。

　自社のキャッシュフローを把握することの大切さの一つは、「経営の真実の姿を理解する」ことにあります。

　通常の企業会計のルールで作成される試算表は、「税引き前利益」を計算するという意味合いが色濃くあります。また、一般の会計事務所の試算表説明では「先月までの経営の結果による納税額の見積り」になりがちです。「税金の計算」のために過去の経済活動の計算をするという過去計算会計です。

　しかし、このように「納税額の見積り」に目的が置かれてしまうと、「資金繰り」は見えなくなります。キャッシュフローを明確にすることによって「経営の真実の姿を理解する」ことができるわけです。介護サービスのキャッシュフローにおける注意点は次の2つに集約することができ、意外にシンプルです。

（1）「介護報酬は2カ月遅れ」の原則

　例えば「1月に提供したサービス」の売上高のうち、1割分は月末に利用者から受け取りますが、9割分は2月10日までに国保連に給付請求をします。その請求によって3月に指定口座へ振り込まれることになります。つまり、仕事が終わって2カ月後に入金されることとなります。特に立上げ当初の介護事業所が資金的に苦しい

のは、この入金の２カ月遅れが原因です。

　２カ月間は人件費を先行して払わなければなりませんが、もしも事業を廃止する場合は、２カ月後まで給付されるということでもあります。

（2）　借入元金と減価償却

　大規模な設備投資をすることが多い施設系の介護サービスでは、借入金も多額なものになります。

　元金と利息の支払いは、借入れ直後から当然に始まります。利息は経費として処理できますが、元金は経費にならないことに注意が必要です。経営者の金銭感覚と税務会計の計算のズレは、この「元金の支払い」に生じるのです。

　また、建物や機械等の固定資産は、購入時に決済をしていますが、耐用年数に応じて毎年、減価償却という方法で費用となります。これも、感覚のズレの原因となります。

　おわかりだと思いますが、キャッシュこそが「経営の源泉」だということです。

　売上高が大きくても、毎月莫大な借入れ返済をしなければならない事業所は多くあります。こうした事業所では「利益が出ても現金や預金は手元にない」ということがままあります。

　事業を大きくしていこうとするならば、勘定科目の全体像を把握し、キャッシュフローを理解して運転資金に充てられるキャッシュが手元に残るようにする必要があります。

　徐々に売上が減少し、資金繰りも厳しい状況となっている状態で事業を継続するか断念するかを判断する場合にも、資金繰りとしてのキャッシュフローが回っているかどうかは、決定的な要素です。

　事業活動は、「お金儲け」ができなければ息を繋ぐことができないということです。

　介護サービスにおけるキャッシュフロー計算表を作ることは、手形を発行しておらず比較的簡単ですから、「支払いをするが税務上の経費にならないものは何か」ということを、関与税理士とも相談し、研究しておくことは有益です。

中期・単年度の数値計画を明確に

　関西で居宅介護支援事業、訪問介護事業、デイサービスの3つの事業を経営しているHさんは「当社の基本理念である『人としての安心できる生活を24時間、265日実現する』を実現するために、数年以内に高齢者住宅事業に着手します」と経営理念を踏まえた中期事業計画を打ち出しました。

　Hさんは、その経営目標を実現するための経営課題は何かを考えながら次の4つの柱にまとめ、社内に公表しました。

(1)　顧　客

　地域の24時間対応のニーズや高齢者住宅への入居ニーズ、特養への入居待ちの状況はどうか、同業他社の動向はどうか、などの検討をしました。

(2)　業務プロセス

　現在の居宅介護支援事業、訪問介護事業、デイサービスの業務執行の見直しをするとともに、今後の高齢者住宅を運営するために必要となる仕組みの検討をしました。

(3)　学習・成長

　新しい業務に必要な人材募集や資格要件を一覧表にして貼り出して「見える化」することで、不足する要件をどうするか知恵を出し合い、受講を奨励しました。また、人員が増加することもあって、定期的勉強会やキャリアアップのための受講促進、評価制度も整備しました。

(4)　財　務

　建設に必要な予算を見積もって、現在の借入状況や返済能力を検討し、資金調達を話し合った結果、規模を少し縮小しました。

　この見直しをした経営指針書を銀行に持参したところ、融資が決定しましたが、自己資金を5,000万円確保しなければならないことになりました。そこで、職員全員で建設委員会を発足して、無利息債の応募運動に取り組み、結果として目標額を大きく超過する結果となりました。

　この会社は、地域の高齢者の24時間265日の安心を実現するために献身的に努力していることで有名ですが、新しい取組みを開始したことで、利用者や家族、地域の経営者からも期待の声が寄せられています。

▶ 2 「売上高」と「人件費」の率を確認する

　介護サービスは、一般の製造業や建設業のような「仕入」や「製造原価」に当たる原価が少ない事業です。

　施設系の「食材費」などが発生するケースでは、「食材費仕入」や調理請負会社の「外注費」が発生しますし、福祉用具なども仕入れて販売するので、一概に「ない」とは言えませんが、労働集約産業である介護サービスの中で最も注目すべき勘定科目は、「人件費」や「法定福利費」でしょう。この2つの勘定科目が全体の大きな率を占めているはずです。

　ですから、一般の事業分析で使用されている、売上高から原価を差し引いて計算した「付加価値」という概念は、少し間接的に思われます。

　また、「付加価値」の中で占める人件費比率を「労働分配率」としていますが、「仕入」や「外注費」などの原価割合が少ない場合には、別の計算式による分析でも十分に対応できるはずです。

　その場合の計算式は、次の計算式によって行います。

人件費(賃金＋法定福利費)÷売上高

　この割合の変化を系統的に把握することによって、経営組織の収益構造の分析は本質的なものになります。

　介護サービスの経営者は、プレイングマネージャーですので、多忙です。現状認識はシンプルにしておくことが、かえって有効に問題を把握することに繋がるようです。

▶ 3 「消耗品費と賃金は同列か？」　　分配可能利益を考える

　みなさんは、ご自分の事業所の試算表や決算書をご覧になって不思議に思われたことはありませんか？

　一般的な企業会計原則に基づいた試算表や決算書は、売上から仕入などの製造原価、粗利益（付加価値）が記載され、その後に一般管理費の勘定科目が展開されます。この一般管理費というグループ

には、「通信費」や「消耗品費」が入っています。そのグループに、何と従業員に対する支払いであるはずの人件費が列記されているのです。

　介護サービスは、利用者に対して従業員が一生懸命にサービスを提供して成り立つものです。労働集約産業ともいわれる介護サービスでは、従業員の果たす役割は決定的です。それが、勘定科目では通信費や消耗品費と同じグループになっているわけです。従業員は電話機やコピー用紙と同一グループになっている、ということです。

　具体的には、次ページの表のような構成で消耗品や通信費、減価償却などと同列のグループ配列となっています。これは、従業員の「モノ化」です。決して、介護サービスにおける「従業員」が果たしている役割の本質を表現した配列ではありません。これに対して、人件費に対する新しい哲学、新しい思考への変革が必要だと考えています。

　介護サービスでいうところの売上高は、介護サービスを提供した月末に利用者から1割を受け取り、翌月に給付請求を国保連に行い、その翌月に残りの9割分を受け取ります。

　介護サービスといえども、当然に売上を得るために消耗品費や通信費等を支出しながら利益を得ます。自動車も利用しますから、当然に燃料費も必要で、こうした一般管理費は発生します。

　そこで、人件費（賃金＋法定福利費）を別のグループに移動させます。

　粗利益（付加価値）から上記の人件費を除いた一般管理費を控除し、「分配可能利益」とします。この「分配可能利益」を分配した結果が、人件費です。売上から必要経費を差し引き、どれだけ利益配分できる原資が確保できているのかを明確にし、事業活動の利益の総和を明確にした後に、その「分配可能利益」を人件費として利益配分するという思考です。この経営哲学の革命とも言える配列変更に挑戦することを、お勧めします。

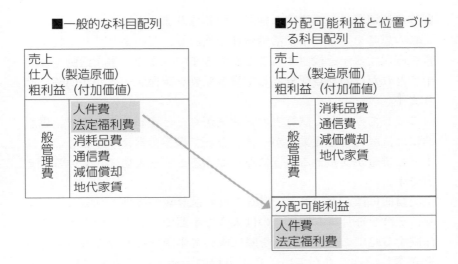

■一般的な科目配列

売上	
仕入（製造原価）	
粗利益（付加価値）	
一般管理費	人件費
	法定福利費
	消耗品費
	通信費
	減価償却
	地代家賃

■分配可能利益と位置づける科目配列

売上	
仕入（製造原価）	
粗利益（付加価値）	
一般管理費	消耗品費
	通信費
	減価償却
	地代家賃
分配可能利益	
人件費	
法定福利費	

　これは、実際の介護事業所経営の姿の現実を表す配列だと思います。これに挑戦できるかどうかは従業員をどう見ているかの試金石とも言え、「従業員は儲けの道具」程度としか考えていないか、労働集約産業である介護サービスをともに維持・発展させているパートナーと考えているかの、違いが出てきます。

　この展開ができるようになれば「経営が上手にできたから人件費が多く支給できた」と考えることができるようになります。「人件費比率が高い」状態で経営が維持・発展されているのであれば、使用者も介護労働者もお互いに幸せなことです。

　いずれにしても、こうして経営状態を見られるようになると、「コストとしての一般管理費」と、「利益分配としての人件費」とに区分けして、冷静に考えることができるようになります。

　コストとしての一般管理費は、「余分な支出をカットする」ことが正義であると考えてもよいと思います。この領域に人件費が入り込んで渾然一体となっているので、経営が苦しくコストカットを考える際に、真っ先に一番大きな支出項目の人件費に手を付けてしまうことになります。

　「人件費は利益の配分」との経営思想が確立すれば、まず、「一般管理費の妥当性を検証しよう」ということになり、消耗品費や通信

費等の個別費目の徹底的な検討が開始されます。

　この思考を通じて事業活動全体を検討し、どのようにして賃金原資を確保するかを検討することができます。また、事業活動全体の中でどれだけの利益配分として賃金原資を確保すべきかが明確になります。

　こうしてみると、試算表の雰囲気がぐっと変わってきます。思想的には、経営者と従業員が一体となって事業運営に取り組むことによって賃金が支払えるようになっていることを大切にしている考え方です。

　実務的には、パソコンで計算された試算表が提供されることになり、それを毎月組み換えるのは大変な手間ですから、経営指針書を作成する時にこうした配列を脇に置いて事業分析と今後の事業計画を立案してみてください。必ず現行の会社の試算表では見えない「新しい景色」が見えてくるはずです。

▶ 4　介護職員処遇改善加算等の活用

　人件費の検討をする中では、「介護職員処遇改善加算」等の活用も重要なポイントになります。

　詳細な説明は**第３章**で行いますが、これらの加算があることで介護従事者の賃金もかなり改善されてきました。

　これらの制度の活用を行いながら、今後の変更も念頭に、自社でできる経営改善努力は常に意識し、ビジョンをもとに自立型介護経営の事業所への道を模索していきましょう。

事例紹介

有限会社ナイスケアサポートの経営指針書

【会社概要】
　会社名：有限会社ナイスケアサポート
　所在地：〒 631-0012
　　　　　奈良県奈良市中山町 1324-1
　電　話：0742-52-6399　　FAX：0742-52-6397
　取締役会長：井尻　祥子

Ⅰ．経営指針を作成するにあたって

　弊社は今年で創立 20 周年を迎えます。創立当時は富雄北でのケアマネ事業とデイサービスの事業の出発でした。3 年に 1 度の介護保険改正に対応すべく、少しずつ事業の拡大を行ってきました。2013 年10 月にそれまでの拡大とは質的に異なった事業拡大（サービス付き高齢者向け住宅「桜の樹」建設）を行ってから 9 年が経過し、デイサービス「桜」の新築移設からも 6 年が経過しました。その間に社員も 34 名が加わり、正社員 27 名にパート社員 41 名の大所帯となりました。

　（中略）

　2017 年 11 月の中間総括会議で皆で議論した 10 年ビジョンは、程遠いもののように思いましたが、希望なきところに理念なし、理念なきところに計画なし、計画なきところに実行なし、実行なきところに成功なしという言葉があります。つまり、希望なきところに成功なしということです。

　私も含めて社員のみなさんは、自分の仕事にやりがいや誇りを感じながら、人として成長したい、自分の生活をもっと豊かにしたい、残業、残業で毎日が追われる生活から脱皮したいと願っていると思います。経営者である私の仕事は、経営を安定させ労働環境を整えること、仕事にみ合った給料を払うことは勿論ですが、社員同士を尊重し合い、皆が自分の仕事に向き合える職場風土を築いていくことだと思っています。

　私の座右の銘は「一隅を照らす」です。天台宗最澄の教えですが、一人ひとりの人間は小さく力も弱い。ですが、一人ひとりが自分の周

りを照らすことで、その魂は大きな灯火となる。会社組織に当てはめれば、とてつもなく大きなことはできないけれど、それぞれが自分に割り当てられた役割をコツコツと真面目に果たすことで、全体が大きく動くということだと理解しています。

　みんなで知恵を出し合い、協力し合ってこの困難を乗り越えていきましょう。私たちの会社にはその力があると確信しています。

2022年6月

代表取締役　井尻祥子

Ⅱ．会社概要

○商　　　　号　　有限会社ナイスケアサポート
○創　　　　立　　2002年10月
○資　本　金　　300万円
○代　表　者　　取締役社長 井尻 祥子
○社　員　数　　正社員27名　パート社員41名
○本社所在地　　奈良県奈良市中山町1324-1
○事業内容

居宅介護支援事業所　ナイスケア「桜」 所在地：奈良市中山町1324-1	2002年12月 開所
通所介護一般型　デイサービス「桜」 所在地：奈良市学園緑が丘三丁目5-11	2003年3月15日 開所
地域密着認知症対応通所介護 デイホーム「桜」 所在地：奈良市中山町1324-1	2004年7月1日 開所
サービス付き高齢者住宅「桜の樹」 所在地：奈良市中山町1324-1	2013年10月25日 開所
短期宿泊サービス桜stay 所在地：奈良市中山町1324-1	2013年10月25日 開所
通所介護事業　デイサービス「桜和」 所在地：奈良市中山町1324-1	2013年11月1日 開所
定期巡回随時対応訪問介護・看護 安心サポートダイヤル「桜」 所在地：奈良市中山町1324-1	2014年4月1日 開所
喫茶事業　カフェ「桜並木」 所在地：奈良市中山町1324-1	2015年6月13日 開所

Ⅲ．㈲ナイスケアサポートの経営理念

一、　私たちはその人らしさを大切にした、自立支援のための、質の高いサービスと情報提供をしていくことを責務とします。
一、　私たちは、働くことを通して謙虚に学び合い、育ち合い、生きがいの持てる人間集団を目指します。
一、　私たちは専門職としての力量を高め、また医療や福祉および地域の人たちと連携を深め、人間らしく平和で豊かに暮らせる環境づくりを目指します。

ここに掲げた経営理念は、わが社の地域社会における存在意義・目的・経営にあたっての根本的な考え方を示したものです。同時に、最高価値基準であり、経営者と社員の日常の行動方針でもあります。この経営理念を基準に行動していかなければ、我が社の発展・存続はあり得ません。

　地域社会の人々の役に立つことにより、その代償としての生活の安定が会社を通して得られるということになります。

　よって経営理念を我が社で働く指針にして、是非身に付けていただきたいと思います。

Ⅳ．10年ビジョン（2017年4月作成）

　10年後の弊社の姿を思い描いてみましたが、ここに掲げたのは経営者である私の願望です。幹部社員との話し合いもできていない内容ですので、数年かけて、みんなで目指す方向を10年ビジョンとして作り上げたいと思います。

1. 社員が活き活きと切磋琢磨しながら育ち合う社風があり、それぞれが人として成長しながら、仕事と向き合っている。
2. 新卒採用が毎年行われ、その人数は全常勤社員の3割を超えている。
3. ケアの「桜ブランド」が構築されており、地域の方から当てにされ、自分の子どもを就職させたいと思ってもらえる会社になっている。
4. キャリアパス制度が順調に機能し、各種研修が年間を通して行われている。
5. 事業は介護保険外事業が全体の3割を超え、社員一人当たり付加価値が700万円を超えており、中堅企業と肩を並べられる給与・福利厚生が整っている。
   ≪介護保険事業≫
   　在宅でのターミナルケア・他事業所と連携した事業スタイル
   　地域での定期巡回随時対応訪問介護・看護需要の拡大
   ≪介護保険外サービス≫
   　私費サービスの拡大
   　介護事業を支援する事業の創設

V．経営基本方針
■経営基本方針

(1) 介護・医療保険制度が今後も「改正」の頻度が高まる中、どのように変えられても利用者の願い・要望に応え、質の高いサービスを提供できる社内体制づくりを目指します。

(2) 現場第一主義に徹し、ご利用者ならびに介護・医療に関わる地域の人々の潜在的ニーズを敏感に受け止められる感性を磨き、謙虚な姿勢で仕事に臨みます。

(3) お互いが高まり合える共学・共育の社風をつくり、自主的・自覚的に行動する職場集団を目指します。

(4) お互いの情報を開示し、情報の共有化を図るために社内報の発行に取り組みます。質の高いサービスを提供していくうえでの知識、情報などを皆のものにしていき、社員における民主的運営を確立します。

(5) 日々の業務の中で感じたことや提案などを記録し、より良いケアと運営に反映する機会を作ります。

(6) 民主的運営の下で決めた目標と計画は、一丸となって取り組みます。

■ケアについての基本方針

(1) 利用者の尊厳を大切にする

　① 利用者に対しては目上の方としての接し方をする。言葉遣いは幼稚語や友達言葉を使わない。

　② 入浴の時間を大切なコミュニケーションの場として位置づける。

　　入浴介助を流れ作業で行わず、基本は個人浴とし、介護者は脱衣から最後のドライヤーをかけるまで担当制とする。

　③ 食事はいわゆる給食のようなものにせず、手作りで心を込めたものにする。

　④ ゲームやアクティビティは、全利用者で行うことを是非とせず、利用者がやってみたいという気持ちを大切にし、個々の対応を柔軟に行う。

　⑤ お誕生会を月の行事として位置づけるのではなく、その方のお誕生日をみんなで心からお祝いをするという内容にする。その方のお誕生日に一番近い日にお祝いをする。

(2) 介護を受けることへの精神的ハードルの高さへの配慮を持つ

　　① 利用者と職員の関係は、介護を受ける側と行う側の関係でなく、人と人としての関係づくりをする。

　　② 制服は作らず私服にエプロンとし、お客様をお迎えするといった雰囲気が感じられるものとする。

　　③ 送迎車に社名を入れない。

(3) 利用者の可能性を奪わないケアを行う

　　① 過剰介護で利用者のできることを取り上げない

　　② 回復の変化に沿ってケア方法を検討する

　　③ 生活リハビリの視点を持ったケアを行う

(4) 施設らしさをできるだけなくす

　　① 昼食の食卓を職員も一緒に囲み、ゆったりとした雰囲気でいただく

　　② カーテンやインテリア等も普通の家の「居間」を連想させる物を使用する

(5) 職員が活き活きとし仕事ができる環境づくりをする

　　① 月1回職場会議を開催し、会社の収支の報告をする

　　② 人が育つ職場環境を整え、キャリアの段階に応じた研修を行う

　　③ ボランティアの援助を受け、職員が介護に目を向けられるようにする

　　④ ルーティンの仕事は時間内に終わり、残業の少ない職場環境を作る

　　⑤ 有給休暇の取得率を高めるための業務改善に取り組む

■わが社が目指す共育方針

　上からの指示待ち的に働くのではなく、自らが疑問に感じたこと、思っていることが躊躇することなく話し合われ、わからないこと、知らないことを素直に聞き合える、そのような職場でこそ、仕事に対する誇りややりがいが培われると思います。

　今後ますます、どのような組織においても、どんな職場集団で構成されているか、安心できる人間関係なのか組織なのかということが、サービスの質を問う選択基準として問われる時代となってきています。まさに企業間格差は、そこで働く経営者と職員の人間力格差と言っても過言ではありません。中でも私たち介護の業界は、まさに介

護する人たちのチームワークや個々の人の個性豊かな感性を職場で出せ、生き生きと仕事に取り組めている職場集団があることが、会社の付加価値を高める鍵だと思います。

経営者社員も其々の生き方や価値観を認め合いながら、「理念」に掲げた弊社の社会的な価値観を教育していきます。

人は必ず変わる、成長することを前提に、社員教育に取り組みます。

キャリアパス制度を確立する中で、新人・一人前・中堅・ベテラン・マネージャーの各研修を行っていきます。また、中小企業家同友会で行われる「共育研修会」「共育講座」等に積極的に参加します。

資格取得支援のために「資格支援規程」を別途定め、資格取得を応援します。

■わが社が目指す社員像

① 現象面だけをとらえて判断せず、物事の本質を見極める「目」を持とう。一方的な情報だけで利用者やご家族を判断したりせず、多くのアンテナを持とう。また、社会情勢にも目を向け、マスメディアの一方的な報道だけに縛られず、私たちや私たちの周りの人々の暮らしや生活を通して、世の中を見ていこう。

② 聞こえてくるものだけでなく、声なき声に耳を傾け相手の話を「聴く」謙虚さを持とう。

③ どうして？ 何で？ どうすればいいんだろう？ を自分に周りに問いかけ、何でも挑戦してみよう。

④ 「人間大好き」な人であり続けよう。

⑤ 人としての基本的なモラルを持ち、お互いの生き方、考え方を尊重し合い、認め合いながら、お互いをフォローし合える人でいよう。

⑥ 仕事は一人ではできない。一緒に働く仲間とのチームワークを大切にしよう。

⑦ 日常的に専門家としての学びを心がけ、研修会などに積極的に参加しよう。

第3章

介護職員
処遇改善加算と
キャリアパス

I 介護職員処遇改善加算制度の歴史と概要

> I 介護職員処遇改善加算制度の歴史

　介護職員処遇改善加算は、その前身となる「処遇改善交付金」が2009年10月から支給を開始したところから始まり、種類や内容を変えながら現在の形となりました。

時期	制　度	ねらい	イメージ図
2009年10月から2012年3月まで	処遇改善交付金	賃金改善	**介護職員処遇改善交付金** ○介護職員（常勤換算）1人当たり月額平均1.5万円の賃金引上げに相当する額を介護職員の処遇改善に取り組む事業者へ交付 ○21年10月サービス分から実施し、24年3月までの2.5年分を予算計上（21年度第1次補正予算　事業規模：約3,975億円） ○22年10月サービス分から、キャリアパス要件を適用。（キャリアパス要件については、P.17参照） ① 都道府県が基金を設置して実施する。（支払いは国保連に委託） ② 財源　：国費10/10
2012年4月から2015年3月まで	処遇改善加算創設	賃金水準の維持	**4. 介護人材の確保とサービスの質の向上** ○介護職員処遇改善加算の創設（共通事項） 　介護職員処遇改善交付金相当分を介護報酬に円滑に移行するために、経過的な取扱として、介護職員処遇改善加算を創設する。なお、次期介護報酬改定において、各サービスの基本サービス費において適切に評価を行う。 　介護職員処遇改善加算（I）（新規）⇒ 所定単位数にサービス別加算率を乗じた単位数を算定 　介護職員処遇改善加算（II）（新規）⇒ 介護職員処遇改善加算（I）の90／100 　介護職員処遇改善加算（III）（新規）⇒ 介護職員処遇改善加算（I）の80／100 　※加算率は、介護職員処遇改善交付金の交付率と同等 　※対象範囲及び算定要件は、介護職員処遇改善交付金の対象範囲及び交付要件の考え方を設定予定 ○人件費の地域差の適切な反映（共通事項） 　①国家公務員の地域手当に準じ、地域割りの区分を7区分に見直すとともに、適用地域、上乗せ割合について見直しを行う。（別紙参照） 　②適用地域について、国の官署が所在しない地域等においては、診療報酬における地域加算の対象地域の設定の考え方を踏襲する見直しを行う。 　③介護事業経営実態調査の結果等を踏まえ、サービス毎の人件費割合についても見直しを行う。 　　訪問看護　55% → 70% 　④報酬単価の大幅な変更を緩和する観点から、平成26年度末までの経過措置等を設定する。 　見直し後の適用地域と現行の適用地域を比較した場合、区分の差が2区分以上単等する地域を対象に、現行の適用地域から1区分高い若しくは低い区分に見直しを行う。 　各自治体からの要望を踏まえ、上昇割合が低い区分にとどまることを経過措置として認めるとともに、高い区分への変更は国家公務員の地域手当の区分相当で変更を認める。 ○サービス提供責任者の質の向上（訪問介護） 　サービス提供責任者の任用要件のうち、「2級課程の研修を修了した者であって、3年以上介護等の業務に従事した者」をサービス提供責任者として配置している事業所に対する評価を適正化 　⇒ 所定単位数に90／100を乗じた単位数を算定 　※ 平成25年3月までの間、現に従事する者に対する経過措置を掛ける。

時期	制 度	ねらい	イメージ図
2015年4月から2017年3月まで	処遇改善加算継続	労働環境の整備加算区分の新設（加算(I)）	
2017年4月から2019年9月まで	処遇改善加算継続	キャリアパス要件の強化加算区分の新設（加算(I)）	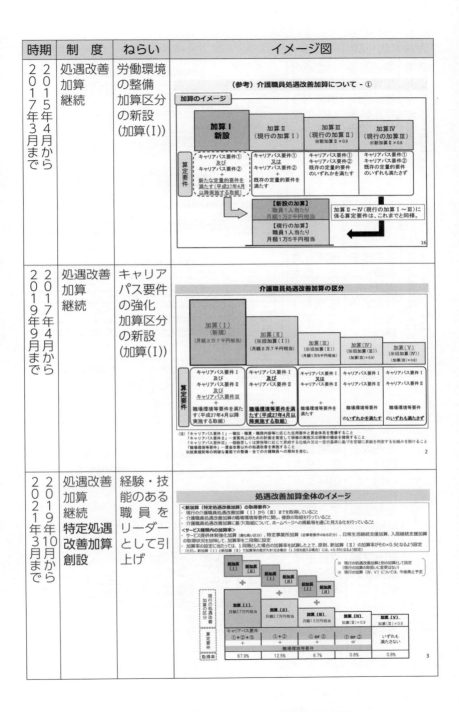
2019年10月から2021年3月まで	処遇改善加算継続 特定処遇改善加算創設	経験・技能のある職員をリーダーとして引上げ	

時期	制　度	ねらい	イメージ図
2021年4月から2022年1月まで	処遇改善加算継続特定処遇改善加算継続	介護職員処遇改善加算(Ⅳ)(Ⅴ)の廃止	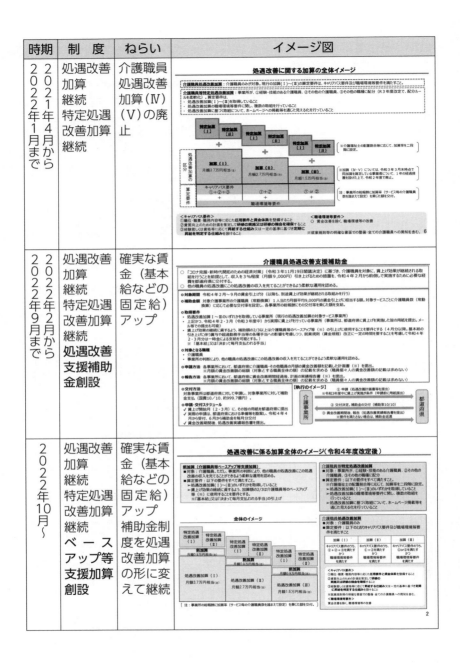
2022年2月から2022年9月まで	処遇改善加算継続特定処遇改善加算継続処遇改善支援補助金創設	確実な賃金（基本給などの固定給）アップ	
2022年10月〜	処遇改善加算継続特定処遇改善加算継続ベースアップ等支援加算創設	確実な賃金（基本給などの固定給）アップ補助金制度を処遇改善加算の形に変えて継続	

▶ 2 総人口の推移と高齢者割合の増加予想

　さて、このように介護職員処遇改善制度が発展してきた背景として、高齢者割合の増加と総人口減少があります。第1章でみたとおり、国の推計では2025年には団塊の世代が全員75歳以上となり、2050年には日本人の2.5人に1人が65歳以上になるとされています。

▶ 3 見込まれる利用者の増加と介護職員の需要

　介護保険制度が始まって22年が経過し、65歳以上被保険者数が約1.7倍に増加する中で、サービス利用者は約3.5倍に増加しています。

　この資料の人数は、居宅介護支援、介護予防支援、小規模多機能型サービス、複合型サービスを足し合わせたもの、ならびに、介護保険施設、地域密着型介護老人福祉施設、特定施設入居者生活介護、および認知症対応型共同生活介護の合計です。

（1） これまでの22年間の対象者、利用者の増加

これまでの22年間の対象者、利用者の増加

○介護保険制度は、制度創設以来22年を経過し、65歳以上被保険者数が約1.7倍に増加するなかで、サービス利用者数は約3.5倍に増加。高齢者の介護に無くてはならないものとして定着・発展している。

①65歳以上被保険者の増加

	2000年4月末		2022年3月末	
第1号被保険者数	2,165万人	⇒	3,589万人	1.7倍

②要介護（要支援）認定者の増加

	2000年4月末		2022年3月末	
認定者数	218万人	⇒	690万人	3.2倍

③サービス利用者の増加

	2000年4月		2022年3月	
在宅サービス利用者数	97万人	⇒	407万人	4.2倍
施設サービス利用者数	52万人	⇒	96万人	1.8倍
地域密着型サービス利用者数	－		89万人	
計	149万人	⇒	516万人※	3.5倍

（出典：介護保険事業状況報告令和4年3月及び5月月報）

※ 居宅介護支援、介護予防支援、小規模多機能型サービス、複合型サービスを足し合わせたもの、並びに、介護保険施設、地域密着型介護老人福祉施設、特定施設入居者生活介護（地域密着型を含む）、及び認知症対応型共同生活介護の合計。在宅サービス利用者数、施設サービス利用者数及び地域密着型サービス利用者数を合計した、延べ利用者数は592万人。

2

（出典）第106回社会保障審議会介護保険部会参考資料

（2） 第8期介護保険事業計画に基づく介護職員の必要数推計

　一方、介護職員の需要については厚生労働省から下図のような必要数の推計値が示されています。

　高齢化が進み介護サービス利用者は増加する一方、総人口減、労働力人口減という中でこれだけの人材を増やしていかなければならないことは、非常に困難を伴うことが想定されます。何とかして、高齢化社会を支える仕組みを維持していかなければなりません。介護人材不足はもうずいぶんと前から社会的問題となっていて、**第2章**でみた人材確保指針の見直しが 2007 年 8 月に行われたのも、既に問題が顕在化していたからです。

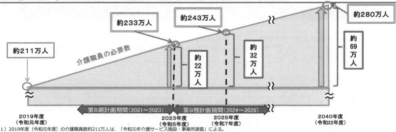

第8期介護保険事業計画に基づく介護職員の必要数について　　別紙1

○　第8期介護保険事業計画の介護サービス見込み量等に基づき、都道府県が推計した介護職員の必要数を集計すると、
・2023年度には約233万人（＋約22万人（5.5万人／年））
・2025年度には約243万人（＋約32万人（5.3万人／年））
・2040年度には約280万人（＋約69万人（3.3万人／年））
となった。　　※（）内は2019年度（211万人）比
　　※　介護職員の必要数は、介護保険給付の対象となる介護サービス事業所、介護保険施設に従事する介護職員の必要数に、介護予防・日常生活支援総合事業のうち従前の介護予防訪問介護等に相当するサービスに従事する介護職員の必要数を加えたもの。

○　国においては、①介護職員の処遇改善、②多様な人材の確保・育成、③離職防止・定着促進・生産性向上、④介護職の魅力向上、⑤外国人材の受入環境整備など総合的な介護人材確保対策に取り組む。

注1）2019年度（令和元年度）の介護職員数約211万人は、「令和元年介護サービス施設・事業所調査」による。
注2）介護職員の必要数（約233万人・243万人・280万人）については、足下の介護職員数を約211万人として、市町村により第8期介護保険事業計画に位置付けられたサービス見込み量（総合事業を含む）に基づく都道府県による推計値を集計したもの。
注3）介護職員数には、総合事業のうち従前の介護予防訪問介護等に相当するサービスに従事する介護職員数を含む。
注4）2018年度（平成30年度）分から、介護職員数を調査している「介護サービス施設・事業所調査」の集計方法に変更があった。このため、同調査の変更前の結果に基づき必要数を算出している第7期計画と、変更後の結果に基づき必要数を算出している第8期計画との比較はできない。

（出典）厚生労働省「第8期介護保険事業計画に基づく介護職員の必要数について」

▶ 4 介護職員の賃金と離職率、離職理由の変化

　上記1のとおり、2009年に開始した介護職員処遇改善交付金は、「低い賃金水準」と「高い離職率」が人材不足の理由であり次の3つが対策として示された「介護労働者の確保・定着等に関する研究会中間とりまとめ」（2008年7月29日厚生労働省職業安定局）を受け、2009年度介護報酬改定で介護従事者の人材確保・処遇改善を進めるために創設されました。

1　介護労働者が意欲と誇りを持って働くことができる社会の実現
2　介護労働者の定着・育成に向けた雇用管理改善
3　介護労働者の確保およびマッチング等

　では、この取組みの結果、賃金水準や離職率はどのように変化したのでしょうか。人材不足感や離職理由の変化も含めて、データを比較してみます。

（1）賃金水準

　次ページの資料は、どちらも介護労働者は管理職を除いた月給者の無期契約職員を対象にしています。2008年の所定内賃金は介護職全体平均216,500円に対し、2021年は平均244,900円と増加しています。2021年賃金構造基本統計調査における、全産業の一般労働者の平均所定内賃金は、男女計323,400円（男性348,800千円、女性270,600円）となっていますので、他産業との差もわずかですが縮まっていることがわかります。

　2021年度介護従事者処遇状況等調査結果（厚生労働省）によると、処遇改善加算を取得している事業所は全体の94.1％と高水準ですが、その中でも処遇改善加算の上位段階を取得している事業所ほど賃金の改善率が高くなっています。

2008 年度

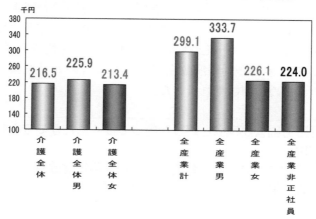

所定内賃金比較（月給者）

構造的問題がここに　　（全産業＝平成20年賃金構造基本統計調査）

千円

介護全体 216.5　介護全体男 225.9　介護全体女 213.4　全産業計 299.1　全産業男 333.7　全産業女 226.1　全産業非正社員 224.0

（出典）2008 年度介護労働実態調査結果について（介護労働安定センター）

2021 年度

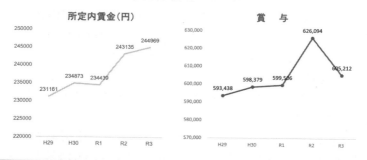

所定内賃金は増加、賞与は減少　　（事業所調査）

＜無期雇用職員、月給の者＞

所定内賃金（円）

231161　234873　234439　243135　244969
H29　H30　R1　R2　R3

賞　与

593,438　598,379　599,506　626,094　605,212
H29　H30　R1　R2　R3

・所定内賃金（図表　左上）は、244,969円で昨年度（243,135円）より1,834円の増加。
・賞与（図表　左上）は605,212円で昨年度（626,094円）より20,882円の減少。

3

（出典）2021 年度介護労働実態調査結果について（介護労働安定センター）

（2）　離職率

　2008 年度は訪問介護員、介護職員の 2 職種、2021 年度は訪問介護員、介護職員、サービス提供責任者の 3 職種での比較となりますが、全体平均でも、採用率は 2008 年度の 22.6% に対し、2021 年度では 14.8%、離職率は 2008 年度の 18.7% に対し、2021 年度では 14.1% となっています。

　非正規社員の大量採用、大量離職を繰り返していた当時に比べ、採用率・離職率ともに低下しました。

2008 年度

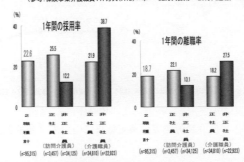

（出典）2008 年度介護労働実態調査結果について（介護労働安定センター）

2021 年度

（出典）2021 年度介護労働実態調査結果（介護労働安定センター）

また、下図のとおり2021年度「介護労働実態調査」では、2職種（訪問介護員、介護職員）の離職率[注]は、14.3％（前年14.9％）でした。離職率は2008年をピークに低下傾向にあります。ピーク時（21.6％）の約3分の2まで低下していることに照らせば、事業所の取組み、国、地方自治体の政策などが奏功していると言えます。

　（注）　1年間の離職率＝1年間の離職者数÷1年前の在籍者数×100、無期
　　　　雇用職員と有期雇用職員の和

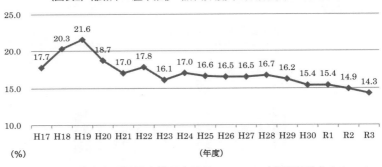

（図表2）離職率の経年推移（訪問介護員と介護職員の2職種計）

（出典）2021年度介護労働実態調査結果について（介護労働安定センター）

（3）　人手不足感

　しかしながら、2021年度の介護事業所全体における人材の過不足状況は、「大いに不足」は8.5％、「不足」は21.5％、「やや不足」は33.0％、「適当」は36.6％、「過剰」は0.4％でした。「大いに不足」「不足」「やや不足」を合計した「不足感」を経年で見ると、2021年度は前年を上回り、63.0％となりました。職種別の不足感では、『訪問介護員』が80.6％（前年80.1％）で最も高く、次いで『介護職員』が64.4％（同66.2％）でした。

　ここ数年、介護事業所全体の人材の不足感は60％台で推移しており、2009年度にいったん下がりはしたものの上がり続けていて、人手不足の解消には至っていません。

2021 年度

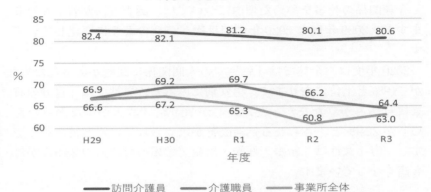

（出典）2021 年度介護労働実態調査結果について（介護労働安定センター）

2016 年度

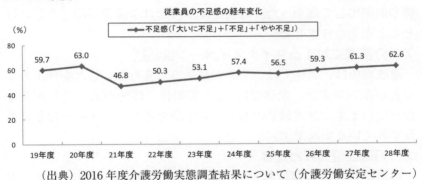

（出典）2016 年度介護労働実態調査結果について（介護労働安定センター）

（4）　離職理由

　介護関係の仕事を辞めた理由については、調査方法が若干異なりますが、2009年度と2020年度では次ページのように変化しています。

　2020年度は、全体では「職場での人間関係に問題があったため」が23.9％と上位にあります。男女別にみると、男性では「自分の将来に見込みが立たなかったため」が26.9％、「収入が少なかったため」が22.9％と、さらなる処遇改善が求められていると言えそうです。一方、女性は「結婚・妊娠・出産・育児のため」の23.9％が最も高くなっています。

（5）　まとめ

①　介護労働者数

　全体として増加傾向にありますが、今後の介護職員必要推計からみると、足りていません。離職率は低下傾向にあります。以前は離職率が突出して高かった介護職ですが、今は全産業平均との差はほとんどなくなりました。

②　介護職に対するマイナスイメージは払拭

　離職理由は、男性では、将来の見込みが立たないことを理由とする人が多いですが、全体では、「人間関係に問題があった」が多くなっています。介護職そのものに対するマイナスイメージは払拭されてきている傾向です。

③　処遇改善加算と賃金

　処遇改善加算の算定状況は、2021年度で全体の94.1％と高い水準となっています。介護職員の賃金は上昇してきています。処遇改善加算の制度は、2009年の交付金制度から始まり、最初は「ばらまき制度」であったところを、介護職員のレベルアップとその意欲を推進させる賃金改善を実施してきた成果があったと言えるでしょう。

2009年度
10 直前の介護の仕事をやめた理由 （労働者回答）

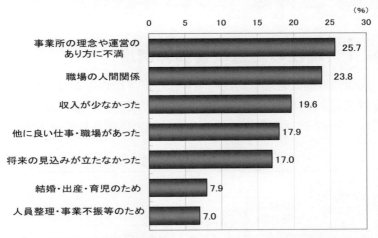

（出典）2009年度介護労働実態調査結果について（介護労働安定センター）

2020年度

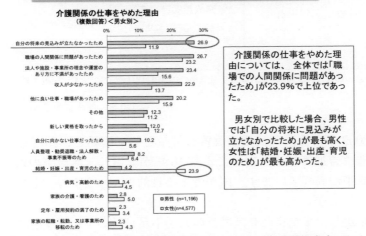

（出典）2020年度介護労働実態調査結果について（介護労働安定センター）

Ⅱ 介護職員処遇改善加算制度の全体像（2023年現在）

＞ 1 現在の処遇改善加算制度

　現状の処遇改善加算制度の全体像は、下図のとおりです。大きく分けて、処遇改善加算（Ⅰ・Ⅱ・Ⅲ）、特定処遇改善加算（Ⅰ・Ⅱ）、ベースアップ等支援加算の3種類で構成されています。

全体のイメージ

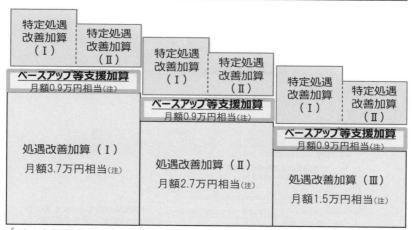

〔注：事業所の総報酬に加算率（サービス毎の介護職員数を踏まえて設定）を乗じた額を交付。〕

（出典）厚生労働省ホームページ

　2009年に介護職員処遇改善交付金として開始し、2012年からは処遇改善加算制度となってより10年が経過し、離職率の低下などに効果が表れています。国が考える目的の一つをクリアしたと言えるでしょう。

　しかし、まだまだ介護職員の人手不足は続いています。これからは、離職率の低下だけではなく、介護職員がさらに集まる事業所にならなければなりません。小さな事業所は、その職員が大手事業所

に流れていかないよう、選ばれる事業所を目指すことが必須となります。そのために、この制度を活用して長く働き続けられる事業所を目指すことも重要です。

制度を活用するには取得要件を理解し規程や制度を整備する必要がありますが、そもそも何を目的として現在の制度になったのかも理解しておくことも重要です。改めて確認してみましょう。

❯ 2　介護職員処遇改善加算の目的

社会保障審議会福祉部会福祉人材確保専門委員会が2015年2月に取りまとめた「2025年に向けた介護人材の確保〜量と質の好循環の確立に向けて〜」では、介護人材の目指すべき姿として「(『まんじゅう型』から『富士山型』へ」が掲げられています。

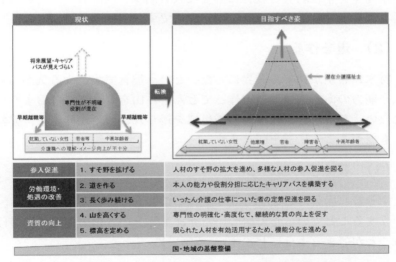

（出典）「2025年に向けた介護人材の確保 〜量と質の好循環の確立に向けて〜」
（2015年2月25日）

2012年の創設当初の処遇改善加算の目的は、他産業に比べて低い賃金水準を底上げし賃金改善に充てることでした。その後2015年に職場環境等要件、2017年にはキャリアパス要件が加わり、徐々に介護の仕事をより長く働き続けることができ、能力や役割に応じ

て収入アップができる仕事とする目的へとシフトしてきましたが、「(『まんじゅう型』から『富士山型』へ」という方針が示され、『富士山型』への構造転換、すなわちキャリアパス制度を定着させるため、次の5つの方策を講じることとされました。

（1） すそ野を拡げる

　介護人材として、子育て中・後の女性や中高年齢者に加え、他業種からの転職、地元志向の若者、障害者等、多様な人材層への理解促進とイメージアップを推進し、参入促進を図ります。富士山のすそ野を拡げるイメージです。前ページの図にはありませんが、近年では外国人技能実習生なども参入してきています。

　事業所においては、家庭との両立に必要な柔軟性のある労働時間の確立や、未経験者の教育に必要な教育訓練、高齢者や障害者に必要な環境要件などを整えることが大切です。

（2） 道を作る

　将来に希望が持てる業界にしたいという趣旨です。やる気がある人や能力のある人には道を作ってどんどん山を登っていけるようにしたい。登った分、仕事への満足感を得られ、技術が向上し、昇給にも繋がるように道を開きます。

（3） 長く歩み続ける

　すそ野に居続けることも登り続けることも、自身が選択できる。そうすることでいったん居ついた介護業界という山の住民で居続けることができるようにします。

（4） 山を高くする

　長く働き続けられるようにするには、キャリアアップをして山を登り続けたい人にはより高い山を用意してあげることが必要となります。山が高ければ高いほど、それを支えるすそ野の広さも必要になります。潜在的資格者や管理能力がある人材の参入なども見込んで、専門性を明確化、高度化し、継続的な質の向上を図ります。

（5）　標高を定める

　人材需給が逼迫する中で限られた人材をより有効に活用するには、多様な人材層を類型化したうえで、機能分化を進める必要があります。そのため、介護人材の類型化・機能分化や介護福祉士の社会的評価とその資質向上を図り、介護現場の中核を担う人材と位置づけるための取組みが進められました。

　これらを実現するために、ただ賃金改善をするための原資として処遇改善加算を支給することはしない、というのが国の考えです。そこで2015年度の介護報酬改定では加算の区分が追加され、それまでの3区分から4区分になりました。2017年の介護報酬改定でも区分が追加され、計5区分となりました（その後、2022年4月に2区分が廃止され現在は3区分）。
　さらに2019年10月には介護職員等特定処遇改善加算が新設され、「経験・技能のある介護職員について、他産業と遜色ない賃金水準を目指して重点的に処遇改善を図」ることが求められるようになっています。

　では、次に各加算の内容や要件の詳細をみていきましょう。

III 介護職員処遇改善加算 （I・II・III）

> I 介護職員処遇改善加算とは

処遇改善加算は、制度の変遷にあわせてより高い加算の取得に向けて各事業所が努力をした結果、2022年4月に条件の緩い加算(IV)・(V)が廃止となり、(I)〜(III)の3種となっています。算定要件は、下図のとおりです。

処遇改善加算は、そもそも介護職員の賃金改善を目的に創設された制度ですので、介護事業所で働くすべての職種の従業員が対象になるわけではなく、対象は介護職員のみとなっています。そして、所定の「キャリアパス要件」と「職場環境等要件」をどのように満たすかによって段階が分かれています。

---

①介護職員処遇改善加算
■対象：介護職員のみ
■算定要件：以下のとおりキャリアパス要件及び職場環境等要件を満たすこと

加算（I）	加算（II）	加算（III）
キャリアパス要件のうち、①＋②＋③を満たすかつ職場環境等要件を満たす	キャリアパス要件のうち、①＋②を満たすかつ職場環境等要件を満たす	キャリアパス要件のうち、①or②を満たすかつ職場環境等要件を満たす

＜キャリアパス要件＞
①職位・職責・職務内容等に応じた**任用要件と賃金体系**を整備すること
②資質向上のための計画を策定して**研修の実施又は研修の機会を確保**すること
③経験若しくは資格等に応じて**昇給する仕組み**又は一定の基準に基づき**定期に昇給を判定する仕組み**を設けること
※就業規則等の明確な書面での整備・全ての介護職員への周知を含む。
＜職場環境等要件＞
賃金改善を除く、職場環境等の改善

（出典）厚生労働省ホームページ

▶ 2 「キャリアパス要件」とは

　キャリアパス要件は、任用要件と賃金体系の整備、研修の実施や機会の確保（前ページ図のキャリアパス要件①、②）についてはほとんどの事業所がとりあえず形を作って切り抜けられていたのですが、2017年4月から加算(I)を取得するための要件に「③経験若しくは資格等に応じて昇給する仕組み又は一定の基準に基づき定期に昇給を判定する仕組みを設けること」が必須として加えられました。これが多くの事業所の頭を悩ませます。この③は、つまり昇給の仕組みを見える化し、要件を満たせば必ず一定の昇給をすることを約束する仕組みを設けることを求めているのですが、これも「ある程度の」決まりを賃金規定に載せて、実態とのギャップがある中で取得されていった経緯がありました。

　具体的な内容は、次のとおりです。

（I）　キャリアパス要件①

次のすべてに適合すること
イ　介護職員の任用の際における職位、職責または職務内容等に応じた任用等の要件（介護職員の賃金に関するものを含む）を定めていること
ロ　イに掲げる職位、職責または職務内容等に応じた賃金体系（一時金等の臨時的に支払われるものを除く）について定めていること
ハ　イおよびロの内容について就業規則等の明確な根拠規定を書面で整備し、すべての介護職員に周知していること

　要約すると、事業所内で役職を決めて、役職ごとの職務内容や責任、必要な能力を明確にして、それを賃金体系に定めて周知すること、となります。

（2）　キャリアパス要件②

次のすべてに適合すること
イ　介護職員の職務内容等を踏まえ、介護職員と意見を交換しながら、資質向上の目標および一または二に掲げる具体的な計画を策定し、当該計画に係る研修の実施または研修の機会を確保していること
　　一　資質向上のための計画に沿って、研修機会の提供または技術指導等を実施（OJT、OFF-JT 等）するとともに、介護職員の能力評価を行うこと
　　二　資格取得のための支援（研修受講のための勤務シフトの調整、休暇の付与、費用（交通費、受講料等）の援助等）を実施すること
ロ　イについて、すべての介護職員に周知していること

　要約すると、事業者において、スキルアップや資格取得のために、介護技術・コミュニケーション能力・マネジメント能力等）の向上に関する目標や研修計画を策定、実施するとともに、評価も行うこと、およびそれらを従業員に周知しておくこと、となります。

（3）　キャリアパス要件③

　次のイからハのいずれかに該当した場合に昇給する、もしくは昇給を判定する仕組みのことで、内容を就業規則などの書面で整備し、全介護職員に周知していることが必要。
イ　経験に応じて昇給する仕組み
ロ　資格などに応じて昇給する仕組み
ハ　一定の基準に基づき定期に昇給を判定する仕組み

　このキャリアパス要件③について厚生労働省は、「平成 29 年度介護報酬改定に関する Q&A（平成 29 年 3 月 16 日）の送付について」（事務連絡平成 29 年 3 月 16 日）で次のような点を明らかにしています。

[問1] キャリアパス要件①では、職位・職責・職務内容などに応じた任用要件と賃金体系を要件としており、昇給内容の規定は不要である一方、キャリアパス要件③では、経験・資格または評価に基づく「昇給の仕組み」を設けることが要件となっている

[問2] 昇給の仕組みは、経験・資格・評価を組み合わせて要件を定めることが可能である

[問3] 昇給方法として「基本給による賃金改善」が望ましいが、手当・賞与などでもよい

[問5] キャリアパス要件③による昇給の仕組みについては、「非常勤職員を含め、当該事業所や法人に雇用される全ての介護職員が対象となり得る」ものであることが必要

[問6] 資格には、「介護福祉士」や「実務者研修修了者」など一定の研修の修了が想定されるが、必ずしも公的な資格である必要はなく、例えば事業所などで独自の資格を設け、その取得に応じて昇給する仕組みを設ける場合も要件を満たし得る（ただし、資格取得要件が明文化されているなど、客観的に明らかとなっていることが必要）

[問6] 「介護福祉士資格を有して当該事業所や法人で就業する者についても昇給が図られる仕組み」については、介護職員として職務に従事することを前提としつつ、介護福祉士の資格を有している者が、「介護支援専門員」や「社会福祉士」など、事業所が指定する他の資格を取得した場合に昇給が図られる仕組みを想定

[問7] 昇給の判定基準については「客観的な評価基準や昇給条件が明文化されていること」が必要。また、判定の時期については「事業所の規模や経営状況に応じて設定する」ことが可能である（ただし明文化が必要）

[問8] キャリアパス要件③を満たす昇給の仕組みによる賃金改善では加算の算定額に満たない場合でも、当該仕組みによる賃金改善を含め、基本給、手当、賞与などによる賃金改善の総額が加算の算定額を上回っていれば新加算Iの要件を満たし得る

▶ 3 「職場環境等要件」とは

　職場環境等要件は次のうち、1つ以上の取組みをすれば要件を満たすことになります。

区分	具体的内容
入職促進に向けた取組	・法人や事業所の経営理念やケア方針・人材育成方針、その実現のための施策・仕組みなどの明確化 ・事業者の共同による採用・人事ローテーション・研修のための制度構築 ・他産業からの転職者、主婦層、中高年齢者等、経験者・有資格者等にこだわらない幅広い採用の仕組みの構築 ・職業体験の受入れや地域行事への参加や主催等による職業魅力度向上の取組の実施
資質の向上やキャリアアップに向けた支援	・働きながら介護福祉士取得を目指す者に対する実務者研修受講支援や、より専門性の高い介護技術を取得しようとする者に対する喀痰吸引、認知症ケア、サービス提供責任者研修、中堅職員に対するマネジメント研修の受講支援等 ・研修の受講やキャリア段位制度と人事考課との連動 ・エルダー・メンター（仕事やメンタル面のサポート等をする担当者）制度等導入 ・上位者・担当者によるキャリア面談など、キャリアアップ等に関する定期的な相談の機会の確保
両立支援・多様な働き方の推進	・子育てや家族等の介護等と仕事の両立を目指す者のための休業制度等の充実、事業所内託児施設の整備 ・職員の事情等の状況に応じた勤務シフトや短時間正規職員制度の導入、職員の希望に即した非正規職員から正規職員への転換の制度等の整備 ・有給休暇が取得しやすい環境の整備 ・業務や福利厚生制度、メンタルヘルス等の職員相談窓口の設置等相談体制の充実
腰痛を含む心身の健康管理	・介護職員の身体の負担軽減のための介護技術の修得支援、介護ロボットやリフト等の介護機器等導入及び研修等による腰痛対策の実施 ・短時間勤務労働者等も受診可能な健康診断・ストレスチェックや、従業員のための休憩室の設置等健康管理対策の実施 ・雇用管理改善のための管理者に対する研修等の実施 ・事故・トラブルへの対応マニュアル等の作成等の体制の整備
生産性向上のための業務改善の取組	・タブレット端末やインカム等のＩＣＴ活用や見守り機器等の介護ロボットやセンサー等の導入による業務量の縮減 ・高齢者の活躍（居室やフロアの清掃、食事の配膳・下膳などのほか、経理や労務、広報なども含めた介護業務以外の業務の提供）等による役割分担の明確化 ・5Ｓ活動（業務管理の手法の1つ。整理・整頓・清掃・清潔・躾の頭文字をとったもの）等の実践による職場環境の整備 ・業務手順書の作成や、記録・報告様式の工夫等による情報共有や作業負担の軽減
やりがい・働きがいの醸成	・ミーティング等による職場内コミュニケーションの円滑化による個々の介護職員の気づきを踏まえた勤務環境やケア内容の改善 ・地域包括ケアの一員としてのモチベーション向上に資する、地域の児童・生徒や住民との交流の実施 ・利用者本位のケア方針など介護保険や法人の理念等を定期的に学ぶ機会の提供 ・ケアの好事例や、利用者やその家族からの謝意等の情報を共有する機会の提供

⟩ Ⅰ 介護職員等特定処遇改善加算とは

　特定処遇改善加算は、【富士山型】を目指して、経験・技能のある職員に重点化を図りながら、介護職員の確保・定着に繋げていくため、2019 年 10 月 1 日に創設されました。

　特定処遇改善加算は、加算(Ⅰ)と加算(Ⅱ)に分類されます。加算(Ⅰ)は、サービス提供体制等強化加算（介護職員の総数のうち、介護福祉士や作業療法士、理学療法士などの有資格者の割合が一定以上、もしくは勤続年数の長い者が一定以上の割合の場合に、介護報酬に加算される仕組みで、割合に応じて加算(Ⅰ)〜加算(Ⅲ)まである）の最も上位の区分（加算(Ⅰ)）を算定している場合に取得可能となります。

介護職員等特定処遇改善加算の仕組み

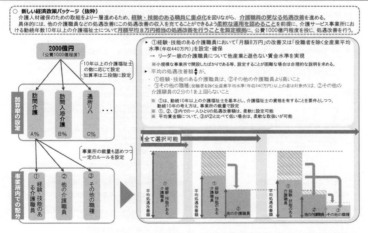

（出典）第 206 回社会保障審議会介護給付費分科会（Web 会議）資料

▶ 2　創設当初の内容

　処遇改善加算が介護職員のみを対象としているのに対し、特定処遇改善加算は介護職員以外のその他の職員の処遇改善にも充てることが可能です。これは、処遇改善加算が介護職員のみを対象としていて、介護事業所から「その他の職員の不満を補うために事業所が持出しをせざるを得ない」「当事業所は介護職員とその他の職員の給与で差がないのに、介護職員だけ昇給することは難しい」といった声が多く出たためです。

　そこで、「経験・技能のある介護職員に重点化しつつ、職員の更なる処遇改善を行うとともに、介護職員の更なる処遇改善という趣旨を損なわない程度において、一定程度他の職種の処遇改善も行うことができる柔軟な運用を認めることと」（平成31年4月12日老発0412第8号「介護職員等特定処遇改善加算に関する基本的考え方並びに事務処理手順及び様式例の提示について」）されました。

　創設当初、特定処遇改善加算を算定するためには、下図の5つが必要でした。

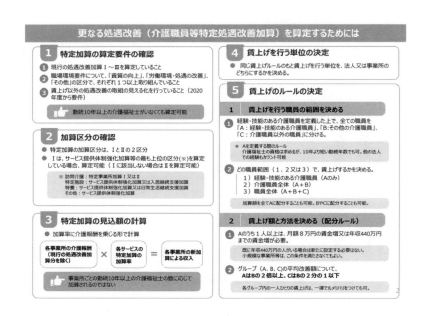

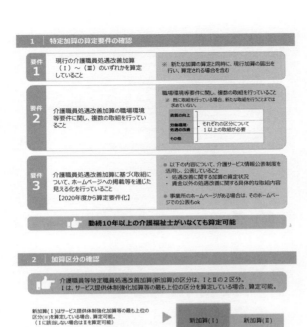

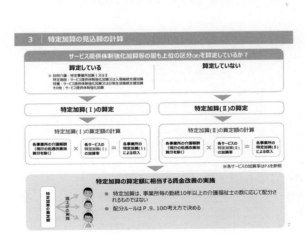

IV　介護職員等特定処遇改善加算 **125**

同じ賃上げルールのもと賃上げを行う単位を、法人又は事業所のどちらにするかを決める。

- 特定加算の配分ルール（P.9、10）について、法人単位で取り扱うときは、以下に留意。

> 1．経験・技能のある介護職員における「月額8万円」の改善又は「役職者を除く全産業平均水準（年収440万円）」の設定・確保
> → 法人で1人以上が一括して申請する事業所の数に応じた設定が必要
> （設定することが困難な事業所が含まれる場合等、その他の役割設定を行うことにより、設定人数がより（ごとに可能）
>
> 2．平均の処遇改善額で、
> ・A：経験・技能のある介護職員は、B：その他の介護職員の2倍以上とすること
> ・C：その他の職種（役職者を除く全産業平均水準（年収440万円）以上の者は対象外）は、B：その他の介護職員の2分の1を上回らないこと
> → 法人全体を単位として取り扱うことが可能。

- 算定区分が（Ⅰ）、（Ⅱ）で異なる場合であっても、一括の申請は可能
- 一括申請が可能な事業所の範囲（オレンジ部分）

加算取得事業所		加算未取得事業所	特定処遇改善加算非対象サービス	医療障害保育
特定処遇改善加算対象サービス				
介護				

例　**法人が4事業所分を一括して申請する場合**

> 1．経験・技能のある介護職員における「月額8万円」の改善又は「役職者を除く全産業平均水準（年収440万円）」の設定・確保
> → 法人内で各事業所1人分として、合計4名の設定・確保
>
> 2．法人の職員全体で、
> ①経験・技能のある介護職員、②その他の介護職員、③その他の職種を設定し、処遇改善額を設定

8

1　賃上げを行う職員の範囲を決める

> 1．経験・技能のある介護職員を定義した上で、全ての職員を「A：経験・技能のある介護職員」、「B：その他の介護職員」、「C：介護職員以外の職員」に分ける。
> ● 加算額を全てAに配分することも可能。B や C に配分することも可能。
> 2．どの職員範囲で配分するか決める。
> ● 全ての職員をA、B、Cに分ける

いずれの範囲も選択可能

A　経験・技能のある介護職員	B　その他の介護職員	C　介護職員以外の職員
（定義する際のルール） ・勤続10年以上の介護福祉士を基本 ・介護福祉士の資格は必要 ・勤続年数は、他の法人や医療機関等での経験も通算可 ・事業所の能力評価や等級システムを活用するなど、10年以上の勤続年数がなくても業務や技能等を勘案し対象とできる	（定義する際のルール） ・「A：経験・技能のある介護職員」以外の介護職員	（定義する際のルール） ・介護職員以外の職員

> ● 事業所内で検討し、設定することが重要。
> ● Aは、介護福祉士の資格をもつ人がいない場合や、比較的新しい事業所で研修・実務経験の蓄積等に一定期間を有するなど、介護職員間における経験・技能に明らかな差がない場合など、設定を求めるものではない。
> ● Aでは介護福祉士の資格を求めるが、10年より短い勤続年数でも可。他の法人での経験もカウント可能。

9

2　賃上げ額と方法を決める

> 「A：経験・技能のある介護職員」のうち1人以上は、
> **月額8万円の賃上げ又は年収440万円までの賃金増が必要**

月額8万円の賃上げ

- 賃金改善実施期間における平均賃上げ額が月額8万円となる必要
- 現行の介護職員処遇改善の賃金改善分とは別に判断する
- 法定福利費等の増加分を含めて判断可能。

賃上げ年収440万円までの賃金引き上げ

- 440万円を判断するに当たっては、手当等を含めて判断することが可能。
- 賃金年額440万円が原則。年度途中から加算を算定している場合、12ヶ月間加算を算定していれば、年収440万円以上と見込まれる場合について、要件を満たすものとして差し支えない。
- 現に年収440万円の者の場合はこの限りでない。
- 社会保険料等事業主負担の他の法定福利費等は含まずに判断。

例外的な取扱い

- 以下の場合などは、月額8万円の賃上げ又は年収440万円までの賃金増の条件を満たさなくてもよい。
  > ▶ 小規模事業所で加算額全体が少額である場合
  > ▶ 職員全体の賃金水準が低い事業所など、直ちに一人の賃金を引き上げることが困難な場合
  > ▶ 8万円等の賃金改善を行うに当たり、これまで以上に事業所内の階層、役職やそのための能力・処遇を明確化することが必要になるため、規程の整備や研修・実務経験の蓄積などに、一定期間を要する場合

10

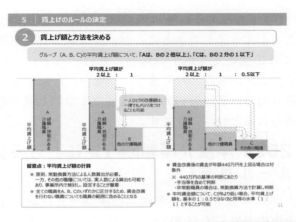

11

（出典）厚生労働省老健局老人保健課
「2019 年度報酬改定について～介護職員の更なる処遇改善～」より抜粋

3　算定要件に関する留意点

　介護職員等特定処遇改善加算の要件で注意すべき点として、職場
環境等要件があります。前述の介護職員処遇改善加算の職場環境等

処遇改善に関する加算の職場環境等要件

○「職場環境等要件」として、研修の実施などキャリアアップに向けた取組、ＩＣＴの活用など生産性向上の取組等の実施を
　求めている。
　・介護職員処遇改善加算　：以下のうちから1つ以上取り組んでいる必要
　・介護職員等特定処遇改善加算：以下の区分ごとにそれぞれ1つ以上取り組んでいる必要

区分	具体的内容
入職促進に向けた取組	・法人や事業所の経営理念やケア方針・人材育成方針、その実現のための施策・仕組みなどの明確化 ・事業者の共同による採用・人事ローテーション・研修のための制度構築 ・他産業からの転職者、主婦層、中高年齢者等、経験者・有資格者等にこだわらない幅広い採用の仕組みの構築 ・職業体験の受入れや地域行事への参加や主催等による職業魅力度向上の取組の実施
資質の向上やキャリアアップに向けた支援	・働きながら介護福祉士取得を目指す者に対する実務者研修受講支援等や、より専門性の高い介護技術を取得しようとする者に対する喀痰吸引、認知症ケア、サービス提供責任者研修、中堅職員に対するマネジメント研修の受講支援等 ・研修の受講やキャリア段位制度と人事考課との連動 ・エルダー・メンター（仕事やメンタル面のサポート等をする担当者）制度等導入 ・上位者・担当者によるキャリア面談など、キャリアアップに関する定期的な相談の機会の確保
両立支援・多様な働き方の推進	・子育てや家族の等の介護等と仕事の両立を目指す者のための体制整備や充実、事業所内託児施設の整備 ・職員の事情等の状況に応じた勤務シフトや短時間正規職員制度の導入、職員の希望に即した非正規職員から正規職員への転換の制度等の整備 ・有給休暇が取得しやすい環境の整備 ・業務や福利厚生制度、メンタルヘルス等の職員相談窓口の設置等相談体制の充実
腰痛を含む心身の健康管理	・介護職員の身体的な負担軽減のための介護技術の修得支援、介護ロボットやリフト等の介護機器等導入及び研修等による腰痛対策の実施 ・短時間勤務労働者等も受診可能な健康診断・ストレスチェックや、従業員のための休憩室の設置等健康管理対策の実施 ・雇用管理改善のための管理者に対する研修等の実施 ・事故・トラブルへの対応マニュアル等の作成等の体制の整備
生産性向上のための業務改善の取組	・タブレット端末やインカム等のＩＣＴ活用や見守り機器等の介護ロボットやセンサー等の導入による業務量の縮減 ・高齢者の活躍（居室やフロア等の清掃、食事の配膳・下膳などのほか、経理や労務、広報なども含めた介護業務以外の業務の提供）等による役割分担の明確化 ・５S活動（業務管理の手法の1つ。整理・整頓・清掃・清潔・躾の頭文字をとったもの）等の実践による職場環境の整備 ・業務手順書の作成や、記録・報告様式の工夫等による情報共有や作業負担の軽減
やりがい・働きがいの醸成	・ミーティング等による職場内コミュニケーションの円滑化による個々の介護職員の気づきを踏まえた勤務環境やケア内容の改善 ・地域包括ケアの一員としてのモチベーション向上に資する、地域の児童・生徒や住民との交流の実施 ・利用者本位のケア方針など介護保険法人の理念等を定期的に学ぶ機会の提供 ・ケアの好事例や、利用者やその家族からの謝意等の情報を共有する機会の提供

要件では、「以下のうちから１つ以上取り組んでいる」ことで要件を満たすことができました。ところが、介護職員等特定処遇改善加算では、これに加えて「以下の区分ごとにそれぞれ１つ以上取り組んでいる」ことが要件となります。つまり、左記の６つの区分のすべてに取り組み、各区分の具体的内容で１つ以上取り組んでいることが求められるということです。

＞ 4 2021年度介護報酬改定における賃上げルール見直し

その後、2020年度介護従事者処遇状況等調査結果で特定処遇改善加算を未取得の事業所が36.7％となり、その理由が「職種間の賃金バランスがとれなくなることが懸念」（38.8％）、「賃金改善の仕組みを設けるための事務作業が煩雑」（38.2％）、「介護職員間の賃金バランスがとれなくなることが懸念」（33.8％）、「計画書や実績報告書の作成が煩雑」（31.2％）などであったため、2021年度介護報酬改定で配分ルールを柔軟化する見直しが行われました。

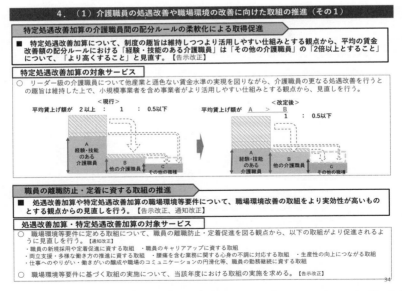

（出典）第199回社会保障審議会介護給付費分科会（Web会議）資料

> 5 特定処遇改善加算の今後

　見直しの結果、依然として３割弱の事業所は未取得となっています。その理由を著者がヒアリングしたところ、事業者の回答は次のようなものでした。

　①　特定処遇改善加算を取っていない理由
・高齢者の割合が多く、10年以上経験のある介護福祉士はいるが、その人が取り分け優れているわけではない
・現状で年収440万円以上の従業員がいない
・職種間による賃金バランスが取れなくなることへの懸念

　②　特定処遇改善加算を取得している理由
・現状で、経験10年以上で年収440万円以上の介護福祉士がいたから

　③　分配方法
・調査当時はまだ２：１：0.5としている事業所が多い
・その他介護職員：その他職員を１：0.5以下にすることに抵抗があるため、その他職員への分配は事業所持出しにしている例があり

　著者周辺の実態調査の結果では、経験・技能のある介護福祉士に月額８万円の昇給をした事業所はありませんでした。
　このように、特定処遇改善加算については、まだ環境が整っておらず取得に後ろ向きな事業所もみられるところです。
　しかしながら、特定処遇改善加算は、リーダー級の介護職員について他産業と遜色ない賃金水準を目指して、介護職員の中でも経験・技能のある職員に重点的に処遇改善が行われるよう、経験は「10年以上」、技能は「介護福祉士」との要件が設けられ、「10年以上」については、事業所の考え方の裁量があるものの、「介護福祉士」が重視されていることが注目されました。

すなわち、今後の介護業界にとって、介護福祉士の確保や資格取得支援は不可欠になると見込まれます。

　何となく10年を過ごしてきた職員にずば抜けた昇給をするのは違う！という声が多く聞かれましたが、それなら10年の過ごし方を今後見直せばよいのです。

　特定処遇改善加算を有効に利用するためには、事業所の制度に介護福祉士の資格取得を前提として、経験とともに技術力、人間力を育てていく仕組みを組み込むことが大切です。

V 介護職員等ベースアップ等支援加算

▶ 1 介護職員処遇改善支援補助金から始まる

2021年11月より、政府は看護や介護、保育、幼稚園の現場で働く人たちの給与アップをにらんだ「公的価格」の見直し議論をスタートさせました。誰もが安心できる、全世代型の社会保障を構築していくことを戦略の柱として打ち立て、処遇改善に繋がる制度の見直しを含め、検討を開始したのです。その結果、2022年2月〜9月の介護職員等に対する賃上げに必要な予算を補助金として確保し、2022年10月以降については、報酬改定の形で対応することになりました。これが、2022年10月に創設された介護職員等ベースアップ等支援加算です。

▶ 2 取得要件とそのねらい

補助金から加算に移行したものの、取得要件や対象となる職種に変更はありません。取得要件は、まず処遇改善加算(I)〜(Ⅲ)のいずれかを取得していることです。そして、補助（加算）額の3分の2以上はベースアップ等（基本給または決まって毎月支払われる手当）の引上げを行うことです。対象職種は介護職員のみならず、対象事業所のその他の職員への柔軟な運用を認めています。

これまで、処遇改善加算と特定処遇改善加算で介護職員の賃金底上げをねらってきた政府でしたが、13年の歴史の中で思ったように改善がなされず、むしろ「ばらまき」の状態に近い形で推移している現状にメスを入れたのです。

賃金改善と言えば、やはり基本給（固定手当を含む）です。固定的賃金がアップしてこそ労働者の生活は安定しますし、将来への希望も生まれます。このまま介護職を続けていくことの意味と価値を実感しながら働くことの重要性をここではっきりさせたいというのがねらいでしょう。

> 3 処遇改善加算制度の今後

　2022年12月、改正を経て3本立てとなった処遇改善加算制度を1本化しようとする動きが出てきました（2022年12月23日「介護職員の働く環境改善に向けた政策パッケージ」）。検討を開始したばかりで詳細はわかりませんが、事業所の事務負担に配慮して、事務手続や書類の簡素化とともに進めるとされています。それぞれの制度の仕組みや要件を考慮すると、単純に1本化するのは非常に難しいように思われますが、直近で創設されたのがベースアップ等支援加算であることを考えると、基本給もしくは決まって支給される手当を職員それぞれの技量を考慮して確実に上げていく仕組みや、より良い職場環境を作ることは、今後も継続していくべきと言えます。

　上記パッケージにおいても、「処遇改善に関する加算を未だ取得していない事業所も一定程度存在することから、こうした事業所における給与体系の構築等も含め、社会保険労務士等による個別相談等を行い、着実な取得率の向上を図る」とされています。

介護職員の処遇改善に関する加算等の取得状況

介護職員の処遇改善に関する加算の取得状況

年度 サービス 提供月	平成30年度		令和元年度		令和2年度		令和3年度		令和4年度	
	4月	10月	4月	10月	4月	10月	4月	10月	4月	10月
介護職員 処遇改善 加算（※1）	90.8%	91.7%	91.5%	92.3%	92.4%	92.9%	93.2%	93.3%	93.4%	**93.8%**
介護職員等 特定処遇改善 加算（※2）	—	—	—	58.3% (53.8%)	69.6% (64.3%)	71.2% (66.1%)	73.5% (68.5%)	73.9% (69.0%)	75.1% (70.2%)	**75.9%** (71.1%)
介護職員等 ベースアップ等 支援加算（※2）	—	—	—	—	—	—	—	—	—	**85.4%** (80.0%)

（出典）厚生労働省「介護給付費等実態統計」より老人保健課で特別集計。
※1 令和4年4月サービス提供分以降は処遇改善加算（Ⅳ）及び（Ⅴ）が廃止となっている。
※2 処遇改善加算の取得が要件のため、処遇改善加算を取得している事業所数に占める割合を記載（対象サービスの全請求事業所数に占める割合を括弧書き）。

（参考）介護職員処遇改善支援補助金（令和4年2月～9月）の交付状況
　　介護職員処遇改善加算の取得を交付要件としており、交付対象に該当する事業所に対する交付割合は、75.1%（※3）。

※3 介護職員処遇改善支援補助金の交付事業所数（各都道府県国民健康保険連合会「介護職員処遇改善支援補助金 請求明細表」より老人保健課で集計）を、
　　令和4年2月サービス提供分の処遇改善加算（Ⅰ～Ⅲ）の請求事業所数（厚生労働省「介護給付費等実態統計」より老人保健課で特別集計）で除した割合。
　　なお、介護職員処遇改善支援補助金の交付事業所数を、令和4年2月サービス提供分の介護報酬の請求事業所数（厚生労働省「介護給付費等実態統計」より
　　老人保健課で特別集計）で除した割合は、69.9%。

> 4 処遇改善加算等の計画書・実績報告書の様式の簡素化

　上記の処遇改善加算の1本化に先駆けて、政府は、事業所の事務負担軽減のため、令和5年度分の処遇改善加算等の計画書・実績報告書の様式を簡素化しました。具体的な内容は、次の3点です。

(1)　改善事項1　計画書における前年度と今年度の賃金額比較の省略

（変更内容）
・今年度の賃金改善見込額がそれぞれの加算見込額を上回ることを確認する（下図）
・また、前年度との比較を求めず、加算以外の部分で賃金を下げないことの誓約を求めることとする

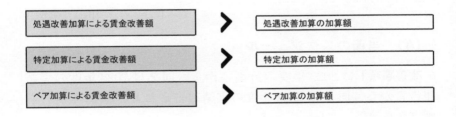

(2)　改善事項2　実績報告書における3加算の賃金額比較の一本化

（変更内容）
・計画書と同様に今年度の賃金改善額が加算額以上であることを確認したうえで（上図）、
・前年度との比較は3種類それぞれの加算の対象者ごとではなく、3加算一体で計算する。具体的には、「①今年度の賃金総額」から「②3加算の賃金改善額の積み上げ額」を引いた額を前年度と比較して、加算以外の部分で賃金を下げていないことを確認する（次ページ図）

①今年度の賃金総額			
②今年度の特定加算による加算額	③今年度のベア加算による加算額	今年度の処遇改善加算による加算額	

今年度の処遇改善加算による賃金改善額（＝①－②－③－④）	④前年度の賃金総額から前年度の処遇改善加算等の加算額等を除いた金額

（3） 改善事項3　計画書および実績報告書における事業所ごとの賃金総額等の記載の省略

> （変更内容）
> 変更前の様式では、複数の事業所を運営している法人の場合、賃金総額や賃金改善額等について、事業所ごとの内訳を記載する必要があったところ、事業所ごとの内訳の記載を不要とし、法人単位で確認することとする

（4）　当面のスケジュール

　改善事項1は2023年度の計画書から、同2は2023年度の実績報告書から、同3は2022年度の実績報告書および2023年度の計画書から適用、となっています。

Ⅵ 処遇改善加算制度をフル活用するために理解しておくべきポイント

▶ 1 「やったふり」で制度が活用できることによる弊害

　処遇改善加算制度のおかげで介護職員の賃金水準は多少改善したものの、介護人材不足は解消していません。その理由として、加算を請求するにはとにかく国の求める形式で書類さえ整っていればよく、介護職員が誇りを持って働き続けられる制度が構築できているかという、本質的なところまでは見られないため、根本的な問題解決に繋がっていないことが考えられます。監査も同様です。

　制度の活用を通じて職員一人ひとりが実感としてやり甲斐を感じて働き続けられる制度を構築できなければ、加算を取得してもとりあえず「やったふり」をしているだけで、本来の「まんじゅう型」から「富士山型」へ、という目的達成には近づけず、お先真っ暗なのです。残念ながら、著者の関わる事業所も多くは政府の言うとおり加算を取得しなければいけない、けれど、そのとおりにはできないと「やったふり」をしている傾向にありますが、それでは本当の意味で処遇改善加算制度を活用したことにはならないのです。

▶ 2 持続可能な制度でなければ意味がない

　国がキャリアパス要件を設け、事業所に要件を満たす人事制度の構築を求める理由は、介護の仕事を長く続けていけばキャリアアップも昇給も望める仕事にしてもらいたいからです。いわば、介護の仕事をサステナブルな仕事とするためです。

　ですから、人事制度も継続しなければ意味がありません。導入した人事制度に問題点が見つかっても、そこで投げ出さずに制度自体を見直しながら運用し続けることが必要です。一番重要なことは、何のために制度があるのかを常に意識しながらより良い制度を目指すことで、完璧な制度を作り上げることではありません。

職員が辞める度に採用してはまた辞める、を繰り返すばかりでは限界が来ます。どうすれば人材確保という本来の目的を達成できる人事制度となるのか、何度もサイクルを回して試行錯誤をし、自社に合う制度になるまで続けることが肝心です。

▶ 3 「仲間づくり」を心がければ本来のキャリアパス制度に近づく

　介護事業所を立ち上げたとき、経営者には、どんなサービスを利用者に提供したいのか、どんな人と一緒にそれを実現したいのか、思い描いた姿があったと思います。そして、その仲間を増やしてより多くの方にサービスを提供できるようになりたい、などの成長イメージを持っていたと思います。

　つまり、事業所経営は仲間づくりから始まっていました。人事制度の構築も、等級制度や評価制度の設計と考えると難しく思えるかもしれませんが、集まった仲間と一緒により長く働き続けられるようにし、その仲間を増やすことが目的ですから、仲間づくりの一環です。何よりも重要なのは、自身がありたい姿をしっかりと想像することです。こうあるべき、とかこうでなければならない、といった義務感ではなく、希望や夢、空想の世界で構いません。

　経営者がしっかりと芯を持ち、出逢った職員と対話を重ねて想いを共有して介護の仕事に誇りを持って自らが楽しくウキウキして働くことができるようになったら、きっと仲間は同じ感性を持った仲間を引き寄せてくれます。職員が満足しているから利用者に丁寧に対応できて、利用者もずっとお気に入りの職員に介助をしてもらえる、という利用者満足に繋がります。

　処遇改善加算制度の活用は職員の待遇をより良くしていくために欠かせませんが、そのためにキャリアパス制度を形だけ作るのではなく、経営理念に基づいた「ありたい姿」へと職員とともに成長し仲間を増やすために制度を作ると考えて原点に戻り、事業所にとって一番大切なことは何か、を評価の基準にしてみてください。そうすることで、本質的な意味での処遇改善加算の活用に近づくことができます。

▶ 4　自発のココロを育てる

　では、事業所はどのように運営していけばよいのか。その答え
は、職員一人ひとりが答えを持っています。ここで働いていこう！
と思っている方であれば、その事業所の理念に共感して学ぼうとし
ますし、経営者がどのように自分を見ているかも気にしています。
彼らの意見を聞きましょう。事業所全体に関わる貴重なヒントがそ
こにあるかもしれません。

▶ 5　管理者教育の必然性

　仲間の中でも、忙しい経営者に代わって職員に経営理念を伝え、
その共有を図る管理職は、特に重要な存在です。経営者と職員を繋
ぐ橋渡し的な役割をしてもらいたい存在です。ですから、それを理
解できている人でなくては務まりません。「長年居てくれたから」
「前職でお給料をたくさんもらっていたから」のような理由で決め
るべきではありません。

　役職に応じて何をすべきかを示し、それを職務として果たしても
らうため、まずは個別に対話を重ねましょう。

▶ 6　若者の声を聴く

　昭和生まれの著者は、祖父母が要介護状態になった当時、「施設
に入れるのはかわいそう」「自宅で看てあげなくては」という考え
方が主流でした。女性が介護のために仕事を続けられなかったり、
介護疲れで自身が体調を崩してしまったりすることも珍しくなく、
介護保険制度が始まってからも、家事の延長線上のような形で中高
年齢の女性ヘルパーが他人の面倒を見る、といったものでした。著
者と同年代の介護事業所経営者の認識も、おそらく同様でしょう。

　しかし今は違います。介護職という分野がきっちりと確立され、
必要な技術も明文化され、例えば介護福祉士のように若者が目指す
資格もできたからです。政府は、さらに介護福祉士の地位を介護職
の上位に位置づけようと模索を繰り返しています。

　今、介護業界に参入してきている若い人たちは昔を知りません。

ただ、国が必要としている資格を取得し、介護の世界に身を投ずる覚悟をし、生涯の職として選択しているのです。そこにはどんな未来が描かれているでしょうか。介護事業所の経営者は是非とも彼らと意見交換をし、今後の介護業界の展望を語っていただきたいと思います。現場から声を上げること。それは若い人たちの意見なくしてはできないことです。

> **事例紹介**
>
> # 本音が聞ける社風づくりで
> # 職員も事業所も成長～株式会社松

> **【会社概要】**
> 　会社名：株式会社松（香川県高松市）
> 　所在地：〒 760-0066
> 　　　　　香川県高松市福岡町 4 丁目 20 番 8 号
> 　電　話：087-802-5335　　FAX：087-802-5336
> 　代表取締役社長：松村幸太

✿　創業からの軌跡

●訪問看護の仕組みを整えたくて創業

　創業者である松村幸太氏は、2012 年 1 月、若干 26 歳で株式会社松を立ち上げました。学校卒業後、大阪で作業療法士として勤務した後、地元で起業したいと、香川に帰ってきました。

　当時、訪問看護の仕組みが整っていなかった香川には、入院しても治らないうちに家に帰されてまた調子が悪くなって入院したり、施設を探して行ったり来たりが多くありました。親戚の老夫婦も、訪問看護がないばかりにバラバラに施設や病院に入らなくてはならず、結局 2 人とも病院で亡くなりました。そのことが大変辛く、これはもう自分がやるしかないと使命感が湧いてきて、訪問看護事業所を立ち上げました。

　すると、在宅でやってみたい、という看護師さんが思いのほかたくさん集まり、最初はリハビリを中心に、香川では草分け的に始めました。

●「職員第一主義」から介護事業所を開設

　志の高い看護師には、もともと総合病院で夜勤もしながら働いていたけれど、結婚したり子供ができたりという生活環境の変化で辞めた、という人が多くいます。そういう人がクリニックとか外来のみの病院で働いてみたけれど、やりがいを感じず、物足りない。訪問看護ならやりがいもありながら夜勤がない働き方もできる、という理由で人が集まった結果、すごく頑張ってくれて、現在の専務取締役である看護師も入社し事業も伸びていきました。最初のうちは看護師が介護もしてくれていましたが、それでは足りなくなり介護士を入れることになりました。

●介護事業所を立ち上げ、職員とともに成長

　まず、介護士が働いていて嬉しくなるのはどんなときだろうと考えるところから、募集する介護士像をイメージしました。技術的に困ったら看護師がたくさんいるので、介護士は特に高い技術はいりません。だから、愛情を持って利用者に優しく尽くしてくれる人だったらいいな、そこに満足を感じてくれる人だったらいいな、と一緒に働く介護士のイメージを具体化していきました。

　そんなとき、現在の常務取締役である幼馴染みの友人が仕事を探していて、彼は資格を持っていなかったのですが、介護だったら1カ月で取れるから一緒にやろう、と訪問介護を立ち上げたのが介護事業所の最初でした。

　介護職員は、やる気があれば誰でもなれます。そこで注目したのが元サッカー選手など、プロで活躍した後のセカンドキャリアです。彼らは夢を持っていて、場所がどこであろうと生き生きしている。介護の世界で応援してあげたら人が集まるのではないかと。

　元選手には地元チームのボランティアコーチをやっている人も多いので、その時間も大切にしてもらうために勤務時間も自由に組めるようにしました。作曲家やシンガーソングライターなどの夢に向かっている人も自由な時間を作れるように、勤務時間をその人の夢に合わせて変えていきました。そうやって介護経験者だけでなく夢や志を持っている人を集めていったら、毎年20〜30人採用できるだけでなく、6時間の勤務で12時間分くらいの仕事をしてくれるほど働きぶりも熱心です。

　ただ、1カ月研修してもらえばすぐに現場には入れますが、介護

職の資格を取っていきなり訪問介護では難しいので、施設内で技術力を磨いていきましょう、と夢を応援するかたちでナーシングホームを開設することになりました。

●ナーシングホーム開設でスタッフレベルもサービスレベルも成長

ナーシングホームは有料老人ホームですが、医療体制が充実していて、特養のように高額ではなく安価で入りやすい。病院で治療するまでではないが家庭で看るのは難しい、そういう不安な状態のときに必要な場所になっています。やはり「最期まで在宅で」はハードルが高いのです。最初は在宅にこだわっていましたが、ニーズに応えたいという考え方に変わっていきました。

職員の夢の応援から立ち上げたナーシングホームでは、困っている人を助けたいという職員たちのココロの満足度が上がり、リハビリ、介護も職員とともに成長し、そのスタッフレベルが利用者さん第一主義を作っていく、という施設のかたちができました。ケアマネージャーも、他の事業所が取りたがらない要支援を引き受けるとか、他で断られる仕事をやっています。

●「起業したい」職員の夢を応援してグループ会社も設立

職員に夢を持っていろいろと任せているうちに、「起業したい」という人も出てきました。そこで、全部任せるからもっと大きな夢を実現させてあげたい、と松グループとして別会社を設立しました。グループ会社が増えていくのは、自分の子供ができるみたいな感じで嬉しいです。自分一人で300人の職員と直接関わるのは無理があるなぁと思っていたので。

●満を持して定期巡回・随時対応型訪問介護看護を開始

定期巡回・随時対応型訪問介護看護（定期巡回・随時対応サービス）サービスに力を入れるようになったきっかけは、包括報酬なので、介護が少なくなればなるほど売上があがる仕組みが作れるからです。つまり、介護士が根本的な自立支援を目指せるサービスで、利益も給料も上がるサービスなのです。

介護保険制度を自立支援と結びつけた仕組みとして位置づけている時点で、国の考え方ははっきりしています。賃金改善の方法は、処遇改善ばかりではないのです。

12年前からあるサービスですが、香川ではまだまだ少なく、そもそも職員が自分の働いている施設に家族を入れたがらないという

話すら聞かれます。今の若い人にそんなところで働き続けてもらうのは絶対無理です。続きません。経営者は、人手不足を嘆くよりも新しいこととか若い人の発言とかいろいろなものを聞いたほうがよいと思います。要は経営者が何のために事業を立ち上げるか、事業を継続するか、を持ち続けることだと思います。根本的なビジネスの目的です。

当社では、設立以来介護スタッフの育成、訪問看護・介護拠点の拡充などを進めてきた結果、定期巡回・随時対応型訪問介護看護の実施に向けた万全の体制が整い、2022年1月に開始しました。

❉ 人材確保、定着、育成について

●経営理念は「思いがある、夢がある、あなたとあなたの暮らすこの街が豊かであるために」

看護や介護を流れ作業だけで考えてはいけない、人が困っていたら助けるという柔軟性が大事、とは常々思っていましたが、職員が増えてきたので、どんな職員になってもらいたいかという思いを込めて、7年くらい前に経営理念を定めました。

その意味は、思いがある人にはそういう働き方を作って行きますよ、夢がある人は夢を応援しますよ、まずはあなたが幸せになるために。そうすると利用者のためになり、関わる人達の幸せになり、街全体の幸せになる。そんな事業を一緒にやりませんか、というものです。

●採　　用

採用はまず、面接で夢を語ってもらって、会社のビジョンとその人のやりたいことがマッチしているかどうかを徹底的に確認します。最初のマッチングさえしっかりしていれば、半年後、1年後、お互いにメリットしか残りません。

最初から夢もやりたいこともない人は、採用しません。たぶんミスマッチだから公務員とかになったほうがいいんじゃないか、とはっきり言います。

決まった時間に決まった仕事をして給料がもらえればよいという人には、ここに来てもおもしろくないよ、と言います。そういう人を全員断っていると人手が不足するので、それでもよいという人を雇い始めましたが、職員のレベルに開きが出てきたので、きちんと

分けようと思って評価制度を作りました。結局、当社の魅力を感じてくれていない人は断っています。

● 評価制度（キャリアパス）について

　等級は6段階で、特に夢がなく作業的な人が1〜3等級です。評価もいわば流れ作業のような感じで、作業ができているかどうかでみます。

　当社では、4等級という立ち位置が非常に重要です。そこから先は作業ではなくマネジメントに特化してもらうからです。1〜3等級の人たちをみるのも任せてしまっています。経営理念を浸透していく役目と新しい夢を持った人を見つけるという役目を、担ってもらっています。

　まずは一般職（1〜3等級）から、という考えはありません。例えば、中途採用面接でしっかりとした夢や志を持ってそれを語れる人は、いきなり4等級です。元サッカー選手のセカンドキャリアで入社した人も、4等級〜5等級で活躍しています。

　夢がある人は行動がしっかりしているので、4等級以上になるとほとんど自分たちでやっています。逆に言うとそこまでできない人、する気がない人が1〜3等級にいます。ですから、処遇改善加算に使っているキャリアパス表は、1〜3等級には何ができるかの基準がありますが、4等級以上はざっくりです（笑）。ざっくり作っておけば国は手当を配ってくれますし、もらえた以上職員に払うだけです。もちろん4等級以上は、処遇改善で年俸制にボーンとつけています。

　おもしろいことに、1〜3等級の職員も4等級以上の職員と接するうちに夢を持ち始めます。そうなったら僕は直接話をして、夢をしっかり聞きます。夢を実現しよう、と4等級に上げるのです。

　いったん4等級以上に上がった人でも、生活環境などから夢を見失ってしまったり、やる気が見えなくなってしまったりした人は、3等級に下げます。そこは僕が判断します。降格と言っても、給与を下げるわけではありません。

　こうした評価制度を運用してきた結果、今やどういう人材が当社にマッチするかを面接担当者が理解しているので、僕は採用面接をやっていません。「私は20年以上施設長をしていました」みたいな人は、きっと合わないので断ります。どちらかと言うと、若くて

経験もないけど頑張ります！と、目が輝いている人を採用します。

●本音が聞ける社風づくりを重視

前述のとおり、当社では採用面接のときに夢を語ってもらいます。そして、そこで聞き出せたプライベートも含めて成長を願い、起業を含め、働き方や、自分の時間の作り方を教えます。若い人にプライベートなことや本音を聞くのは難しいですが、仕事とプライベートは分けるとか、会社がそういう風習だと、若い人は「聞いてもらえないんだ」と諦めてしまいます。

今の若い人には昔の年功序列の中で本音を言えなかった人と違い、欲しいものはスパッと言って勝ち取りたい人が多いので、最初に目標を聞いて、よし、一緒にやろう！みたいな持って行き方のほうが伝わるんだろうなと思っています。経営者はその人のやりたいことをよく見て、よく聞いて、吸い上げるだけ。そうして成長を願い、教えたら、彼らがそれを自由に選択するだけです。よく「何で皆さん辞めないんですか？」と聞かれますが、人がたくさん辞める事業所の経営者は、それをやっていないんじゃないかと思います。

本音が聞ける社風は、すごく大事です。本音を聞いて叶えてあげたら、ものすごく中身の濃い仕事をしてくれるようになります。

ですから、管理職にも部下の本音を聞いてもらいたいと思い、部下の誕生日を祝うというイベントを必ずやってもらっています。部下を知らなければ、誕生日プレゼントも何を選べばよいかわかりません。そういうミッションを通して、自然に本音を言ってもらえるシチュエーションを作っています。

❖ 処遇改善加算制度と介護業界について

処遇改善加算を配って介護職離れを防ぐ、という考え方に疑問を感じます。そんな小手先では全体的に人をとどめることはできません。考え方を介護保険の基本理念に戻すべきです。

23年前に介護保険制度ができたその基本理念は、「自立支援」です。自立支援とは患者さんを治して、介護をなくすということです。利用者さんを元気にして介護をしないことが介護、と思われたほうが誇りに思うしやりがいもあるはずです。

ところが、現状は介護保険のサービス利用が1時間いくらで算定されるので、オムツ交換をすればするほど利益があがります。本来

ならリハビリとか自立支援の観点を持って、「この利用者さんはこれだけ動けるから、ポータブルトイレを横に置いて自分で排泄できるように」という思考を介護士全員が持つはずなのに、それをやったら介護報酬が下がってしまうからできない、という悪循環です。

　介護職がベテランになるほどやりたいことができなくなって報酬もあがらなくなり、やっていることに矛盾を感じる理由は、ここにあります。マニュアルどおりに流れ作業をするだけ。これでは辞めたくなって当然です。

　これは経営者が悪いわけではなく、寝たきりの人が多くなるほど利益があがるという、介護保険制度の仕組みそのものの矛盾です。収入の天井が決まっているので、職員がやりたいこと、例えば歌を歌ったり家族サービスのためにビデオを撮ったりしても売上があがらないから、困るのです。

　ですから、そこを根本的に変えなければなりません。この23年間でできたマニュアルどおりの介護を続けていく限り、誇りもやりがいもなくなってしまいます。

　小手先の給料配りでは解決できないと思います。

　人手が足りないから外国人技能実習生を入れるのも、本当に外国人の幸せを考えて雇うのならわかりますが、日本人の職員が確保できないからという理由で雇うのなら、それは違うと思います。

✳ これからの松の夢

　介護保険制度の基本理念に立ち返ることです。在宅での定期巡回を広めていって、自立支援を促しながら必要な看護や介護を必要なときにだけ提供できる体制をしっかり根づかせ、ゆくゆくは在宅で看取れる世の中にするという、モデルケースを作りたいです。これを全国展開したいです。厚労省が求めていること、ちゃんと高松ではできていますよ、と言いたい。

　高松にあるモデルケースを全国から視察にきた人の中に4等級レベルの人がいたら、その人に投資して、同じ考えの人達で大きく看護・介護・リハビリテーションの業界を変えていきたいですね。

Ⅶ 【キャリアパス要件】を達成する人事制度の構築方法

> 1　人事制度とキャリアパス要件との関係

これまでみてきたように、政府の考える処遇改善加算の最終目的は次の4つです。

---
(1) 仕事の内容に比して適正な賃金水準まで賃金の引上げ⇒必要人材の確保
(2) 職場への定着や経験、技能の高度化
(3) 経験、技術に応じた処遇ルールの明確化（賃金体系の整備）
(4) 職員配置も含めた勤務環境の改善

これを事業所全体の目的とすれば、同時に処遇改善加算の取得要件を満たすことになります。目的を達成するために具体的に目標化し、実現するのが「人事制度」です。そして処遇改善加算の要件にある「キャリアパス」とは、職員や職務を昇格するための経験やスキルをまとめた「道筋」です。

では、人事制度を構築してキャリアパス要件(Ⅰ)を達成するにはどのように制度設計を進めればよいか、例を挙げて解説します。

> 2　介護事業所の人事制度

人事制度は、下図のように説明するとわかりやすいと思います。

まず、①等級制度を作って職員に求める役割や行動、能力を示します。これは同時に事業所からの期待する項目や程度を示すことになります。そして②評価制度で、その期待をどれだけ実現できたか公正に見極めます。そして評価の結果をもとに職員の働きを給与や賞与に反映する、つまり公正な待遇を行うのが③給与・賞与制度、と位置づけます。

（1）　等級制度〜職員に求める役割や行動、能力を示す（事業所からの期待）〜

①　等級フレームを作成する

　等級とは、「果たすべき役割」「仕事の難易度」「判定される能力」を表すものです。これらに事業所からの期待を込めることが、制度を有意義なものにするコツです。まずは大まかにわかりやすく大枠（等級フレーム）を作りましょう。等級フレーム作成の段階から管理職クラスのメンバーを巻き込むことが重要です。等級の数は、小規模事業なら例えば3等級など、少なく設定しても構いません。

📥 等級フレーム

等級区分	専門技能・知識レベル	対応役職 目安
6等級	**経営方針、ビジョンの策定、推進を先導できる** 経営計画・方針の立案実行に参画し、課題解決や人材育成能力がある	管理者
5等級	**所轄部門のマネジメントができる** 経営／利用者家族視点のバランス感覚、制度知識や職員管理能力がある	主任
4等級	**現場の問題解決や担当範囲のマネジメントができる** 豊富な経験や実務知識・技能や収支達成意識があり、連携・調整・協働ができる	リーダー
3等級	**後輩や部下を指導できる** 複数分野の専門知識・技能がある	一般職
2等級	**自分の力で一通りのことができる** 担当業務を行うために必要な知識・技能がある。後輩へ説明ができる	初任者
1等級	**教えられたり決められたりしたことを、しっかりと守ってできる** 日々の業務に関する基礎的な知識がある	

　等級の数を決めたら、その数に合わせて各等級で求められる、専門技能や知識のレベルを大まかに設定します。例えば1等級は、基礎的な知識を有し指示されたことをそのとおりにできるレベル、などです。

等級ごとの役割や求められる能力は、別途等級表を作成するので、この段階では大まかで構いません。

　役職は、作成した等級フレームのレベルに応じてどの等級に位置づけるかを決定します。この等級フレームに沿って、事業所の状況や本人適性も総合的に勘案し、該当等級に位置づけられる職員の中から任命することになります。

②　等級表を作成する

　次に、各等級に求められる役割や能力の詳細を決定し、等級表を作成していきます。これを明示することで目指すべき共通の目標が見える化され、また後述する「評価制度」の昇格の判定材料となります。縦軸のテーマや要素は、管理者・主任クラスの会議で話し合いましょう。この「テーマ・要素」は、何について評価をしたいかの評価項目です。経営理念を意識し、どんな人を評価したいかという目的を意見交換して決めていきます。

　経営理念に沿って、どういう要素が求められている事業所なのかを考えて決定します。欲張って項目を多くし過ぎず、最初は重要なものに絞って3個から5個ぐらいにしておきましょう。

📥 等級表

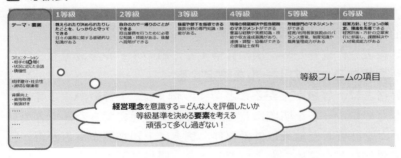

　横軸には各等級の評価項目ごとに、どのくらいのレベルのことができてほしいかを具体的に記載します。検討メンバーにリーダー層も加えて、等級ごとに目標とするレベルを決めていきます。

　ここでリーダー層を加える理由は、直に評価する人だからです。リーダー層の共感を得ないまま等級制度を作っても正しい評価に繋

テーマ・要素	1等級 教えられたり決められたりしたことを、しっかりと守ってできる 日々の業務に関する基礎的な知識がある	2等級 自分の力で一通りのことができる 担当業務を行うために必要な知識・技能があり、後輩への説明ができる	3等級 後輩や部下を指導できる 複数分野の専門知識・技能がある	4等級 現場の問題解決や担当組織のマネジメントができる 豊富な経験や実務知識・技能や目標達成意識があり、連携・調整ができる 介護福祉士を保有	5等級 所轄部門のマネジメントができる 経営/利用者家族視点のバランス感覚、制度知識や職員管理能力がある	6等級 経営方針、ビジョンの策定、推進を先導できる 経営目標・方針の立案実行に参画し、課題解決や人材育成能力がある
コミュニケーション ・相手の話を聴く ・状況に応じた会話 ・傾聴性	・優しい声かけ ・話を最後まで聴く ・笑顔で接する	・相手の気持ちを考慮 ・一人で解決せず、上位者へ相談 ・状況に応じた声かけ	・相手に共感、安心を与える ・誠意のある態度 ・状況に応じた対応	・アドバイス ・報実事実を整える ・複数の中で各々の感情を理解して対応	・職場を代表する挨拶 ・費用気づくり ・建設的対話	・意見調整、全体をまとめる ・相手と一緒に悩んで解決 ・場のコントロール
規律遵守・社会性 ・適切な報連相	・公私の区別 ・清潔感ある身だしなみ ・施設のルールを順守 ・報連相	・自分で決めたことを守る ・定期的な報告進んで ・悪い情報を隠さない ・家族、来訪者に挨拶	・事実と推論を分けて伝える ・改善に繋げ ・自己認識を深める ・目的を意識して対応	・情報意識、利用 ・注意や指導ができる ・ルールの周知 ・社会の動向に注目	・地域への情報発信 ・状況に応じたルール構築	・企画、立案、実行 ・ルールづくり ・企業イメージアップの取り組み
資質向上 ・資格取得 ・勉強好き						
勤務態度 ・誠実さ ・素直さ ・真面目さ						
相互理解 ・協力 ・自己肯定						
リーダーシップ ・部下育成						
共育 ・共に育つ取り組み						

徐々に高度な目標へ

がりません。何ができる人、どんな人が何等級に位置づけられることを期待するか、を想定します。フレーム→詳細、の順序で等級表が完成します。

　仕上がった等級表は、人事評価および昇格・降格の判定に使用します。この例では年齢や経験年数を省いていますが、それらを重視する事業所でしたら、各等級フレームに「勤続〇年以上」などの要件も入れます。

　この等級表を全職員に公表することで、職員それぞれが、事業所の求める方向性や自分に求められる基準を確認することができます。事業所が求める方向で職員能力のレベルアップに活かすことを目的とします。

　等級表を作成したら、次に昇格するためのルールを設定します。

③　昇格するためのルールを設定する

　昇格とは、等級が上がることです。例えば、1等級から2等級に進むためのルールを明確にします。等級表を元にできたかできていないかを評価した結果以外の要件、例えば上司推薦があるか否か、資格要件などを定めてもよいでしょう。降格基準は必ずしも定めなくてもよいかと思いますが、人事評価（S・A・B・C・Dなど）の結果、D評価を取った場合や、C評価連続等の要件を定めておいても構いません。

　評価は、毎年決まった時期に実施します（実施方法の詳細は**(2)**参照）。

⬇ 昇格要件

等級	昇格要件				
	人事評価結果	上司推薦	試験	資格	決定
5 → 6	直近1年 S以上 または 直近2年 A以上	社長（理事長）	面接	介護福祉士	社長
4 → 5					
3 → 4	直近2年 A以上	管理者			
2 → 3		主任 or リーダー			
1 → 2	直近1年 A以上			初任者研修	

④ 役職を定義づけする

　等級フレームを設定する際、対応役職の目安も記載し、一緒に役職制度を明確にしていきます。

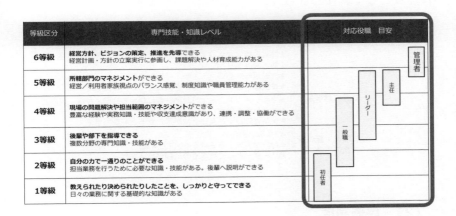

等級区分	専門技能・知識レベル	対応役職　目安
6等級	**経営方針、ビジョンの策定、推進を先導**できる 経営計画・方針の立案実行に参画し、課題解決や人材育成能力がある	管理者
5等級	**所轄部門のマネジメント**ができる 経営／利用者家族視点のバランス感覚、制度知識や職員管理能力がある	主任
4等級	**現場の問題解決や担当範囲のマネジメント**ができる 豊富な経験や実務知識・技能や収支達成意識があり、連携・調整・協働ができる	リーダー
3等級	**後輩や部下を指導**できる 複数分野の専門知識・技能がある	一般職
2等級	**自分の力で一通りのことができる** 担当業務を行うために必要な知識・技能がある。後輩へ説明ができる	
1等級	**教えられたり決められたりしたことを、しっかりと守ってできる** 日々の業務に関する基礎的な知識がある	初任者

　役職制度には、その定義づけが必要です。役職者は、この例で言うとリーダー、主任、管理者で、部門またはその下部組織等を管理・マネジメントするポストです。「あの人は長くいるからそろそろ」といった決め方では意味がありません。また、組織の硬直化を防ぐために定期的に実績や評価に基づいた人選を行うことが必要です。

役職	対応等級	定義	責任
管理者・施設長	5~6等級	担当事業の責任者として、その目標達成に向け業務執行する権限を有し、統括管理を担う	事業の収支、介護サービス品質責任、管理職および一般職員の育成責任
主任	4~5等級	担当部門の運営責任者として、その目標達成に向けて業務執行する	担当部門の収支、介護サービス品質責任、一般職員の育成責任
リーダー	3~5等級	専門家として、研修および自らが積極的に得た知識・ノウハウを最大限に活用し、サービス品質を高める	利用者確保責任・担当施設の収支・介護職員育成責任

⑤ 役職任命要件を明示する

そして、役職任命要件を明示します。要件を明確にすることによって誰でもポストを目指すことができ、また周囲が納得する人に管理職として就任しもらうという意味があります。

役職	推薦	任命要件
管理者・施設長	社長（理事長）	★経営戦略、マネジメント、および専門分野に関する知識・技能・経験あり ★外部研修を受講（・・・・・例示） ★役割遂行および責任達成が果たせると判断できる
主任		★マネジメント、および専門分野に関する知識・技能・経験あり ★外部研修を受講（・・・・・例示） ★役割遂行および責任達成が果たせると判断できる
リーダー	管理者・施設長または主任	★7年以上の経験（目安） ★行政が実施する研修を4つ以上受講 ★リーダーとして職場での活躍が見込まれる

（2） 評価制度

評価制度とは、等級制度で定めた期待を評価期間中にどれだけ実現できたか、公正に見極める制度です。

① 評価の実施

人事評価シート（例は153ページ参照）等を用いて等級表の項目を判定し、見える化し、次ページのプロセスで実施します。

人事評価シートとは、等級表に示した経営理念に基づく行動ができていたかを評価するためのもので、等級ごとに作成します。評価項目ごとにどんな行動が求められるのか基準を示し、本人とサポーター（直属上司）が0~10点のいずれに当てはまるのかを、1つず

つ定義を確認して点をつけます。点数の段階が奇数だと真ん中の点数に寄りやすくなるので、偶数にしてもよいでしょう。

　評価点を記入する際は、後でフィードバックすることを前提としていますので、評価者も被評価者も説明できる根拠を持って記入しなければなりません。

役職区分		評価期間と評価実施月	処遇への反映	
初任者・一般職員	リーダー・主任・部長			
人事評価シート 経営理念に基づく行動を評価 ※該当等級の等級基準書を使用		評価期間 4月1日〜3月末 （1年間） 評価実施月 12月	4月	基本給改定
				昇降格
			7月 12月	賞与
チャレンジシート 専門知識、スキル習得に向けての取組みと意欲を評価	**フリーシート** 決まった指標を評価するのではなく、自身で設定した目標と実践度を評価		4月	役職手当 資格手当

① 　本人が評価項目に沿って自身の期中を振り返り、「人事評価シート」に本人評価点数とコメントを記入する

↓

② 　サポーター（直属上司）が、「人事評価シート」に評価点数とコメントを記入する

↓

③ 　評価調整会議にて、サポーターの違いによる評価の偏り（甘い、辛い等）を是正する（評価調整会議のメンバーは、リーダー以上の管理職層で構成）

↓

④ 　社長、管理者、施設長により、評価調整会議で決定した相対評価に基づいた評価コメントをチェックする

↓

⑤ 　社長が最終承認を行い、評価を確定する

↓

⑥ 　サポーターから本人にフィードバックを行う

区分		① 本人評価	② サポーター 評価	③ 評価調整会議	④ チェック	⑤ 最終承認	⑥ フィード バック
管理職	管理者 施設長	各自	社長	リーダー以上の管 理職層	－	社長	サポーター から 本人
	主任 リーダー		管理者 施設長		社長		
一般職員			主任 or リーダー		管理者 施設長		

　人事評価シートのほかに、サブシートとして、一般職員であれば資格やスキルアップのためのチャレンジ項目、管理職であれば、部下やチームの目標（定着率、売上達成、クレーム減少など）を自分で設定させ、その達成度合いを評価の対象に加えてもよいでしょう。

📥 人事評価シート（例）

一般職員用

人事評価シート

(　年　　月　　日)

所　属		役　職		氏　名	

項　目	内　　容	評価点 本人	評価点 上司
コミュニケーション	相手の気持ちを考慮してわかる言葉で丁寧な会話ができる		
	一人で解決せず上位者に相談ができる		
	相手の状況に応じた声かけができる		
規律厳守	自分で決めたことを守っている		
	定期的な報告を進んでし、悪い情報を包み隠さず報告できる		
	家族や来訪者に挨拶が出来ている		
資質向上	業務に関連する知識や技術の向上に努めている		
	年度初めに目標を決め、達成に向けて努力している		
	必要な研修を受講した		
	冬季や夏季のインフルエンザ、食中毒などの感染予防に努めた、マニュアルなど必要書類の整備をした		
勤務態度	時間を守って行動できている		
	上司の指示を素直に聞き、速やかに遂行できる		
相互理解	自分と異なる意見を聞き、受け入れ、理解しようとすることができる		
	相手の想いを聞き出し、くみ取ることができる		
	協力して仕事をすることができる（書類作成の期日を守る、自己の分担を正確に行うなど）		
	合計点		
	総合評価		

点	
10	模範的なレベルでできている
7	期待し要求するレベルを申し分なく上まわっている
5	期待し要求するレベルで問題ない
3	努力は認められるがやや不足がある
1	期待を大幅に下回り、ほとんどできていない
0	ミスや問題点がかなりあり、業務に支障をきたしている
今期の自己の評価と来年度の目標についての総合的意見【知ってもらいたいこと】

締切は　　　月　　　日　事務所へ提出してください。

② 評価ランクの決定

評価結果を点数で表すことは、非常に難しいです。点数を評価ランクにあてはめてみたら、どうしてあの人よりこの人の点数（評価ランク）が高くなってしまうのだろうという感想が出てくることがあるかもしれません。その場合、等級表からの見直しとなります。

評価ランク	評価点数の目安	内容	分布の目安
S	90点以上	極めて優秀	A評価のうち、特に優秀と思われる者
A	70点以上	優秀	20%
B	50点以上	標準的	60%
C	30点以上	努力を要する	20%
D	30点未満	大きな努力を要する	C評価のうち、特に努力が必要と思われる者

（3） 給与・賞与制度

評価結果をもとに職員の働きを給与や賞与に反映する、すなわち、公正な待遇をすることを目的として、給与・賞与制度を策定します。

まず給与制度ですが、給与は職員の権利ですので、その決定のしかたを職員に説明する必要があります。この説明は、処遇改善加算(I)の取得要件でもあります。職員に説明すべき内容は、次のとおりです。

【基 本 給】	何を根拠に決定されるか？等級・評価・経験年数など
【昇　　　給】	昇給時期と昇給幅、変動の理由
【各種手当】	手当の種類と支給要件、役職・資格・通勤距離・家族など
【賞　　　与】	支払い時期と支給額の決定方法

① 基本給

（ⅰ） 基本給の昇給例（給与改定テーブル方式）

給与改定テーブルを作成して公表します。昇給額と幅には「評価ランク」と「等級」という理由づけがあります。

評価ランク／等級	1等級	2等級	3等級	4等級	5等級	6等級
S		3,000円			4,000円	
A		2,000円			3,000円	
B		1,500円			1,500円	
C		1,000円			500円	
D		0円			-500円	

ここで仮に設定したS～Dの評価ランクは、下位等級の人の評価なのか上位等級の人の評価なのかで、意味が変わってきます。下位等級よりも上位等級のほうが求められるものが大きく、そこで良い評価を得た人の昇給金額に差がつくのは、当然と言えます。しかし、上位等級の人がCやDの評価だった場合は「見直し」という観点で辛い処遇となります。例えば、上表では4級～6級の人がD評価だった場合、基本給が500円下がることとなっていますが、こうしたマイナス評価は必ずしも設定しなくてよいと思います。そこまで上位に来てD評価ということは、彼らを上位に押し上げた管理側のミスとも言えるからです。

（ⅱ） 基本給の昇給例（号俸方式）

同じパターンですが、号俸表を作成して公表することもわかりやすい方法です。現在自分がどの位置にいるか、常に確認できます。

基本給の「初任給」（1等級1号）はまず、新卒社員を設定します。これを基準に、中途採用者は前職経験等を考慮して、入職時に仮設定をします。職種によって介護士や看護師など必須の資格があり、それを基本給に反映したい場合は、次ページの表のように職種ごとに基本給を設定します。初任給は職種に関係なく統一のものとし、別途資格手当として支給するパターンもあります。

号／級	1等級	2等級	3等級	4等級	5等級	6等級
1	150,000	187,000	202,000	224,000	241,000	256,000
2	150,500	187,500	202,500	224,500	241,500	256,500
3	151,000	188,000	203,000	225,000	242,000	257,000
4	151,500	188,500	203,500	225,500	242,500	257,500
5	152,000	189,000	204,000	226,000	243,000	258,000
6	152,500	189,500	204,500	226,500	243,500	258,500
7	153,000	190,000	205,000	227,000	244,000	259,000
8	153,500	190,500	205,500	227,500	244,500	259,500
9	154,000	191,000	206,000	228,000	245,000	260,000
10	154,500	191,500	206,500	228,500	245,500	260,500
11	155,000	192,000	207,000	229,000	246,000	261,000
12	155,500	192,500	207,500	229,500	246,500	261,500
13	156,000	193,000	208,000	230,000	247,000	262,000
14	156,500	193,500	208,500	230,500	247,500	262,500
15	157,000	194,000	209,000	231,000	248,000	263,000
16	157,500	194,500	209,500	231,500	248,500	263,500
17	158,000	195,000	210,000	232,000	249,000	264,000

評価ランク／級	1等級	2等級	3等級	4等級	5等級	6等級
S	6号上がる			8号上がる		
A	4号上がる			6号上がる		
B	3号上がる			3号上がる		
C	2号上がる			1号上がる		
D	昇給なし			1号下がる		

（単位：円）

介護職員		その他専門職		事務職	
無資格	150,000	看護師	185,000	一般事務	150,000
資格あり	155,000	栄養士	172,000	経理	160,000

　手当として設定するものは下記のようなものが考えられますが、あまり増え過ぎると煩雑になりますので、目的を持って設定しましょう。

・資格手当

・役職手当

・夜勤手当

・家族手当

・通勤手当

② 資格手当

　介護事業所の場合、資格は非常に重視されますので、先ほど述べたように基本給自体に差をつける方法もありますが、資格取得を目標としていただくために別立てするのであれば、資格手当を設定しましょう。

資格名	手当額
介護福祉士	10,000円
介護支援専門員	15,000円
看護師	30,000円
理学療法士	30,000円

③ 役職手当

　役職に任命されることは、職員のモチベーションアップにつながります。等級がある程度上がったら、部下を管理するリーダーに任命して責任を委譲します。担当部門の人数や難易度によって手当の額に幅を持たせてもよいでしょう。介護の世界では、サービスの種類によって様々な役職が設定されています。その役職ごとに資格要件はありますが、資格を「持っている」ことと役職に就くことは別です。

役職名	下限額	上限額
管理者 施設長	70,000円	100,000円
主任	30,000円	50,000円
リーダー	10,000円	20,000円

④　夜勤手当

　介護職員には働くお母さんが非常に多くいます。就学前の子ども
を育てる職員が請求した場合、育児介護休業法第19条の定めによ
り夜勤に就かせることができないため、夜勤ができる人は事業所に
とってとてもありがたい存在となります。夜勤がある施設の場合、
夜勤時間を所定労働時間に入れている事業所がほとんどですので、
夜勤をさせても割増賃金として法律上支払義務があるのは深夜割増
分のみです。しかし、大多数の事業所が「夜勤手当」として「1回
につき○○円支給する」など、それ以上の金額を設定して夜勤をし
てくれる職員に報いています。

　夜勤手当の額を設定する場合は、次のように深夜割増賃金を算出
して、それ以上の額となるように設定します。

・基礎給（基本給＋基準内手当）180,000円の職員
　⇒　180,000 ÷ 1カ月所定労働時間（170h）× 0.25 × 7時間＝
　　　1,852円以上
・基礎給（基本給＋基準内手当）300,000円の職員
　⇒　300,000 ÷ 1カ月所定労働時間（170h）× 0.25 × 7時間＝
　　　3,088円以上
・夜勤手当　⇒　一律5,000円〜7,000円程度で設定

⑤　通勤手当

　事業所に通勤手当を支払う義務はありませんが、これも多くの事
業所で設定しています。支給額や支給方法の制限はありませんが、
距離に応じて支給することで非課税となりますし、割増賃金の算定
基礎にも含まれないので、以下の4つのポイントを押さえて設定す
るとよいでしょう。

（ⅰ）通勤距離に応じた額を支給する
（ⅱ）非課税限度額の範囲内で支給する
（ⅲ）上限額を設定する
（ⅳ）通勤距離は最短距離を Google マップ等で調べて設定する

（i）通勤距離に応じた額を支給する

　これは、通勤手当を割増賃金の算定基礎に入れないための条件です。距離が近い人も遠い人も一律同じ金額にしてしまうと、本来の通勤のための実費補填という意味合がなくなり、実質「基本給」とみなされてしまいます。

（ii）非課税限度額の範囲内で支給する

　所得税法上、片道通勤距離に応じて1カ月当たりの非課税限度額が設定されています。交通機関または有料道路を利用する場合は、最も経済的かつ合理的な経路と認められる経路による通勤の場合、最高150,000円までが全額非課税となります。

　この非課税限度額で通勤手当を支給してもよいのですが、片道2kmの人と片道9.9kmの人の支給額が同額になってしまうなど距離と金額の設定幅が広いので、もう少し細かに設定することをおすすめします。

区分		課税されない金額	
		改正後 （平成28年1月1日以後適用）	改正前
① 交通機関又は有料道路を利用している人に支給する通勤手当		1か月当たりの合理的な運賃等の額 （最高限度 150,000 円）	1か月当たりの合理的な運賃等の額 （最高限度 100,000 円）
② 自動車や自転車などの交通用具を使用している人に支給する通勤手当	通勤距離が片道55キロメートル以上である場合	31,600 円	同左
	通勤距離が片道45キロメートル以上55キロメートル未満である場合	28,000 円	同左
	通勤距離が片道35キロメートル以上45キロメートル未満である場合	24,400 円	同左
	通勤距離が片道25キロメートル以上35キロメートル未満である場合	18,700 円	同左
	通勤距離が片道15キロメートル以上25キロメートル未満である場合	12,900 円	同左
	通勤距離が片道10キロメートル以上15キロメートル未満である場合	7,100 円	同左
	通勤距離が片道2キロメートル以上10キロメートル未満である場合	4,200 円	同左
	通勤距離が片道2キロメートル未満である場合	（全額課税）	同左

③ 交通機関を利用している人に支給する通勤用定期乗車券	1か月当たりの合理的な運賃等の額（最高限度 150,000 円）	1か月当たりの合理的な運賃等の額（最高限度 100,000 円）
④ 交通機関又は有料道路を利用するほか、交通用具も使用している人に支給する通勤手当や通勤用定期乗車券	1か月当たりの合理的な運賃等の額と②の金額との合計額（最高限度 150,000 円）	1か月当たりの合理的な運賃等の額と②の金額との合計額（最高限度 100,000 円）

（出典）国税庁ホームページ

（iii）上限額を設定する

　地域によっては、ずいぶんと遠方からの出勤もあるかと思いますが、事業所の負担も大きくなりますので、距離によって上限額を設定しましょう。月額上限 10,000 円〜20,000 円程度で設定している事業所が多いです。

（iv）通勤距離は最短距離を Google マップで調べて設定する

　通勤距離は入社時や転居時に自己申告させてもよいのですが、数百メートルの違いで金額が変わるとなると虚偽の申告をされる可能性があります。自宅と勤務地の距離は Google マップ等で調べて設定します、とあらかじめ伝えるのがよいでしょう。

通勤手当設定例

片道通勤距離	通勤手当（円）
2km未満	なし
2km以上5km未満	2,000
5km以上10km未満	4,000
10km以上15km未満	6,000
15km以上20km未満	8,000
20km以上	10,000
交通機関利用者	実費（上限10,000）

⑥　家族手当

　家族手当も支払義務はありませんが、生計維持者やひとり親を応援したいという気持ちで設定している事業所は多いです。対象家族や人数に応じた支給額と設定することで、割増賃金の算定基礎に含まれなくなります。ただし、近年では配偶者手当が税制・社会保障

制度とともに、女性パートタイマーの就業調整の要因となっていると指摘され、廃止して子どものみを対象にする事業所も増えているようです。

設定のしかたは自由ですが、「健康保険の扶養になっている子ども」とすると、子の年齢にかかわらず学費がかかっている間は補助するよ、という意味になります。

支給額は、2人目以降は金額を減らすパターンもありますが、多子世帯を支援する意味で、3〜4人目以降は額を増やすという設計のしかたも考えられます。

家族手当設定例

扶養家族	家族手当（円）
配偶者	10,000
子	10,000
子（2人目以降）	5,000

⑦ 賞与制度

賞与制度に関して、介護事業所からは次のような声がよく聞かれます。

・賞与を支給できるかどうかわからないので、額をはっきりさせたくない

・基本給をベースに賞与額を決めると、昇給ごとに賞与が膨らんでしまう

・毎年同額もしくはそれ以上に支給額を上げないと不満の声があがる

ここでは、無理なく制度化するために最低基準の設定と評価を反映して支給する方法を紹介します。

賞与支給額の算定式

| 賞与支給額（半期分） | = | 等級別基礎額 | × | 支給月数 ※原則 1.0(1カ月) | + | 評価賞与 |

　まず、年2回なら夏季・冬季、年3回なら夏季・冬季・決算期など、支給月を設定します。そして、等級制度で決定された等級ごとに等級別基礎額を決めることで、基本給との連動を止めます。等級別基礎額は、等級ごとに最低限支払える額を設定します。資格や役職等でもう少し細分化してもよいでしょう。

（単位：円）

等級	1等級			2等級	3等級	4等級	5等級	6等級
	初任者	調理員 事務職	介護職 看護師					
基礎額	150,000	160,000	170,000	180,000	190,000	200,000	220,000	240,000

　○カ月分、という支給月数は原則として全員統一としますが、事業所ごとの利益で決定してもよいでしょう。
　最後に、評価を反映した評価賞与をプラスして最終決定します。評価賞与は、業績により変動することを前提に、最低金額を設定します。こちらも資格や役職等で細分化すると、より使いやすいです。

（単位：円）

評価	1等級			2等級	3等級	4等級	5等級	6等級
	初任者	調理員 事務職	介護職 看護師					
S	10,000〜	10,000〜	15,000〜	17,000〜	20,000〜	30,000〜	40,000〜	
A・B	5,000	7,000	10,000〜	13,000〜	15,000〜	20,000〜	30,000〜	
C・D	原則として支給なし							

このように、最低基準が設定されれば職員にとっては確実な年収見込みとして安心が生まれますし、よくある「どうして私よりあの人のほうが多いのか？」などの質問にも理由を説明することができます。

　処遇改善加算(Ⅰ)で要求されるキャリアパス要件は、「昇給の仕組みを作ること」です。もちろん「経験年数のみ」を要件に毎年自動的に昇給する仕組みでも要件を満たすのですが、どうせ給与・賞与を払うのならば事業所の期待に応えて働く職員に公正な待遇となるよう制度を設計し、職員が介護の仕事の中にやりがいや生きがいを見出せるようにするのが理想的だと言えるでしょう。

VIII 人事制度の移行から新制度運用までの流れ

› I 新制度への移行の流れ

　移行方法としては、経過措置期間を定めて、本格的運用を開始する時期の目標を決めることからスタートです。

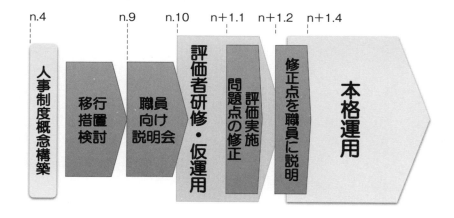

| n.4 | n.9 | n.10 | n+1.1 | n+1.2 | n+1.4 |

人事制度概念構築 → 移行措置検討 → 職員向け説明会 → 評価者研修・仮運用 → 評価実施 問題点の修正 → 修正点を職員に説明 → 本格運用

　職員の給与に関することですから、全員に納得してもらえるようじっくり時間をかけて移行する必要があります。

　いったん職員向け説明会を開き、開始時期と目的などを説明します。仮運用を始める前には、評価者となる職員に対して別途評価者研修を行います。等級表と職能について評価者と協議したうえで、全員の等級や役職について仮決定します。仮決定した等級や役職から算出される新給与を現行の給与と比較してみて、問題点がないかを検証し、仮決定した等級での給与額が移行前より下がってしまう場合は、【調整給】などの名目で差額を支給します。

　問題点が見つかった場合は修正し、その都度職員説明を行います。各人の給与が移行の前後でどのように変わるのか、等級や役職と給与の額は対応したものになっているか等を確認のうえ、新制度

に問題がないことが確認できたら、給与の組替えの完了です。

給与の組替えが完了したら、いよいよ本格運用となります。

▶ 2　給与の組替えは移行前後の総支給額を確認しながら行う

次ページは移行前後の各人の給与支給額一覧表です。組替えにより総支給額が減らないよう、一人ひとりチェックします。移行前より総支給額がアップした結果、職員間での逆転現象も起こり得ますが、こうした臨時昇給は問題ありません。

調整給は、ずっと支給され続けると公正な制度にならなくなってしまうので、昇格や同じ等級内で昇給を目指してもらうなどキャリアアップをすれば移行前と同額もしくはそれ以上の収入になることを説明して、移行後数年かけて少しずつ額を減らし、永続的な手当とならないようにしましょう。

なお、職員向け説明会とは別に、各人と面談をして移行前後でどのように変わるのか、こうした表を作成して具体的にイメージできるように説明し、移行に同意してもらう必要があります。

▶ 3　非正規職員（パートタイマー等）の対応

事業所には正職員だけでなく非正規職員（パートタイマー等）もいます。処遇改善加算の取得要件では、非正規職員についても等級制度を設けて昇給できる制度とすることが求められますので、正職員の人事制度の中に組み込めば、別に制度を作る必要はありません。

一般的に、正職員よりも所定労働時間が短い職員をパートタイマーと位置づけますが、中にはフルタイムパートタイマーもいます。ですから、正職員と非正規職員の処遇の違いは、職責や役割によるものとします。167ページの表のように職務の範囲を明記して就業規則等に載せる方法もわかりやすくてよいでしょう。

移行前後の各人の給与支給額一覧表

・旧制度での各人の給与支給額

職員No	役職	資格	基本給	基準内手当	基準外手当	固定支給額計
1	管理者	介護福祉士	280,000	50,000	13,000	343,000
2	主任	介護福祉士	270,000	30,000	20,000	320,000
3	リーダー	介護福祉士	250,000	25,000	3,000	278,000
4	リーダー	介護福祉士	230,000	20,000	2,000	252,000
5		介護福祉士	185,000	5,000	4,000	194,000
6		介護福祉士	180,000	5,000	6,000	191,000
7			180,000			

基本給が 180,000 円から 187,000 円にアップし、「資格手当」も支給されるようになることで有資格者に手厚い制度となっている

基本給は 280,000 円から 260,500 円に下がっているが、移行後は「基準内手当」「基準外手当」が「役職手当」「資格手当」「通勤手当」に組み替えられ、総額で 1,500 円の昇給となっている

・新制度での各人の給与支給額

等級	基本給	役職手当	資格手当	家族手当	通勤手当	調整給	固定支給額計	差額（昇給額）
6	260,500	70,000	10,000		4,000		344,500	1,500
5	247,500	40,000	10,000	5,000	2,000	15,500	320,000	0
4	232,000	30,000	10,000			6,000	278,000	0
3	228,000	15,000	10,000		4,000		257,000	5,000
2	187,000		10,000		2,000		199,000	5,000
2	187,000		10,000		2,000		199,000	8,000
1	175,000			5,000	10,000	5,000	195,000	0
							186,000	0
							172,000	5,000
							166,000	0
							163,000	5,000
							153,000	0

主任が 4～5 等級とされ、基本給が 5 等級 14 号の 247,500 円となったことで旧制度よりも下がり、「役職手当」「資格手当」「家族手当」「通勤手当」を支給しても 304,500 円となるため、移行前と同額になるよう「調整給」を支給

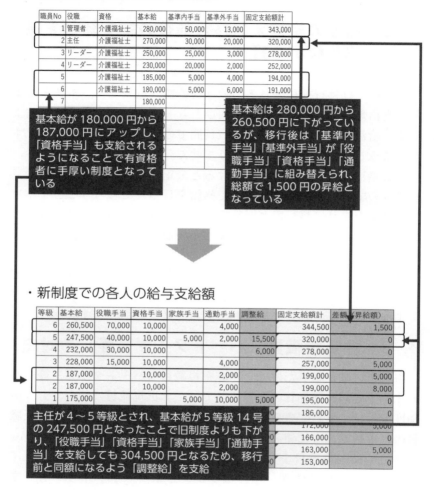

非正規職員（パートタイマー等）の職務の範囲

項　　目		正職員	非正規職員
業務内容	苦情対応	何らかの形で携わる	行わない
	企業の機密情報	取り扱う	取り扱わない、もしくは限定的
	決定権限の範囲	役職に応じ決定	ない、もしくは範囲限定
	業務外活動	積極的に参加させる	参加を求めない
入職取扱い	採用の目的	将来の幹部候補	一般職としての採用
職場内ルール	所定労働時間	フルタイム	希望によって、短時間かフルタイムかを決定する
	時間外労働・休日労働	業務命令として行う。特段の理由がない場合は拒否できない	所定労働時間を超える労働は本人の都合に合わせて依頼する
	兼業	認めない、もしくは許可制	届出制
	退職金	あり	なし
契約期間	雇用期間	期間の定めのない契約	有期契約
	更新の手順	なし	期間満了1カ月前に面談し更新の有無を決定する

（1）　等　　級

　等級は、非正規職員（パートタイマー等）はマネジメント業務を行わないため、正職員の1～3等級に位置づけます。

　例では、正職員の1～3等級は社会人としての一般的なルールや基本的な介護技術、コミュニケーション能力を想定していますので、同じ基準での評価としていますが、等級表の内容に、「パートタイマーには求めない基準」が入っている場合は、その項目がわかるように表示をしておく必要があります。

等級フレーム

等級区分	専門技能・知識レベル	対応役職　目安
6等級	**経営方針、ビジョンの策定、推進を先導できる** 経営計画・方針の立案実行に参画し、課題解決や人材育成能力がある	管理者
5等級	**所轄部門のマネジメントができる** 経営/利用者家族視点のバランス感覚、制度知識や職員管理能力がある	主任
4等級	**現場の問題解決や担当範囲のマネジメントができる** 豊富な経験や実務知識・技能や収支達成意識があり、連携・調整・協働ができる	リーダー 一般職
3等級	**後輩や部下を指導できる** 複数分野の専門知識・技能がある	パートタイマー
2等級	**自分の力で一通りのことができる** 担当業務を行うために必要な知識・技能がある。後輩へ説明ができる	初任者
1等級	**教えられたり決められたりしたことを、しっかりと守ってできる** 日々の業務に関する基礎的な知識がある	

等級表

テーマ・要素	1等級 教えられたり決められたりしたことを、しっかりと守ってできる 日々の業務に関する基礎的な知識がある	2等級 自分の力で一通りのことができる 担当業務を行うために必要な知識・技能がある。後輩へ説明ができる	3等級 後輩や部下を指導できる 複数分野の専門知識・技能がある。	4等級 現場の問題解決 のマネジメントが 豊富な経験や実務 能や収支達成意識 連携・調整・協働 介護福祉士保有
		パートタイマー		
コミュニケーション ・相手の話を聴く ・状況に応じた会話 ・積極性	・優しい声かけ ・話を遮らず聞く ・笑顔で挨拶	・相手の気持ちを考慮 ・一人で解決せず、上位者に相談 ・状況に応じた声かけ	・相手に共感、安心を与える ・誠意のある態度 ・状況に応じた対応	・アドバイス ・臨機応変な対応 ・複数の中では を理解して対応
規律遵守・社会性 ・適切な報連相	・公私の区別 ・清潔感ある身だしなみ ・施設のルールを順守 ・報連相	・自分で決めたことを守る ・定期的な報告進んで ・悪い情報を隠さない ・家族、来訪者に挨拶	・事実と持論を分けて伝える ・改善に動く ・自己認識を改める ・目的を意識して動く	・情報把握、判断 ・注意や指導が ・ルールの周知 ・社会の動向に応
資質向上 ・資格取得 ・勉強好き				
勤務態度 ・誠実さ ・素直さ		徐々に高度な目標へ		

（2）　時給の設定

　ここでは、正職員は月給（日給月給制）、非正規職員は時給制、と設定された前提で考え方を確認します。

　まず、次の算式で正職員の時間単価を計算し、非正規職員の時給と比較します。

　（基本給＋諸手当）÷１カ月平均所定労働時間

時給が正職員より低い場合は、その理由が資格の有無や職務の範囲によるものなど、説明可能な待遇差なのかを確認します。

　正職員の資格手当が資格の有無により支給が決まるのと同様に、非正規職員についても資格の有無により所定労働時間に応じて月額で資格手当を支給してもよいですし、資格の有無により時給を変えることもできます。同じ資格を有しているのであれば、非正規職員に対し、「非正規職員だから」という理由で支給しないことは、同一労働同一賃金の観点から、すべきではありません。生計維持者である場合の家族手当や通勤手当に関しても、「非正規職員には支払わない理由」がないので、所定労働日数や時間に応じて支払うべきでしょう。

資格の有無により時給を変える場合

有資格者（介護福祉士）

基本給	資格手当 （介護福祉士）	1カ月平均 所定労働時間	時間単価
150,000	10,000	170	941
150,500	10,000	170	944
151,000	10,000	170	947
151,500	10,000	170	950
152,000	10,000	170	953
152,500	10,000	170	956
153,000	10,000	170	959
153,500	10,000	170	962
154,000	10,000	170	965
154,500	10,000	170	968
155,000	10,000	170	971
155,500	10,000	170	974
156,000	10,000	170	976
156,500	10,000	170	979
157,000	10,000	170	982
157,500	10,000	170	985
158,000	10,000	170	988

無資格者

基本給	資格なし	1カ月平均 所定労働時間	時間単価
150,000	0	170	882
150,500	0	170	885
151,000	0	170	888
151,500	0	170	891
152,000	0	170	894
152,500	0	170	897
153,000	0	170	900
153,500	0	170	903
154,000	0	170	906
154,500	0	170	909
155,000	0	170	912
155,500	0	170	915
156,000	0	170	918
156,500	0	170	921
157,000	0	170	924
157,500	0	170	926
158,000	0	170	929

▶ 4　職員向け説明会のポイント

　職員向け説明会は、非常に重要な局面となります。新しい人事制度の成否はここで決まると言っても過言ではありません。説明内容は、次のポイントを押さえたものとなるようにしましょう。

★ 経営者が経営理念から新制度の目的を語る

　→　新しい人事制度は、事業所の経営理念に共感して同じ方向を向いて歩み、成長する職員が報われる制度とすることを目的としていることを説明しましょう

★ キーワードは「人」「幸せ」「自分たちを支える仕組み」

　→　職員を消耗品扱いするような事業所は必ず破綻します。職員は皆、社会の中で幸せを求めている「人」です。新しい制度は、幸せを求める人としての職員の成長をイメージして等級が構成され、成長に応じて昇格や昇給がなされる仕組みになっていますので、職員がそれを理解してその仕組みに沿って働いてもらえれば、おのずと生活も成り立ち、家計を支えられるようになるということを説明しましょう。

★ 等級表に込めた思いを丁寧に説明する

　→　等級表には、経営者が職員にどのように働いてほしいかの期待が込められています。作成過程で管理者やリーダーから吸い上げた声も反映されたもので、押しつけではないことが伝わるように説明しましょう

★ 質疑応答の時間を設け、質問には誠実に応える

　→　説明会は、一般職員が初めて新しい制度の内容を知る場です。職員の給与に直結する問題ですから、質疑応答の時間を設けて誠実に回答する旨を伝えます。他の人の前では聞きにくいこともあろうかと思いますので、後に書面等で回答する旨を伝えましょう。説明会の終了後も、疑問や質問が寄せられた場合には対応するのがよいでしょう。

★ 給与を下げることを目的としたものではないことを伝える

　→　給与の組替えにあたって調整給等を設けていることや、今後の働きぶりによって昇給可能な制度となっていること等、公正な処遇とするものであることを説明しましょう

▶ 5　本格運用後のスケジュール

　本格運用後は、評価期間を半年または1年で設定し、いつ、何を誰がするかを決めておきましょう。172ページの表は、毎年4月か

ら翌年3月までを1評価期間とした場合のスケジュール例です。このようなサイクルを繰り返しながら、事業所の実態にそぐわない手当がある等、運用上問題が出てきたら制度を見直します。

　人事制度は、一度で理想的なものを作るのは困難です。丁寧に検討を重ねて作成しても、運用の中で必ずと言っていいほど矛盾や不満が生じるものです。その矛盾の根拠はどこにあるのかを見つけることが大切ですから、運用しては確認し、見直してみてまた運用する、のPDCAサイクルを繰り返しながら浸透させていく努力が必要です。

　評価の仕組みがなかった事業所では、「評価のしかたがわからない」とか「業務繁忙で手が回らない」など運用を継続することに困難を感じるケースもあります。そのような場合は評価項目を減らし最低限必要だと思われる項目だけを残して、いったん簡単な等級や評価表にしてしまう方法もあります。簡単な仕組みで少しずつ慣らして、徐々に項目を増やしてブラッシュアップするという方法です。処遇改善加算(I)の取得要件であるキャリアアップ要件は、「給与が上がる仕組み」を簡単ながらも構築していれば満たすことができますので、運用に困難を感じた場合はそのような方法も検討するとよいでしょう。

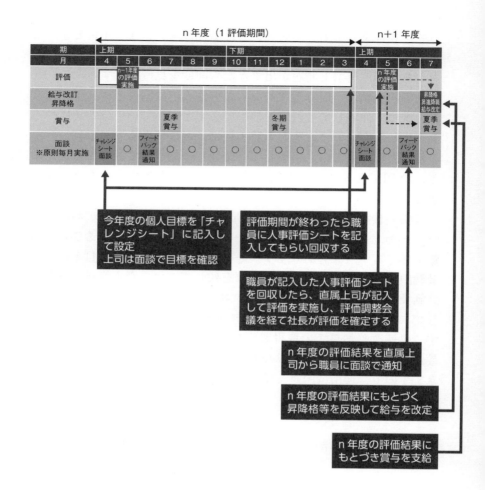

▶ 6　就業規則への反映

　給与や賞与制度については、就業規則（賃金規程）に記載することが必要です。ただし、**Ⅶ2(3)** で紹介している基本給の号俸表などは、別表として規程本文とは分けて定めることが一般的です。手当については、支給要件や支給額とともに、継続して支給するものは、支給事由発生日を起点としていつの給与から支給するのか、また支給事由消滅日を起点としていつまで支給するのかなど、詳細まで記載するようにしてください。

等級制度や評価制度の詳細は、実態に応じて見直しを加えていくため、就業規則（賃金規程）では「別途定める」として分けることが一般的です。

　内容については、就業規則とともに閲覧可能な状態にしておきましょう。

＞ 7　評価者の心構え

　人は、普段の生活の中で無意識のうちに他人の「評価」をしています。みなさんも、あいつは良い奴だとか悪い奴だとか、優しい人だとか無責任な人だとかを感じながら生活していると思いますが、これも「評価」です。それだけ他人を「見て」いるのが人間です。ただし、これは個人の感情でする評価です。

　職場の評価は、個人の感情でするものではないという点が、大きく異なります。あくまでも期初に立てた目標に対してどのような結果を残せたかとか、仕事において適切な行動ができていたかなど、仕事の場で起こった事実に対する評価を行うものです。

　ですから、評価者が被評価者を正しく見極める方法は、常に「見る」ことです。日頃の関わり方を工夫し、話を聴く仕組みづくりから始めましょう。知識や技術だけでなく、事業所の経営理念に対する向き合い方を評価するなら、日頃から様々な手段を尽くして経営理念や事業所方針への理解を深めていかなければなりません。

　ここで重要なのは、「会話」よりも「対話」をすることです。自分の考えを、相手が一人とは限らない状況で話すことを「会話」というのに対して、「対話」とは、相手と２人きりで向かい合って、自分の考えを伝えたうえで、相手が話す内容の意味を追求しながら話すことで、最終的な相互理解を目指して行われるべきものです。常に「見る」ことと「対話」の機会を作ること。この２つを心掛けましょう。

第4章

介護職員の
働きがいと
労働条件の明確化

I 介護業界と就業規則

前章の制度をうまく運用していくためには、就業規則の整備が欠かせません。

処遇改善加算を適切に活用するために、キャリアパス制度を形骸化させないために、ひいては「より良い会社を作る」という目的のために、就業規則やその他の規程を整えていきましょう（詳細はⅢ参照）。また、就業規則では規定できないような細かなポイントも確認が必要です（詳細はⅣ参照）。これらをまとめて行うことで、職場環境全体の改善を図ることができるからです。

▶ 1 就業規則の「作りっぱなし」を終わらせる

自社の就業規則を振り返る際には、「この規則は『作りっぱなし』になっていないだろうか？」という観点を常に忘れないようにしましょう。就業規則は職員に周知してこそ、また労働者の意見を反映してこそ、その真価を発揮します。

様々な事業所を見ていても、「就業規則は形だけで、あまり実態を反映していない」「職員への周知が不十分である」というような事業所が多く、「就業規則にこだわりを持っている」「職員と二人三脚で規則を作り上げている」「丁寧な周知を行っている」といったところはまだまだ少数だという印象があります。

働きやすい職場を作ることは、利用者へのより良いサービスへと繋がりますし、働きやすい職場を作るためには、現場で働く職員の意見を聞くことが最大の近道です。

職員の意見が反映された就業規則は、職員にとっても愛着が生まれます。「規則の周知→意見の募集→規則の改定」というプラスの循環を繰り返すことで、就業規則はどんどん自社独自のものとなっていき、職員も「私たちの規則である」という意識を強く持つようになるでしょう。

実態が伴っていなかったり、職員に見せることを躊躇してしまっ

たりするような就業規則を反面教師に、以下では魅力的かつ実利的な就業規則の作り方を見ていきましょう。

▶ 2　ともに育む就業規則

就業規則を考えるうえで大切なのは、「就業規則は会社と職員が協力して作り上げるものである」ということです。

そもそも就業規則には職員への周知義務がありますが、それを抜きにしても、せっかく作成した規則を誰にも見せずにしまい込んでいては意味がありません。

そこで、ここでは就業規則の周知についての3ステップをご紹介します。最初から(1)～(3)のすべてを実施することは難しくとも、自社の段階に合わせて少しずつステップを進めましょう。

(1)　事業所への備付け

こちらは、労働基準法第106条で定められた必要最低限の周知義務を果たす方法です。

（法令等の周知義務）
第106条　使用者は、この法律及びこれに基づく命令の要旨、就業規則、（中略）を、常時各作業場の見やすい場所へ掲示し、又は備え付けること、書面を交付することその他の厚生労働省令で定める方法によって、労働者に周知させなければならない。

普段労働者が立ち入らないような場所に備え付けたり、就業規則の閲覧を許可制にしたりすることは、周知義務違反となってしまいますので注意が必要です。

なお、通達により、事業場等に赴く機会の少ない登録型非常勤者や非定型的パートタイムヘルパー等への周知については、書面を交付することが望ましい（労働基準法施行規則第52条の2第2号参照）とされています。

（2）　入社時の説明

（1）よりも丁寧な説明として、まず、入社時に規則に関する説明を行っておくことが最も望ましいでしょう。すべての条文を詳細に説明する必要はなく、労働者の関心が高い労働条件・会社と労働者の間で共通認識を持っておきたい部分（例えば、賃金・有給休暇・休職など）をピックアップするだけでも十分です（ただし、非正規雇用労働者に関する労働条件の一部は説明義務の対象となっています）。労働条件通知書を渡す際に個別に説明してもよいですし、複数名が同時期に入社する場合には、まとめて説明を行っても構いません。

（1）のみでも就業規則の周知義務を果たすことはできますが、このタイミングで職員に一部ずつ就業規則を配布しておくのも一案です。「公開して恥ずかしくない規則を作らなくてはならない」と思うと就業規則の作成にも自ずと力が入ることになるからです。また、労働者が就業規則への理解を深めることは、就業規則を通じたコミュニケーションの第一歩となるでしょう。

（3）　規則変更時の説明会

（2）に加えて、規則を変更した際には全所的に説明会を設けます。

厚生労働省のモデル就業規則では、就業規則の効力発生について次のように説明されています。

> 就業規則は、作成したり、労働者の代表者から意見を聴取しただけでは効力は発生しないと解されています。就業規則の効力発生時期は、就業規則が何らかの方法によって労働者に周知された時期以降で、就業規則に施行期日が定められているときはその日、就業規則に施行期日が定められていないときは、通常は労働者に周知された日と解されています。

つまり、就業規則は内容の周知等により効力を有するため、労働者のためだけでなく会社が変更後の就業規則を運用するためにもこのステップは必須であるということです。

また、労働契約法には次のような規定があります。

（就業規則による労働契約の内容の変更）

第9条　使用者は、労働者と合意することなく、就業規則を変更することにより、労働者の不利益に労働契約の内容である労働条件を変更することはできない。ただし、次条の場合は、この限りでない。

第10条　使用者が就業規則の変更により労働条件を変更する場合において、変更後の就業規則を労働者に周知させ、かつ、就業規則の変更が、労働者の受ける不利益の程度、労働条件の変更の必要性、変更後の就業規則の内容の相当性、労働組合等との交渉の状況その他の就業規則の変更に係る事情に照らして合理的なものであるときは、労働契約の内容である労働条件は、当該変更後の就業規則に定めるところによるものとする。ただし、労働契約において、労働者及び使用者が就業規則の変更によっては変更されない労働条件として合意していた部分については、第12条に該当する場合を除き、この限りでない。

　年に一度など、定期的に見直し・改定を行うことが決まっている場合は、毎年の総会や経営指針発表会で説明することを定例行事として扱ってもよいでしょう。

▶ 3　PDCA サイクルで就業規則を見直す

　作成した就業規則に職員の意見も聞きながら見直しを加えていくうえで有用なのが、PDCA サイクルの考え方です。就業規則における PDCA は、以下のように考えられます。

就業規則における PDCA サイクル

Plan（計画）	経営理念等に照らしつつ、自社ならではの規則を作成する
Do（実行）	就業規則に則って日常の業務を行う
Check（検証）	実際の業務と規則のギャップや改善点をアンケート等で聴取する
Action（改善）	意見聴取に基づき、規則を見直す

（1）　Plan（計画）

　この段階においては、考え方の順序でつまずきがちです。就業規

則を作成するときの考え方の順序としては、「規則を変えるきっかけと経営理念の客観視→人間尊重の思考→法律とのすり合わせ」というものが望ましいと考えられます。ある出来事があり、その出来事に対して「みんなが幸せになるために自社ではどのような決め事を作ることができるだろうか？」、と考える道筋を通ることができるためです。法律について考えるのは最後であるというのが重要で、なぜなら、法律から逆算して規則を組み立てていくと、規則は単に「最低基準を満たすためのもの」となってしまうからです。

（2） Do（実行）

ここでは、とにかく就業規則を使用することに尽きるでしょう。規則を作ったら速やかに職員に公開し、オープンなかたちで運用します。規則が就業時のルールとして使われることで初めて、次のCheck（検証）段階のスタート地点に立つことができます。

（3） Check（検証）

この段階では、規則を定期的に見直す習慣がないことや、労使のコミュニケーション不足がサイクル中断の要因となります。しかし、PDCAの中でも、日常の業務を遂行したうえで目標とのギャップを検証するという、このステップは大変肝要です。振返りの機会を持ってこそ改善ができることを忘れずに、アンケート等の意見聴取に取り組みましょう。

（4） Action（改善）

Check（検証）をしたら、日を置かずに勢いのまま Action（改善）まで済ませてしまうことをお勧めします。より良い職場環境の実現のためには、それなりの資金が必要となることもままありますが、資金がないことを理由にせず、工夫しながら改善を繰り返します。そうすることで、自社の理念や実態に沿った、会社にぴったりの就業規則が作り上げられるのです。

Ⅱ 介護労働者の労働条件確保と職場環境の改善

> 1 介護労働者の多様性を踏まえた労働条件確保

　では、介護事業所で就業規則の適用を受ける介護労働者とは、どのような人を指すのでしょうか？「介護労働者の雇用管理の改善等に関する法律」第2条で、次のように定義されています。

（定義）

第2条　この法律において「介護関係業務」とは、身体上又は精神上の障害があることにより日常生活を営むのに支障がある者に対し、入浴、排せつ、食事等の介護、機能訓練、看護及び療養上の管理その他のその者の能力に応じ自立した日常生活を営むことができるようにするための福祉サービス又は保健医療サービスであって厚生労働省令で定めるものを行う業務をいう。

2　この法律において「介護労働者」とは、専ら介護関係業務に従事する労働者をいう。

3　この法律において「介護事業」とは、介護関係業務を行う事業をいう。

4　この法律において「事業主」とは、介護労働者を雇用して介護事業を行う者をいう。

（以下省略）

　また、訪問介護労働者に係る労働基準法等関係法令の適用について取りまとめた通達「訪問介護労働者の法定労働条件の確保について」（2004年8月27日基発第0827001号、以下「介護労働条件確保通達」という）は、訪問介護労働者を「訪問介護事業に使用される者であって、介護保険法に定める訪問介護に従事する訪問介護員若しくは介護福祉士（以下「訪問介護員等」という。）又は、老人、障害者等の居宅において、入浴、食事等の介護やその他の日常

生活上の世話を行う業務（「日本標準産業分類（平成14年3月改訂）」中の7592「訪問介護事業」参照。）に従事するものをいう。したがって、介護保険法の適用の有無に関わらないものであること」と定義し、「訪問介護の業務に従事する者の中には、委託、委任等の呼称が用いられている場合もあるが、労働者に該当するかどうかについては、使用者の指揮監督等の実態に即し総合的に判断すること。なお、介護保険法に基づく訪問介護の業務に従事する訪問介護員等については、一般的には使用者の指揮監督の下にあること等から、労働基準法（以下「法」という。）第9条の労働者に該当するものと考えられる」としています。

　ただし、上記介護労働者の雇用管理の改善等に関する法律第6条の定めにより、国が介護労働者の雇用管理の改善、能力の開発および向上等に関し重要な事項を策定する介護雇用管理改善等計画は、訪問介護職員に限らず介護関係業務に従事する多様な職種の介護労働者を対象としています。

（1）　職種・資格が多様

　介護関係業務に従事する人は、ホームヘルパー1級から3級、社会福祉士、介護福祉士、看護師、理学療法士、作業療法士、介護支援専門員、介護福祉用具相談員、管理栄養士・栄養士、医師等の多様な職種の資格者によって構成されますが、「資格者だけに限定される業務」ではありません。資格保有者でなくてもサービスに関わっている労働者は多数存在します。

　製造業や一般のサービス業に比べ、多種多様な職種、資格によって構成される職域であることが大きな特徴となっています。

（2）　雇用形態が多様

　また、雇用形態が、いわゆる正規雇用と非正規雇用という単純なものではないことも特徴です。次の表は、介護業界の雇用形態を示しています。有償ボランティアが「雇用形態」に含まれるかは議論がありますが、非正規雇用の形態が多岐にわたるのが業界の特徴です。

雇用形態の種類

雇用形態	名称	意味
正規雇用	正社員	
非正規雇用	期間契約社員	期間を定めて雇用される
	常勤パート	いわゆる時給フルタイマー
	短時間パート	勤務時間が短い時給パート
	登録型非常勤パート	登録型で時給によって働く
	登録型非常勤出来高	登録型で出来高で働く
非正規雇用	臨時雇用者（都度雇用）	季節的臨時的に働く者
	夜間専門勤務者	夜間だけに働く者
	有償ボランティア	報酬を受け取るボランティア

　一般的には、規模が大きくなると非正規雇用の形態が多様に展開する傾向が見られますが、小規模の事業所でも多様な雇用形態が共存していることも特徴です。

（3）　勤務形態が多様

　介護事業所では、勤務形態も多様に展開します。24時間運営の施設系事業所だけでなく、小規模な事業所でも、日中の定時勤務、時間単位での勤務、1件当たりの額を定める出来高勤務、利用予定があるときだけの勤務等、多様な勤務形態となっています。
　介護事業所の就業規則とは、このように多様な介護労働者についてそれぞれ求められる労働条件を確保するものでなければならず、かつ、第3章でみた処遇改善加算制度を活用するには、それらの要件も満たすものである必要があります。また、人材確保と定着の観点から、取り組む職場環境の改善も盛り込まれたものとすることが求められます。

▶ 2　介護労働者の求める職場環境の改善

（1）　介護労働者の実態

　公益財団法人介護労働安定センターが2021年に実施した「介護

労働条件等の悩み、不安、不満等（複数回答）（上位抜粋）

悩み、不安、不満等の内容	令和3年度	令和2年度
人手が足りない	52.3（%）	52.0（%）
仕事のわりに賃金が低い	38.3	38.6
身体的負担が大きい（腰痛や体力に不安がある）	30.0	30.6
健康面（新型コロナウイルス等の感染症、怪我）の不安がある	28.1	20.5
有給休暇が取り難い	25.6	26.8
業務に対する社会的評価が低い	25.4	26.0
精神的にきつい	24.7	25.6
休憩が取り難い	21.1	21.1

（出典）「令和3年度介護労働実態調査」（公財）介護労働安定センター

　労働者の就業実態と就業意識調査」における「労働条件等の悩み、不安、不満等」は、上記のような結果となっています。

　このうち、労働条件に関する悩み、不安、不満で上位に入っているものは「仕事のわりに賃金が低い」38.3％、「健康面（新型コロナウイルス等の感染症、怪我）の不安がある」28.1％、「身体的負担が大きい（腰痛や体力に不安がある）」30.0％、「有給休暇が取りにくい」25.6％となっています。

　一方、同調査結果からは、介護労働者が「現在の仕事を選んだ理由」の第1位が「働きがいのある仕事だと思ったから」50.6％、第2位が「資格・技能が活かせるから」37.1％、第3位が「人や会社の役に立ちたいから」36.9％と、志のある介護労働者によって介護の現場が支えられていることがわかります。

　職場環境の改善に取り組むにあたっては、こうした志のある労働者が「自分が携わっている仕事は社会的に見て必要とされる仕事であり、社会に貢献している」という自負の気持ちと同時に、賃金、休暇、安全衛生面での厳しい労働条件に不安を抱いているということを認識する必要があります。

（2） 経営者に求められる対応

　問題は、経営陣や管理監督者の経営姿勢です。経営側が介護労働者の気持ちに漫然とあぐらをかいていたのでは、発展的解決は実現できません。経営を維持・発展させるためには労働者の可能性をフルに生かす方策を考え、その経過を明確に介護労働者に説明し、コミュニケーションをとり、可能な限りの労働条件改善に取り組むことができるか、また、その全体のプロセスを推進する経営者に適切なリーダーシップがあるかどうかが分かれ目になります。

（3） PDCA サイクルで問題に一つひとつ向き合う

　I3で紹介した就業規則の PDCA サイクルを回すことは、こうした介護労働者の悩みや不安に向き合い問題を一つひとつ解決していくことで、働きがいを感じられる職場環境へと改善するための取組みです。

　以下では、介護事業所に求められる就業規則と働きがいを感じられる職場づくりのために、具体的にどうすればよいかを解説しますが、それらとあわせて PDCA サイクルを回すことにも取り組んでください。

Ⅲ 介護事業所の就業規則の ポイント

＞ １ 適正で合理的な労働時間管理を行う

　介護事業における労働時間管理は大変複雑です。直行直帰はもちろん、直前の時間変更があったり、同じ人でも業務によって時間単価が異なったりなど、様々な問題が存在するからです。

（１）　始業時間と終業時間の適正な管理をする

　労働時間管理の出発点は、始業時間と終業時間の適正な管理をすることです。就業時間なのかが曖昧なまま労働者を働かせることは、トラブルの元になりかねません。

　労働基準法第32条の労働時間とは、労働者が使用者の指揮命令下に置かれている時間であるとされています（2000年3月9日最一小判三菱重工長崎造船所事件）。ここで「労働者の行為が使用者の指揮命令下に置かれたものと評価することができるか否かにより客観的に定まるものであって、労働契約、就業規則、労働協約等の定めのいかんにより決定されるべきものではない」（同上）とされているように、労働時間について考えるときは、使用者の支配下で指揮命令を受けている時間を基準とすることになります。

　例えば、介護労働者が自己の意思で行動できる自由な時間や駐車場から職場までの歩行時間は、労働時間には算入されないことと理解してよいでしょう。

　しかし、「始業は8時30分であるが、その前に掃除と引継ぎをするため、必ず8時には出勤しておくこと」と定め、実際に出勤させている場合は、就業規則では8時30分から始業としていても、8時が始業時間となることに注意が必要です。

（２）　様々な労働時間制を活用する

　労働基準法第32条は、労働時間について1日8時間、週40時間

を基本としています（ただし、常時10人未満の労働者を雇用する保健衛生業では週44時間が上限です）。

Ⅱ2でみた調査結果からも、介護労働者で長時間労働が問題になることは少ないと思われますが、多様な勤務形態が混在していることから、実際に使えるのは次のような組み合わせであると考えられます。

① ケアマネージャーにはフレックスがぴったり

居宅介護支援事業所におけるケアマネージャーの仕事は、1人で仕事が完結しやすい仕事です。複数人で仕事をしている場合や専任事務員が配置されている場合は、特にフレックスタイム制の導入が容易です。

事業形態と適用する労働時間制の関係

事業形態	適用する労働時間制
居宅介護支援事業所	原則型またはフレックスタイム制
その他の介護の職場	原則型または1カ月単位の変形労働時間制

フレックスタイム制とは、一定期間（清算期間）における総労働時間をあらかじめ定めておき、労働者はその枠内で各日の始業および終業の時刻を自主的に決定して働く制度です。この制度を導入することで、例えば、「夕方、利用者宅で3時間の勤務が必要になったので、翌日は3時間遅く出勤することで所定労働時間の枠内に収めることにした」という働き方が可能になります。労働者がその生活と業務の調和を図りながら効率的に働くことができる制度であり、ケアマネージャーの働き方に適合している制度だといわれています。

② 介護の職場には1カ月単位の変形労働時間制がぴったり

一般に、介護の職場には1カ月のマンスリープランがあり、月単位の勤務シフトで事業計画が立案されます。このシフトで日勤の早番・遅番や夜勤のうちどこに入るかが決まるため、1カ月単位の変形労働時間制の適用が適した職場です。

1カ月単位の変形労働時間制の導入要件は、次のとおりです。

ア　就業規則またはその他これに準ずるものにより1カ月単位の変形労働時間制をとることを定めること（10人未満の事業所でも就業規則を定める必要が発生）

イ　1カ月を平均して1週間の労働時間が週法定労働時間を超えない定めをすること（週所定労働時間が40時間の介護事業所は、1カ月31日の月は177時間、30日の月は171時間、29日の月は165時間、28日の月は160時間）

ウ　1カ月間の各日について、具体的な労働時間が明確な勤務シフトを作成すること

エ　変形労働時間制の起算日を定めること（実際には給与計算の関係で、締め払いに合わせる）

　1カ月単位の変形労働時間制を導入すると、1日の所定労働時間に8時間の枠がなくなるため、24時間の運営を必要とし夜勤や準夜勤などがある施設型介護サービスで大いに利便性を発揮します。

　なお、運用する際には、各日におけるシフト時間を上回る労働時間は即時に残業時間になります。月間で労働時間を合計し残業時間を計算してしまうと、残業をした日以外に遅刻・早退などがあった場合に相殺計算となり、残業時間が短くなってしまうからです。あくまでも各日のシフトごとに残業時間を計算することが求められます。

（3）　サービスを提供する時間以外の時間の取扱いを確認する——移動時間、業務報告書等の作成時間、待機時間、研修時間

　介護労働条件確保通達では、実際にサービスを提供する時間以外にも、「移動時間」、「業務報告書等の作成時間」、「待機時間」、「研修時間」について、労働時間に当たる場合には賃金の支払義務が発生するとしています。次に、通達を抜粋（下線は著者による）して労働時間に当たるのがどのような場合かを確認します。

① 移動時間

ア　移動時間

　移動時間とは、事業場、集合場所、利用者宅の相互間を移動する時間をいい、この移動時間については、使用者が、業務に従事するために必要な移動を命じ、当該時間の自由利用が労働者に保障されていないと認められる場合には、労働時間に該当するものであること。

　具体的には、使用者の指揮監督の実態により判断するものであり、例えば、訪問介護の業務に従事するため、事業場から利用者宅への移動に要した時間や一の利用者宅から次の利用者宅への移動時間であって、その時間が通常の移動に要する時間程度である場合には労働時間に該当するものと考えられること。

　すなわち、介護労働者自身の自宅と事業場、集合場所、利用者宅の間の移動については、「通勤」として考えることができます。そして、「通勤」は労働時間とはなりませんので、この移動に対しては給与の支払義務は発生しないこととなります。直行直帰の場合であっても、自宅から最初の利用者宅までの移動時間と最後の利用者宅から自宅までの移動時間は通勤時間になるので、その時間に対する賃金支払義務は発生しません。

　また、「自由利用が保障されていないと認められる場合」の例として、「事業場から利用者宅への移動に要した時間や、一の利用者宅から次の利用者宅への移動時間」が、「通常の移動に要する時間程度」である場合とされ、移動以外のことをする余裕がまったくない場合には、その移動時間は労働時間に該当することとなります。具体的には、Ａさん宅からＢさん宅への必要な移動時間が20分であり、その20分を移動時間としてサービスが連続する場合は、本人が自由に利用できる時間はないため労働時間として考えるべきでしょう。仮に空き時間が２時間あって、その間にいったん自宅に帰る等の自由利用が可能となれば、その移動時間は労働時間とは言えないことになります。

　このように、使用者が業務に従事するために必要な移動を命じており、当該時間の自由利用が労働者に保障されていない場合には、移動時間は労働時間と扱うのが原則的な考え方です。

② 業務報告書等の作成時間

> イ　業務報告書等の作成時間
> 　業務報告書等を作成する時間については、その<u>作成が介護保険制度や業務規定等により業務上義務付けられているもの</u>であって、<u>使用者の指揮監督に基づき、事業場や利用者宅等において作成している場合</u>には、<u>労働時間に該当するもの</u>であること。

　ここでのポイントは、作成義務のある書類を使用者の指揮監督に基づき「事業場や利用者宅等」で作成する場合は労働時間となりますが、書類等を自宅に持ち帰り、いわゆる持ち帰り残業で作成した場合には、使用者の指揮監督下での労働時間とは扱わず、賃金支払義務の対象とならないということです。

③ 待機時間

> ウ　待機時間
> 　待機時間については、使用者が急な需要等に対応するため事業場等において待機を命じ、当該時間の自由利用が労働者に保障されていないと認められる場合には、労働時間に該当するものであること。

　介護サービス、特に在宅への訪問介護等は利用者の都合で時間単位のサービス提供の計画が作成されますので、どうしても空き時間が発生しがちです。

　例えば、Ａさん宅でのサービス提供の終了後、Ｂさん宅に出向くまでに２時間の待ち時間があり、その間は別段業務指示もなく介護労働者本人の自由利用とされている場合、この待機時間は労働時間には該当しません。しかし、使用者から「急なサービス提供が必要になるかもしれない」と事業場等での待機を命じられ、待機している時間の自由利用が労働者に保障されていないと認められる場合には、労働時間に該当し、賃金の支払義務も発生することになります。

④ 研修時間

次の研修時間は、労働時間に該当することとなります。

1　**使用者の明示的な指示に基づいて行われる場合**

　➡　使用者が研修への参加を求めた場合は指揮命令による研修参加となるため、その時間は労働時間に該当することになります

2　**研修を受講しないことに対する就業規則上の制裁等の不利益な取扱いがある場合**

　➡　参加しなかった場合に賃金を差し引いたり、昇給の差を付けたりすることがある場合は参加への強制力があることになり、その時間は労働時間に該当します

3　**研修内容と業務との関連性が強く、それに参加しないことにより、本人の業務に具体的に支障が生ずる場合**

　➡　介護保険制度の頻繁な改正への対応や介護スキルの向上のため、介護業界での研修参加は強制力を持つことが多くなっています

　なお、①〜④で見てきたような労働時間に該当する場合でも、その賃金の支給に際して、労働の負荷や成果に応じて単価を設定することは可能です。直接的なサービス提供時間帯や、業務上義務づけられた書類の作成時間と区別し、「待機時間と研修時間は最低賃金の時給単価を適用する」とすることは何ら問題ありません。介護労働条件確保通達においても、次のように示されています。

イ　訪問介護の業務に直接従事する時間と、それ以外の業務に従事する時間の賃金水準については、最低賃金額を下回らない範囲で、労使の話合いにより決定されるべきものであること。

　　賃金が最低賃金額以上となっているかどうかは、

①　時間によって定められた賃金（以下「時間給」という。）の場合は、当該時間給を時間によって定められた最低賃金額（時間額）と、

②　日、週、月によって定められた賃金の場合は、その金額を当該期間における所定労働時間数で除した当該時間当たりの金額を時間によって定められた最低賃金額（時間額）と、

　　比較することにより判断するものであること（最低賃金法第5条、最低賃金法施行規則第3条）。

　　なお、労働者の受ける賃金について、基本給が時間給により、その他職務手当等が月によって定められた賃金により定められているなど、上記①及び②の賃金で構成される場合には、当該基本給と職務手当等についてそれぞれ①及び②の方法により時間当たりの金額を算出し、その合計額を、時間によって定められた最低賃金額（時間額）と比較すること。

ウ　訪問介護労働者は、利用者宅に移動することを前提に訪問介護の業務に従事するものであり、通常その移動に要する費用については、事業の必要経費との性格を有し、事業場が実費弁償として支給している旅費、交通費等は、一般的には労働の対償ではないことから賃金とは認められないので、最低賃金額との比較に当たっては、比較対象の賃金額には算入しないこと。

（4）　年次有給休暇の付与

　年次有給休暇の付与に関して、よく見られる誤解は、次の2つです。

　一つは「期間雇用に有給休暇制度の適用はない」という考え方です。介護労働者を短期の期間契約で雇用する場合、重大な問題がない場合は契約が反復更新されるケースが多いのが実情です。反復更新を繰り返した結果「雇入れの日から起算して6箇月間継続勤務し、全労働日の8割以上出勤」している場合には、法律どおりに年次有給休暇を付与しなければなりません。ここで「継続勤務」とは

在籍期間を意味していますが、これは単なる形式的判断基準であり、継続勤務か期間契約かどうかについては、実際は勤務の実態に即して判断されることになります。

もう一つは、「短時間勤務のため有給休暇制度の適用はない」という考え方です。

年次有給休暇の日数は、原則として基準日において予定されている今後1年間の所定労働日数に応じた日数であり、下の表のとおり定められています。なお、予定されている所定労働日数を算出し難い場合には、基準日直前の実績を考慮して所定労働日数を算出しても差し支えないとされています。

年次有給休暇の付与日数

短時間労働者の週所定労働時間	短時間労働者の週所定労働日数	1年間の所定労働日数（週以外の期間によって労働日数を定めている場合）	継続勤務年数に応じた年次有給休暇の日数						
			6カ月	1年6カ月	2年6カ月	3年6カ月	4年6カ月	5年6カ月	6年6カ月以上
30時間以上			10日	11日	12日	14日	16日	18日	20日
30時間未満	5日以上	217日以上							
	4日	169日～216日	7日	8日	9日	10日	12日	13日	15日
	3日	121日～168日	5日	6日	6日	8日	9日	10日	11日
	2日	73日～120日	3日	4日	4日	5日	6日	6日	7日
	1日	48日～72日	1日	2日	2日	2日	3日	3日	3日

▶ 2 達成感や成長を感じられる表彰制度を設ける

表彰制度は、多くの場合極めておざなりとされ、形骸化していることが多いですが、「社員の力を引き出したい」と願うなら、この

制度を見直してみることをお勧めします。

（1）　表彰の要件を明確にする

まず「事業所として、どんなことをした人を賞賛したいのか」について検討します。その際によりどころとなるのは、労働基準法などの法律ではなく、自社の価値観を明確に定めた経営理念です。「行為」、「資格取得」、「在職年数」というトピックで、若干の例示をしてみましょう。

①　行為を賞賛する

表彰と聞くと、災害時に救難行為をしたことによる表彰などをイメージする人が多いかと思います。こうした社会的評価を得られる行為にはもちろん賞賛が与えられます。

しかし、ここで言う「行為」はそれよりもずっと日常的なもので、職員が地道に頑張っていることなどを指します。ここに光を当てることで、会社として「皆さんのことを見ていますよ」ということを職員に伝える役割を果たします。

具体的には、「利用者のために良い介護をしよう」という旨の理念であれば、「どのような人が利用者のために良い介護を提供した人と言えるのか」を検討し、実際に行動した人を表彰することになります。「毎日笑顔で利用者に挨拶や声かけをしている人」、「毎日丁寧にトイレを掃除した人」を表彰制度の対象とすることもあり得るでしょう。こんなことを考えると、何となくワクワクしてきませんか。

②　資格取得を賞賛する

近年は制度的に介護福祉士の資格取得が求められているため、資格を取得した人を皆の前で賞賛することにはとても意義があります。

③　在職年数を賞賛する

「働き続けてくれること＝良いこと」と捉えれば、勤続年数も表彰の対象になります。

以上の項目はあくまでも例示です。表彰を行ううえで大切なこと

は、会社は、経営理念実現のために努力している人の行為を積極的に認める姿勢を持っているということであり、「いつもあなたのことを見ていますよ」、「良いことは積極的に賞賛しますよ」という態度をしっかりと表現していくことです。

（2）「金額の大きさ」より「賞賛の大きさ」

表彰制度導入の提案をすると、多くの使用者から「報奨金はいくら支給するのがいいでしょう」との質問が飛んできますが、私は「お金は重要ではありません。使用者が自らの口で評価し、表彰状を授与するだけでもいいのです」と説明し、実行してもらっています。

社員は「認められる」ことに大きな喜びを感じるはずですから、渡すのは例えば、1,000円分の商品券を入れた金一封程度でもよいのではないかと思います。賞賛をお金に換算していくと、結局表彰はお金がメインになり、本来の趣旨とは別物になってしまいます。

私は「表彰で認められる喜び」を「心の名誉」と表現しています。表彰制度は、職員が心の名誉を感じることができるように運用することが大切です。報奨金ではなくできれば表彰状を作り、皆の前で読み上げる等のパフォーマンスを行いましょう。

（3）　賞賛するTPOが大切

賞賛の大きさをさらに指数的に増大させるのがTPO（時（Time）、場所（Place）、場合（Occasion））です。

①　時
年に1回の、会社として記念すべき時。例えば会社創立記念日、新年会、忘年会の日などが挙げられます。

②　場所
可能であればすべての労働者が集まっている前で行います。

③　場合
何かのついでではなく、きちんとした式典の式次第一つとして実施します。盛大に、経営幹部によって賞賛します。

もう一つ大切なことは、表彰された本人の口からその感想を言っ

てもらうことです。これはとても大切なことです。表彰される人は「やって当たり前」と、見えないところでも一生懸命に仕事をしている人です。その態度が皆の前で賞賛され、職場の仲間の前で発言できたことは、おそらくその人の一生の思い出にもなることでしょう。

こうしたTPOを押さえて毎年表彰を行っているところというのは、職員から本当に愛される事業所となっています。

▶ 3　服務規律は経営理念を踏まえた行動指針とする

労務管理の最も重要な部分が、服務規律の確立と適切な懲戒処分の実施です。特に懲戒処分は、様々な行き違いや問題事案が山積してきた結果であることが多く、使用者・労働者の双方が感情的になりやすいため注意が必要です。やむを得ず懲戒処分を実施しなければならなくなった場合にも、使用者は淡々と処分を行うよう心がけましょう。

また、ここで意識しておきたいのは、「服務規律＝懲戒規定」であってはならないということです。服務規律は、言わば従業員の行動指針です。しかし、それが「〜するべからず」で埋め尽くされた「べからず集」となってしまっては、服務規律本来の役割を果たすことは難しいでしょう。もちろん懲戒規定の中に「服務規律に違反してはならない」といった項目を含めることは可能ですが、基本的には服務規律と懲戒規定は分けて考えることがポイントとなります。

（1）　理念を踏まえ、実態に即した内容にする

服務規律は、自社の存在価値を表明した経営理念とリンクした内容となっていることが大切です。服務規律は、使用者と労働者が経営理念を実現するために自らに課す約束事という位置づけのものだからです。したがって、他社の服務規律や市販の書籍をそのままコピーしてしまっては、生きた服務規律は生まれません。自分の考え

服務規律の項目とその内容

項　　目	内　　容	例　　示
誠実遂行義務	使用者の指揮命令下で、介護計画に誠実に介護労働を遂行する	自らの介護技術を研鑽するとともに利用者の状況を把握し、利用者が日常生活を営むために必要なサービスを提供する
信用保持義務	介護事業者と利用者の間の信用を保持する	利用者とその家族との信頼関係を大切にし、事業所の信用と信頼を高める
就業秩序・規律維持義務	利用者の心身を維持するサービスを提供するための就業秩序・規律を維持する	利用者とその家族のQOL向上のために、介護計画に基づいてサービス提供に努める
職務専念義務	職務中は介護計画に基づいて仕事に専念する	職務中は、利用者とその家族の幸せのため、誇りと自覚を持って誠心誠意働く
守秘義務	利用者のプライバシーを守秘する	職務遂行上知り得た利用者と家族のプライバシーを保守する

と自分の言葉で成文化することが必要です。

　服務規律には、上の表のような項目が含まれていることが大切です。表の項目を見て、どのような義務を考えるべきかを確認しながら、具体化してみましょう。これらの事項が、自社の経営理念の実現との関係で生き生きと描かれれば、それがそのまま労働者の就労指導のためのテキストともなり得ます。その観点からも力を入れて作成しましょう。

　(2)で例示する懲戒規定とは対照的に、服務規律が「～する」という肯定文で書かれていることにも注目してください。

（2）　懲戒処分の懲戒事由と程度を明確にする

　懲戒規定には、服務規律の内容とも照らし合わせてどんな行為が懲戒事由となるか、懲戒処分の種類や程度も明示しておく必要があります。また、処分を行う際は、労働者の行為が就業規則の懲戒規

定で定めている懲戒事由に該当するかを確認してから行う必要があります。労働契約法第15条に、次のように定められているからです。

（懲戒）
第15条 使用者が労働者を懲戒することができる場合において、当該懲戒が、当該懲戒に係る労働者の行為の性質及び態様その他の事情に照らして、客観的に合理的な理由を欠き、社会通念上相当であると認められない場合は、その権利を濫用したものとして、当該懲戒は、無効とする。

懲戒の種類としては、訓戒、減給、出勤停止、解雇、懲戒解雇などが列挙されていることが一般的です。それぞれの非行行為の種類と程度について、またどのような場合にどのような処分を行うかを具体的に列挙しておくことが必要です。

また、「処分が必要となった場合には懲罰委員会を組織し、当事者の弁明の機会の提供後に事実認定を行い、処分を決定する」等の手続きを明確にしておくことも大切です。

懲戒事由と処分の対応

区分	No	懲戒事由			処分
利害関係者との関係（※1）	1	利害関係者との特別な関係を秘匿してはならない。事案がある場合は速やかに上長へ報告すること。	A	金銭または物品の贈与（餞別、祝儀、中元、歳暮、その他これらに類するとされるものを含む）を受けること	訓戒
			B	接待のもてなしを受けること	降給
			C	利害関係者の負担により、無償で役務（物品・サービス等の提供を受けること	降給
	2	金銭の貸付けを受けてはならない。			降給
	3	賄賂に類するような行為をしてはならない。			降給
名誉	4	不正・不義の行為により会社の名誉を害し、信用を傷つけてはならない。			降給
	5	公共の場所等で粗野または乱暴な言動により他人に迷惑をかけてはならない。			降給
	6	常に品位を保ち、会社の名誉を害し信用を傷つけるような言動をしてはならない。			降給
	7	根拠の有無にかかわらず、他人の悪口を言い名誉を傷つけてはならない。			出勤停止
	8	虚偽の事実を会社の内外で流布し、会社の信用を失わせ、会社に不利益を与えてはならない。			出勤停止
出・退勤時	9	無断の遅刻、早退、欠勤等によって業務運営に支障をきたし、または影響を与えるような行動をしてはならない。			減給
	10	正当な理由がなく無断欠勤を重ねてはならない。			減給
	11	常に健康に留意し、誠実な態度をもって勤務しなければならない。欠勤を繰り返してはならない。			訓戒
情報	12	SNS利用時に会社、会社の従業員ならびに顧客の実名を挙げ、誹謗中傷するような言動または名誉を損なうような内容を書き込んではならない。			出勤停止
	13	会社が保有しまたは従業員が業務遂行上知り得た個人情報を、業務に必要な範囲を越えて利用してはならず、また会社の業務として適正な手続きを踏む場合を除き、第三者に開示・漏洩してはならない。			出勤停止
（中略）					
その他	○	その他、服務規律に掲げる項目に違反してはならない。			訓戒など

※1：利害関係者とは、利用者、サービス事業者など業務上取引のある関係先をいう。

※2：処分が必要となった場合には懲罰委員会を組織し、当事者の弁明の機会の提供後に事実認定を行い、処分を決定する。

☆　各行為が未遂に終わったとき、または行為に着手したが自己の意思によって中止したときでも、そのことを理由として責を免れない。ただし、この場合は処分を軽減することがある。

☆　事案に対する処分は、最も重い処分の場合を示している。

（3）　未然防止策をセットで考える

　就業規則違反で懲戒処分をしたケースを見ていると、「この違反は未然に防止できたのではないか」と思われるものが多くあります。人が違反行為をするに至るにはそれなりの過程があります。未然防止の観点からは、遅刻をたびたび繰り返す人に対して「数分のことだから」と見て見ぬふりをするなど「問題行為は認識していたが、それを大目に見ていた」、とはしないということです。些細なことに思えるかもしれませんが、小さなことの繰返しが規律を崩壊させる入口になるのです。

　使用者には、こうした問題の芽を見過ごさない姿勢が求められます。具体的には、「問題があれば処分を行った後に是正報告をさせること」が重要です。例えば、何度注意しても遅刻する労働者がいた場合、その遅刻には必ず何らかの原因があります。労働者自身がその原因をどのように解決し乗り越えようとしているのか、というプロセスを明確にしていくことが、教育的な援助として必要なのではないでしょうか。その意味で、「申し訳ありませんでした。今後は二度としません」という謝罪と反省ではなく、「何が問題か、自分はどのようにして問題を乗り越えようと考えているか、実際にやってみたらどう改善したか」ということを明確にするアプローチを行う必要があると思います。

　実務としては、次に紹介する是正対応報告書を使って再発防止策を起案、実施させます。軽微なミスと判断される場合は、「即時処理（ミス対応）」欄だけに記入します。重大なクレーム等の場合は、「即時処理（ミス対応）」欄に加えて「是正措置」欄にも記入します。

　その後、再発防止策の検討、効果の確認まで実施します。問題区分は、担当部長が判断を行いましょう。

⬇ 是正対応報告書（例）

保存期間：5年

是正対応報告書

事件発生日 ___ 年 ___ 月 ___ 日

案件		備考	担当者：　　　管理者： 責任者：	
相手名等		問題区分	ミス・クレーム（顧客からの指摘）	
発生状況				
即時処理 （ミス対応）	処置の内容		担当者：	
			管理者：	
			責任者：	
是正措置 クレーム対応等	原因調査の 結果		担当者：	
			管理者：	
	決定した 是正措置		担当者：	
			管理者：	
	是正措置の 実施		実施日：	
			実施者：	
	効果確認 方法の決定		実施者：	
			管理者：	
	是正措置の 効果確認		管理者：	
			責任者：	

▶ 4　運用可能な休職制度とする

（1）　制度運用の実務

　休職とは、労働者の私傷病などにより労務を提供することができなくなった場合に、雇用関係を維持したままでその就労の義務を免除するものです。

法的には、就業規則等で休職制度を定めている場合は労働契約の締結に際して明示しなければならない（労基法第15条）とされているだけで、内容については規定されておらず、会社が定める就業規則が制度適用の根拠となります。そのため、業務外の病気（うつ病等の精神疾患を含みます）や負傷による「傷病休職」、業務上他の事業所へ出向する際の「出向休職」など、休職制度の有無や運用は会社によってまったく異なります。最近では留学、ボランティアを目的として取得するケースもあるようです。

　最も一般的なのは、傷病による休職です。私傷病等によって現在の業務に就くことができない状況となり、かつ他の業務にも就けない場合は、休職して回復に専念することになります。注意が必要なのは、傷病休職は解雇猶予期間としての性格を持っているという点です。休職期間満了時に労働者が何の問題もなく復帰できる状態まで回復している場合は問題ありませんが、復帰できない場合は退職事由として、雇用契約を終了せざるを得ません。

（2）　身の丈に合った休職制度の設計

　大企業であれば休職者が発生しても代替要員の手配は容易ですが、人手不足に悩む介護事業所で代替要員を手配することは困難です。大企業の就業規則をコピーして「欠勤が3カ月を経過した者は休職とし、その後、休職の期間は3年とする」など、身の丈に合わない制度を抱えている会社が多く見受けられますので、注意が必要です。

　ここで注目すべきなのは、休職前に有給休暇を取得した場合、その有給休暇は欠勤期間に含まれないということです。したがって、仮に休職する労働者に30日の有給休暇が付与されている場合、有給休暇30日を消化した後に欠勤3カ月が続き、その後に休職期間のカウントが始まることになります。

　また、休職期間中は、賃金や労働保険料は発生しませんが、社会保険料の事業主負担分は発生し続けることにも注意が必要です。

　以上を含め、身の丈に合った休職制度とするために、次の事項を検討しましょう。

①　休職の定義

　労働者からの申出によるものだけでなく、出社しても労務提供ができない労働者を会社側の判断で休職とすることができる規定にしましょう。しばしば、労働者自身が病気であることを認識できない場合もあります。そういう場合は、配偶者や両親との面談も行いながら、会社としての配慮を丁寧に説明しましょう。

②　休職期間

　休職期間は一律に決定するのではなく、在籍期間によって、3カ月、6カ月、1年、3年など、段階的に定めることがお勧めです。

③　休職中の給与

　無給としても問題はありません。支給する場合は、健康保険の傷病手当金が条件によっては通算1年6カ月支給されることも考慮して金額を明示しましょう。

④　休職中の社会保険料

　休職中の社会保険料のうち、労働者負担分の支払い（保険料の受取方法）をどうするかについて、明確にしましょう。

⑤　復職の可否

　休職している労働者が復職を希望するときに、その可否について判断する権限は会社側にあることを明確にしましょう。

⑥　休職の通算

　休職と復職を繰り返す場合、「同一事由の場合は休職期間を通算する」旨を明確に規定しておきましょう。

⑦　休職後の退職

　休職期間満了による退職は、事業所都合の「解雇」ではなく、労働者側の都合による「退職」となることを明記しておきましょう。

（3）　制度運用の実務

　実際に休職に該当する事案が発生すると、使用者の側に「かわいそう」という感情が生まれ、本人に休職扱いとする旨の通知ができないままで日数を重ねてしまうケースが多く見られます。休職の要件にあてはまる場合には迅速に休職通知書を作成して、休職期間の開始日と満了日を労働者に知らせることが必要です。休職通知書に

📥 休職通知書（例）

〇〇年 2 月 6 日

〇〇〇〇　様

株式会社　〇〇〇〇
代取締役　〇〇〇〇

休職通知書

　貴殿の私傷病に基づく休職について、当社の就業規則に基づき、下記のとおりお知らせします。

記

1．休職期間

　　就業規則第〇条で、「私傷病による欠勤が連続 1 カ月以上にわたったとき」には「勤続 1 年未満」の場合、休職期間を「3 カ月」とすることを定めています。

　　貴殿の勤続期間は 10 カ月ですが、〇〇年 1 月 6 日より欠勤が 1 カ月継続しました。当社就業規則に基づき、〇〇年 2 月 6 日より〇〇年 5 月 5 日までを休職期間とします。

2．復職

　　復職は、会社が指定した医師の診断結果を参考にしてその可否を決定します。

3．自然退職

　　休職期間が満了した後も休職事由が消滅しない場合は、就業規則第〇条により、退職となります。

4．休職期間中の賃金

　　休職期間中の賃金は無給とします（健康保険の給付は別途請求可能です）。

5．社会保険料負担

　　欠勤および休職期間中の社会保険料（個人負担分）は、貴殿の負担とします。

以上

就業規則の抜粋（例）

（休職事由および期間）

第28条 従業員が次の各号の一に該当した場合は休職とし、各号の休職期間は次のとおりとする。

休職事由	休職期間
① 私傷病による欠勤（欠勤中の休日も含む）が継続・断続を問わず1カ月以上にわたったとき	勤続1年未満：3カ月 勤続1年以上3年未満：6カ月 勤続3年以上：1年
② 出勤はしているものの、精神または身体上の疾患により労務提供が不完全であるとき	
③ 無断欠勤の期間が（無断欠勤の初日より）3日連続したとき	1カ月
④ 公の職務につき、業務に支障があるとき	その必要な範囲で、会社の認める期間
⑤ 出向したとき	
⑥ その他、会社が休職が必要と認めたとき	

2 同一事由による休職の場合は、通算して休職期間を計算する。

（復職）

第29条 休職の事由が消滅したときは、旧職務に復職させることとする。ただし、やむを得ない事情のある場合には、旧職務と異なる職務に配置することがある。

2 病気による休職の場合は、医師の診断書に基づき復職可否を決定する。

（退職）

第48条 従業員が次の各号の一に該当するに至ったときは、その日を退職の日とする。

① 死亡したとき

② 期間を定めて雇用した者の雇用期間が満了したとき

③ 本人の都合により退職を届け出て会社の承認があったとき、または退職届提出後、14日を経過したとき

④ 休職期間が満了したとき

は、休職期間満了時の対応等も明示し、根拠となる就業規則の抜粋を添付しましょう。

　なお、休職中であっても自社の職員であることに変わりはありませんので、当事者へお見舞いをするなど社会通念上の節度ある対応をすべきことは言うまでもありません。

（4）　復　　職

　復職については、回復の程度を見てその可否や休職前の職務に復職させるかを判断する必要がありますので、余裕を持って次のような復職の申出書を提出してもらうようにしましょう。

復職の申出書

○○年○月○日

復職の申出書

株式会社　　○○○○
代表取締役　○○○○

氏名　_____

　私は、就業規則第○条で定める復職の手続きに基づいて、下記のように復職の申出をいたします。

　なお、就業規則で定める復職に際して指定された医師の診断を受けることについて同意いたします。

氏名		休職開始日	○○年○月○日
復職申出日	○○年○月○日	復職希望日	○○年○月○日
診断医師名		診断日	○○年○月○日
旧職務復帰の可否	**可能・他職務希望** 上記いずれかに○をする	希望他職務	
その他、復職に際して配慮を希望すること			
指定医師の 受診希望日 （複数日を記載）			

【お知らせ】
1. この申出には、貴殿の主治医の「復職可能である」との診断書を添付して提出してください。
2. 申出書提出後、「指定医師の受診希望日」に、指定した医師に復職についての受診を命じますので、その診断書を提出してください。
3. 指定した医師の診断書をもとに、復職の可否などを検討し、結果および日程等を通知します。
4. この指定した医師の受診は業務命令にて実施されるものですので、受診に要した時間については時給を支給します。また、診断書料金についても、領収書に基づいて実費を支給します。

＞ １ なぜハラスメント対策が必要なのか？

　近年では様々なハラスメントについて、個々人の意識改革だけではなく、事業所での対策が求められるようになってきています。パワーハラスメント（パワハラ）は労働施策総合推進法違反、セクシュアルハラスメント（セクハラ）は男女雇用機会均等法違反といったように、ハラスメントは立派な法律違反になり得ます。ですから、「法律で定められているから」という理由が挙げられます。

　加えて、介護の現場では、利用者や家族等による介護職員への身体的暴力や精神的暴力、セクハラなどが少なからず発生していることが問題となっています。下表は、ハラスメントを受けてけが・病気をした職員、仕事を辞めたいと思った職員の割合ですが、ハラスメントを受けたことによりけが・病気をした職員は1〜2割、仕事を辞めたいと思ったことのある職員は2〜4割となっています。

ハラスメントを受けてけがや病気になった職員、仕事を辞めたいと思った職員の割合

（ハラスメントを受けたことのある方に対する割合）（単位：％）（n = 5,515）

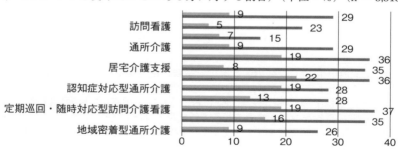

- ■ハラスメントを受けてけがや病気（精神的なものも含む）になったことがあるか。「はい」
- ■ハラスメントを受けて仕事を辞めたいと思ったことがあるか。「はい」

（出典）平成30年度厚生労働省
「介護現場におけるハラスメントに関する調査研究事業」実態調査

厚生労働省では、こうした状況を踏まえ、介護職員が安心して働くことができるよう、ハラスメント対策を含む職場環境・労働環境の改善を図っていくことが必要として、「介護現場におけるハラスメント対策マニュアル」、「管理者及び職員を対象にした研修のための手引き」、「介護現場におけるハラスメント事例集」を作成・周知しています。

　また、2021年度介護報酬改定において、職場におけるパワハラおよびセクハラなどのハラスメント対策として、介護サービス事業者の適切なハラスメント対策を強化する観点から、すべての介護サービス事業者に、男女雇用機会均等法等におけるハラスメント対策に関する事業者の責務を踏まえつつ、ハラスメント対策として必要な措置を講ずることが義務づけられました。併せて、カスタマーハラスメント（カスハラ）については、その防止のための方針の明確化等の必要な措置を講じることが推奨されています。

4.（1）⑦　ハラスメント対策の強化

概要	【全サービス★】
○	介護サービス事業者の適切なハラスメント対策を強化する観点から、全ての介護サービス事業者に、男女雇用機会均等法等におけるハラスメント対策に関する事業者の責務を踏まえつつ、ハラスメント対策を求めることとする。【省令改正】

基準	
○	運営基準（省令）において、以下を規定（※訪問介護の例） 「指定訪問介護事業者は、適切な指定訪問介護の提供を確保する観点から、職場において行われる性的な言動又は優越的な関係を背景とした言動であって業務上必要かつ相当な範囲を超えたものにより訪問介護員等の就業環境が害されることを防止するための方針の明確化等の必要な措置を講じなければならない。」

※併せて、留意事項通知において、カスタマーハラスメント防止のための方針の明確化等の必要な措置を講じることも推奨する。

（参考）ハラスメント対策に関する事業主への義務付けの状況

・ 職場におけるセクシュアルハラスメントについては男女雇用機会均等法において、職場におけるパワーハラスメントについては労働施策総合推進法において、事業主に対して、事業主の方針の明確化や相談体制の整備等の雇用管理上の措置を講じることを義務付けている。（パワーハラスメントの義務付けについて、大企業は令和2年6月1日、中小企業は令和4年4月1日から施行（それまでは努力義務）） ・ 職場関係以外のサービス利用者等からのハラスメントに関しては、 　① セクシュアルハラスメントについては、指針において、男女雇用機会均等法（昭和47年法律第113号）において事業主に対して義務付けている雇用管理上の措置義務の対象に含まれることが明確化された（令和2年6月1日より）。 　② パワーハラスメントについては、法律による事業主の雇用管理上の措置義務の対象ではないものの、指針において、事業主が雇用管理上行うことが「望ましい取組」として防止対策を記載している（令和2年6月1日より）。 ※職場におけるセクシュアルハラスメント 　＝ 職場において行われる性的な言動に対する労働者の対応により当該労働者がその労働条件につき不利益を受けるもの又は当該性的な言動により労働者の就業環境が害されるもの。 ※職場におけるパワーハラスメント 　＝ 職場において行われるⅰ優越的な関係を背景とした言動であって、ⅱ業務上必要かつ相当な範囲を超えたものにより、ⅲ労働者の就業環境が害されるものであり、ⅰからⅲまでの要素を全て満たすもの。

115

　（出典）厚生労働省「令和3年度介護報酬改定における改定事項について」

　そこで、介護現場におけるハラスメント対策を紹介します。

▶ 2　一般的なカスハラとの違いに注目

　カスハラとは、「顧客からのクレーム・言動のうち、当該クレーム・言動の要求の内容の妥当性に照らして、当該要求を実現するための手段・様態が社会通念上不相当なものであって、当該手段・態様により、就業環境が害されるもの」をいいます（厚生労働省リーフレット「カスタマーハラスメント対策に取り組みましょう！社員一人に抱え込ませずに、組織的な対応を」）。例えば、従業員がミスをした際、顧客が土下座を要求することなどが「要求を実現するための手段・態様が社会通念上不相当な言動」の例として紹介されています。

　厚生労働省の調査では、全国の企業・団体に勤務する20～64歳の男女労働者のうち、過去3年間に勤務先で顧客等からの著しい迷惑行為を一度以上経験した者の割合は15.0％となっています。

過去3年間にハラスメントを受けた経験

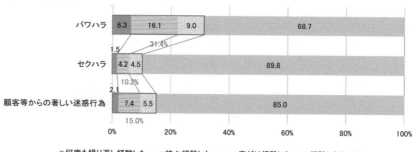

（対象：全回答者(n=8,000)）

（出典）厚生労働省「令和2年度職場のハラスメントに関する実態調査報告書」

　一方、先に紹介した平成30年度実態調査では、施設・事業所に勤務する職員のうち、利用者や家族等から、身体的暴力や精神的暴力、セクハラなどのハラスメントを受けた経験のある職員は、サービス種別により違いはあるものの、利用者からでは4～7割、家族等からでは1～3割となっています。ハラスメント類型に違いはあ

りますが、上記調査結果よりも高い割合となっており介護現場における
けるハラスメント問題が重大であることがわかります。事業所とし
ても、しっかりと対策を講じる必要があるでしょう。

▶ 3　職員が希望するハラスメント対応とは

　下表（網のせした部分が、サービス種別で上位3項目を示していま
す）を見てもわかるように、ハラスメントを受けた従業員が事業
所に求めるのは、「今後の対応についての明確な提示」「具体的対応
について話し合う場の設置」「利用者・家族等への注意喚起・再発
防止」といった対応です。

利用者・家族等からのハラスメントを受けた場合に施設・事業所（組織）に希望する対応【複数回答】

	調査数	ハラスメントの報告をした際、事実を認めて欲しい	ハラスメントの報告をした際、今後の対応について明確に示して欲しい	具体的な対応について話し合う場が欲しい	他の機関や施設・事業所と情報共有を行い、適切な対応を取って欲しい	複数人で対応するなどの対応を取って欲しい	担当を変えるなどの対応を取って欲しい	利用者・家族等への注意喚起し、再発防止に努めて欲しい	特にない	その他	無回答
訪問介護	2532	36.9	58.3	41.6	29.5	34.1	35.1	42.3	9.8	0.6	0.1
訪問看護	706	42.4	65.0	52.8	46.3	56.8	46.6	50.1	5.2	1.0	―
訪問リハビリテーション	901	37.6	65.3	48.1	38.8	41.2	44.7	42.0	5.5	1.4	―
通所介護	655	35.3	53.4	41.2	28.4	34.2	18.5	39.8	11.5	0.5	―
特定施設入居者生活介護	673	37.4	59.4	40.4	21.0	30.9	19.0	41.8	9.2	1.9	―
居宅介護支援	959	34.8	58.5	50.3	36.9	44.8	38.3	38.1	6.6	1.5	―
介護老人福祉施設	1010	37.1	56.9	42.1	26.9	33.8	20.0	37.3	12.9	1.7	―
認知症対応型通所介護	207	41.1	60.4	49.3	26.1	40.6	20.3	32.9	8.2	1.0	―
小規模多機能型居宅介護	353	37.4	59.5	48.4	28.3	36.0	26.6	45.9	8.2	0.6	―
定期巡回・随時対応型訪問介護看護	414	42.8	64.0	39.9	32.9	36.7	30.2	50.7	9.2	1.9	―
複合型サービス（看護小規模多機能型居宅介護）	529	42.9	61.4	47.1	29.9	43.1	25.9	45.0	7.2	0.6	―
地域密着型通所介護	1173	37.9	53.9	44.1	26.6	37.4	23.4	40.0	10.4	1.2	―

（出典）平成30年度厚生労働省
「介護現場におけるハラスメントに関する調査研究事業」実態調査

ハラスメントを受けたことに加え、「ハラスメントを受けた旨の報告に対し、会社が何も行動を起こしてくれないこと」も職員の離職原因になり得ます。ハラスメント対策を講じるメリットとして、離職者の減少や従業員の満足度向上など、会社側にも前向きな効果が期待できるということです。

　厚生労働省の「介護現場におけるハラスメント対策マニュアル（令和3年度改訂版）」では、施設・事業所が具体的に取り組むべきこととして、下記を挙げています。こうした資料も参考に対策を進めましょう。

ハラスメント対応として施設・事業所が具体的に取り組むべきこと

（1）施設・事業所自身として取り組むべきこと
① ハラスメントに対する施設・事業所としての基本方針の決定・周知
② マニュアル等の作成・共有
③ 相談しやすい職場環境づくり、相談窓口の設置
④ 介護サービスの目的及び範囲等へのしっかりとした理解と統一
⑤ 利用者・家族等に対する周知
⑥ 利用者や家族等に関する情報の収集とそれを踏まえた担当職員の配置・申送り
⑦ サービス種別や介護現場の状況を踏まえた対策の実施
⑧ 利用者や家族等からの苦情に対する適切な対応との連携
⑨ 発生した場合の対応
⑩ 管理者等への過度な負担の回避
⑪ PDCAサイクルの考え方を応用した対策等の更新、再発防止策の検討

（2）職員に対して取り組むべきこと
① 組織としての基本方針や必要な情報の周知徹底
② 介護保険サービスの業務範囲の適切な理解の促進
③ 職員への研修の実施、ハラスメントに関する話し合いの場の設置
④ 職員のハラスメントの状況把握のための取組
⑤ 職員自らによるハラスメントの未然防止への点検等の機会の提供
⑥ 管理者等向け研修の実施、充実

（3）関係者との連携に向けて取り組むべきこと
① 行政や他職種・関係機関との連携（情報共有や対策の検討機会の確保）

V 働きがいのある職場づくり

〉 1 雇用開始時の一工夫

（1） 採用面接では「経営理念」をテーマにして面談をすること

第3章の事例紹介のように、採用面接では、自社の経営理念を
テーマにすることが大切です。その理由は、自社で力を発揮しても
らうためには、応募者の価値観が自社の価値観とマッチしているか
を確認することが不可欠だからです。例えば「良い介護を追求しよ
う」と理念を掲げても「見えないところは適当に手を抜いて適当に
仕事をして、給与さえもらえれば」と考えている者との仕事は「心
楽しまず、成果もあがらない」ことになってしまいます。次ページ
のようにチェックポイントを明確にして面接者で共有しておくこと
をお勧めします。

また、面接とあわせて実技テストや性格診断を実施することも有
効です。事業所や業務の特性も踏まえて併用されることをお勧めし
ます。

採用面接を経て、採用すべきかどうかを見極めます。採用しては
ならない人の特徴も例示していますが、こうした判定基準も社内で
明確にしておくと、質の高い採用面接が実施できます。

（2） 採用面接は「全員参加型面接」とする

介護サービスは、「人の心と手によるサービス」という意味で、
典型的な労働集約型産業です。人の連携によってサービス提供がな
され、「チームケア」を追求することで質の高いサービスを実現し
ます。単に人が集まって「適当に利用者の面倒を看ておけばよい」
というものではありません。

ところが、多くの事業所の採用決定の過程は、管理者（場合に

面接のチェックポイント例

応募者に質問すること・やってもらうこと	質問の目論見	採用してはならない人の特徴
自筆の履歴書を出してもらう	確認することで丁寧さや意欲・性格がわかる	写真の使いまわし。乱暴に文字を書いている。
会社のことをどれだけ調べてきたか	どれだけ知る努力をしているかで、自社で働きたい意欲がどれだけあるのかが確認できる	会社に関する情報を何ら研究していない
前職の退職理由	仕事に対する姿勢がわかる。介護業界は、とりあえず資格があればどこでも働けるのですぐに辞めるという姿勢の者が多い	転職履歴が多い。またはその際の理由が理解しにくい
本人が考える職場を選ぶ選択条件	働きたい職場の価値観や仕事観がわかる（人生観）	主に金銭面等の条件面や処遇に関心が優先する
経営理念への関心度・共感度	その者の価値観がわかる	理念に関心を示さない
感性チェック	「来所して何を感じたか」を聞く。長年の歴史の中で作り上げている事業なので何か感じるところがあるはず	会社の様子で、自社が大切にしていることに何ら気づかない
全体としての人間性	成長のためには素直であることが大切。言葉遣いや立居振舞いにも常識や人間としての生き方が出てくる	立居振舞い、特に言葉や表情に好印象がない。品位に欠ける。社会常識や生活習慣に不安がある
面接後に、面接を踏まえた「採用志望動機」を書いてもらう	「なぜ、ここで働きたいのか」＝目的を小論文で書いてもらう。その人物の総合評価ができる	面接時に話し合ったことは、何も考慮されていない

よっては管理者数名）だけが採用面談を行って採用の可否を決定します。現場で一緒に働く職員は、除外されたまま進められるにもかかわらず、採用後はどこの誰でどんな人なのかわからないまま日常的に助言・指導・援助をしなければならなくなるのです。

　このような「自分たちには関係ない」と職員が思ってしまうような採用では、採用後の社員教育にも影響をきたしますし、新入職員

がトラブルを起こしてしまった場合にも「管理者が勝手に採用したのだから、管理者が対応して」と思ってしまいます。

「チームケア」という意味でも、採用面接のいずれかの場面で、現場で苦楽を共にする職員にも参加してもらい、意見を言ってもらうことは大切です。実は、香川県ケアマネージメントセンター(株)では、書類選考後の採用面接の段階で、管理者集団が必要な面談をした後に、ケアマネージャー全員が面談に立ち会っています。その面談も、実際に運営会議に参加してもらう方法で行っています。その後、双方から意見を聴いて採用決定の判断材料としています。

体験的に言うと、「全員参加型面接」には、次のようなメリットがあります。

① 応募者にとって

応募者の関心は、経営理念など事業所の基本方針にもありますが、最大の関心は「日常的に一緒に働く人達はどのような人達か」ということです。そのため、ホームページなどに現役職員の声が掲載されていると、これらの声をすべて読んで職場の雰囲気を確認しています。

応募者が一緒に働く人の顔を見て、話を聞いて「この人達と一緒に仕事をしたい」と希望するようになること、またそう思える事業所に採用されることは、その後のスムーズな定着のための要素となります。

② 受け入れる側にとって

また、受け入れる側の職員にとっては「私達も面接に参加し採用に合意したのだから、この人が定着して育ってもらうことも私達の仕事」と自覚が芽生えることになります。トラブルや問題があっても、受け入れた者としての自覚的な援助を惜しまない努力が展開され始めます。

③ 経営者、管理者にとって

苦労して募集・採用した職員が退職することになると、「自分なりに努力して考慮して採用面接で選考した人が、なぜ定着しないのか」と悩むことになります。多くの経営者、管理者はこの苦しみを体験してきたと思います。

「全員参加型面接」が導入されると、こうした悩みや苦しみが組織全体の共有事項になり、採用された人が定着し成長するチームケアの実現への組織的な意欲へと変化します。

面談の仕方やタイミングなどは、事業所の到達点や風土もありますので、創意工夫して具体化しましょう。

（3）　登録型非常勤者の労働条件の定め方について

介護事業に独特な雇用形態ですが、在宅介護サービスを中心に「登録型非常勤者」という就労形態が普及しています。

①　登録型非常勤者の「登録」の考え方

登録型非常勤者として「登録」をするために面談をすることになります。この「面談」を経て「登録」することで雇用契約が成立したと見るかどうかが一つの重要な事項です。

事業所によって取扱いは様々ですが、「登録」により即時に介護労働者としての雇用契約が成立するものではありません。将来、就労を必要とするサービス計画があれば、その都度に雇用契約を締結するという意味で「登録」をしているということです。

したがって、登録をしたら労働者に労務を提供する義務が発生するものではなく、介護事業所も雇用が義務づけられるというものではありません。

実際には、面談をしたことで即時に勤務シフトに組み込まれ就労することもありますが、たいていはケアプランが月間計画で1カ月を単位に作成されるため、1カ月単位の勤務シフトに基づいて月々予定が組み入れられ、労働者として雇用される制度と言えます。

②　「登録」の場合の労働契約の成立

したがって、「登録」された職員は、月間計画で1カ月ごとに雇用契約が締結されるという意味で厳正に月々雇用契約が成立していると理解し、その都度、契約の成立手続を徹底しておく必要があります。

「登録」とは、前述のとおり「雇用契約合意」そのものではなく、後日、毎月のサービス計画に基づいて、必要に応じて月を単位、場合によっては各々の業務日ごとに事前に介護事業所から連絡

して「その都度雇用関係を成立させる」という意味で了解・合意する関係です。労働契約の締結との区別と関連性を登録面接の実施時に文書などで明示しておくことが大切です。

　労務管理上は、登録型非常勤者の労働契約の期間や労働日・労働時間等に関する定めの仕方が重要です。安易に適当な日付を記入した労働契約書を取り交わすと、思わぬ労使紛争の落とし穴にはまりかねません。

　実際には介護保険のサービス提供は月間計画で運営されているので、「1カ月単位の雇用とし、事前に提示される月間スケジュールにつき合意して雇用される。次月の雇用はその都度協議する」（「労働条件通知書」の雇用期間を参照）など明確にすることが現実的でしょう。

　なお、登録型非常勤者の労働時間は概ね常勤職員の4分の3未満と想定され、社会保険の適用範囲には入らないと思われますが、万一社会保険の適用を必要とする程に勤務を行う場合には社会保険の適用手続が必要となるので、若干煩雑とならざるを得ません。

（4）　労働条件通知書（または雇入れ通知書等）を交付する

　雇用契約は、職員と介護事業所が対等の立場で職員が労務を提供することに対して賃金を支払うことを約する契約です。また、「労働者」とは、「使用者に使用されて労働し、賃金を支払われる者」です。

　雇用関係の開始時に発生しやすいトラブルは、労働条件が口約束だったり、ハローワークの求人票で「13万円から18万円」と幅を持たせて書いていた曖昧な条件を確認しないまま就労し、賃金を受け取る段階で行違いに気づいたりして紛争となるケースです。

　契約は「対等な立場で合意」することが大切です。職員と介護事業所との間の労働契約は、対等な立場で契約したことを明確にすることが大切です。

　名称は問われませんが、労働条件通知書（雇入れ通知書）等により、雇入れに際しては法令で定められた労働条件を明示する必要があります。右の表の太枠部分（①〜⑥）は「口頭」だけではなく

「文書の交付」等することが必要ですが、労働者が希望した場合は、FAXや電子メール、SNS等でも明示をすることができますので検討しましょう。

その他、実務上のポイントは次のとおりです。

① 労働条件通知書は、常勤者以外の登録型やパートタイマーなどの名称の違いに関係なく、すべての労働者に対して文書の交付等が求められます。

② 労働契約の期間に関するトラブル防止策として、期間の定めのない労働契約を締結する場合であっても「試用期間」を定めましょう。試用期間満了前に本採用とするか契約終了とするかについて、確認します。例えば3カ月の試用期間とするならば、2カ月が経過する前後で「継続採用面接」等の名称で相互の継続の意向を確認します。そのための期間管理を忘れないようにしましょう。業務カレンダーなどに満了日や面談予定日を記入管理することが大切です。

③ 「就業の場所、従事すべき業務に関する事項」については、デイサービス事業から訪問介護事業に配置転換することが少しでも予見できている場合は、明示しておくことが賢明でしょう。

④ 出勤日や始業・終業時間が日々異なる日や時間になることを予定表に基づいて定めているはずですので、出勤日および始業・終業時間は「予定表による」と表示することになります。

⑤ 「就業場所・業務の変更の範囲」は、すべての労働契約の締結と有期労働契約の更新のタイミングごとに、2024年4月1日から明示が必要です。

⑥ 「更新上限の有無と内容」は、有期労働契約の締結と契約更新のタイミングごとに、2024年4月1日から明示が必要です。

⑦ 「無期転換申込期間」「無期転換後の労働条件」は、無期転換権が発生するタイミングごとに、2024年4月1日から明示が必要です。

⑧ 労働条件通知書には、本人に日付とサインを記入してもらいます。2通作成し、双方で保管します。

労働基準法第 15 条の労働条件明示事項

明示すべき事項	書面交付
① 労働契約の期間	
② 有期労働契約の更新の基準	
③ 就業場所、従事すべき業務	
④ 始業・終業の時刻、所定労働時間を超える労働の有無、休憩時間、休日、休暇、労働者を 2 組以上に分けて就業させる場合における就業時転換に関する事項	必要
⑤ 賃金（⑦の退職手当、⑧の賃金を除く）の決定、計算・支払方法、賃金の締切り・支払時期、昇給に関する事項	
⑥ 退職・解雇（事由および手続き等）に関する事項	
⑦ 就業場所・業務の変更の範囲	2024 年 4 月 1 日 から必要
⑧ 更新上限の有無と内容	
⑨ 無期転換申込期間	
⑩ 無期転換後の労働条件	
⑪ 退職手当の定めが適用される労働者の範囲、退職手当の決定、計算・支払方法、退職手当の支払時期に関する事項	※ 1
⑫ 臨時に支払われる賃金（退職手当を除く）、賞与、精勤手当、勤続手当、奨励加給、能率手当、最低賃金額	※ 2
⑬ 労働者に負担させるべき食費、作業用品その他に関する事項	※ 3
⑭ 安全、衛生	※ 3
⑮ 職業訓練	※ 3
⑯ 災害補償および業務外の傷病扶助に関する事項	※ 3
⑰ 表彰および制裁に関する事項	※ 3
⑱ 休職に関する事項	※ 3

※ 1 「パート・有期労働法」では退職手当の有無が文書交付明示の対象
※ 2 「パート・有期労働法」では賞与の有無が文書交付明示の対象
※ 3 「パート・有期労働法」では制度として設けている場合は文書交付明示が努力義務

📥 労働条件通知書

労働条件通知書

年　　　月　　　日

殿

事業場名称・所在地
使用者職氏名

契約期間	期間の定めなし、期間の定めあり（　年　　　月　　　日～　　　年　　　月　　　日）
	※以下は、「契約期間」について「期間の定めあり」とした場合に記入 1　　契約の更新の有無 ［自動的に更新する・更新する場合があり得る・契約の更新はしない・その他（　　）］ 2　　契約の更新は次により判断する。 ・契約期間満了時の業務量　　　　　・勤務成績、態度　・能力 ・会社の経営状況　　　　　・従事している業務の進捗状況 ・その他（　　　） 3　　更新上限の有無（無・有（更新　　回まで／通算契約期間　　年まで）） 【労働契約法に定める同一の企業との間での通算契約期間が5年を超える有期労働契約の締結の場合】本契約期間中に会社に対して期間の定めのない労働契約（無期労働契約）の締結の申込みをしたときは、本契約期間の末日の翌日（　年　月　日）から、無期労働契約での雇用に転換することができる。この場合の本契約からの労働条件の変更の有無（　無　・　有（別紙のとおり）　） 【有期雇用特別措置法による特例の対象者の場合】 無期転換申込権が発生しない期間：Ⅰ（高度専門）・Ⅱ（定年後の高齢者） Ⅰ　特定有期業務の開始から完了までの期間（　　　年　　か月（上限10年）） Ⅱ　定年後引き続いて雇用されている期間
就業の場所	（雇い入れ直後）　　　　　　　　　　　　（変更の範囲）
従事すべき 業務の内容	（雇い入れ直後）　　　　　　　　　　　　（変更の範囲） 【有期雇用特別措置法による特例の対象者（高度専門）の場合】 ・特定有期業務　（開始日：完了日：　）
始業、終業の時刻、休憩時間、就業時転換（(1)～(5)のうち該当するもの一つに○を付けること。）、所定時間外労働の有無に関する事項	1　始業・終業の時刻等 (1)　始業（　時　　分）　　終業（　時　　分） 【以下のような制度が労働者に適用される場合】 (2)　変形労働時間制等；（　）単位の変形労働時間制・交替制として、次の勤務時間の組み合わせによる。 　　　始業（　時　分）　終業（　時　分）　（適用日　　　） 　　　始業（　時　分）　終業（　時　分）　（適用日　　　） 　　　始業（　時　分）　終業（　時　分）　（適用日　　　） (3)　フレックスタイム制；始業および終業の時刻は労働者の決定に委ねる。 　　　　　　　　（ただし、フレキシブルタイム（始業）　時　　分から　時　分、 　　　　　　　　　　　　　　　　　　（終業）　時　　分から　時　分、 　　　　　　　　　　　　　　　コアタイム　　　時　　分から　時　分） (4)　事業場外みなし労働時間制；始業（　時　分）終業（　時　分） (5)　裁量労働制；始業（　時　分）終業（　時　分）を基本とし、労働者の決定に委ねる。 ○詳細は、就業規則第　　条～第　条、第　条～第　条、第　条～第　条 2　休憩時間（　）分 3　所定時間外労働の有無（　　有　　，　　　無　　　）
休　　　日	・定例日；毎週　　曜日、国民の祝日、その他（ ・非定例日；週・月当たり　日、その他（ ・1年単位の変形労働時間制の場合－年間　　　日 ○詳細は、就業規則第　　条～第　条、第　条～第　条
休　　　暇	1　年次有給休暇　6カ月継続勤務した場合→　　　　日 　　継続勤務6か月以内の年次有給休暇　　（有・無） 　　→　か月経過で　　日 　　時間単位年休（有・無） 2　代替休暇（有・無） 3　その他の休暇　有給（　　　）　　無給（　　　　　） ○詳細は、就業規則第　条～第　条、第　条～第　条

賃　　　金	1	基本賃金	イ　月給（　　　　　　円）、ロ　日給（　　　　　　円）
			ハ　時間給（　　　　　円）、
			ニ　出来高給（基本単価　　　円、保障給　　　円）
			ホ　その他（　　　　　円）
			ヘ　就業規則に規定されている賃金等級等

（空欄）

2　諸手当の額又は計算方法
　イ（　　手当　　　円　／計算方法：　　　　　　　　）
　ロ（　　手当　　　円　／計算方法：　　　　　　　　）
　ハ（　　手当　　　円　／計算方法：　　　　　　　　）
　ニ（　　手当　　　円　／計算方法：　　　　　　　　）
3　所定時間外、休日又は深夜労働に対して支払われる割増賃金率
　イ　所定時間外、法定超　月６０時間以内（　　　）％
　　　　　　　　　　　　　月６０時間超　（　　　）％
　　　　　　　　所定超　　（　　　）％
　ロ　休日　法定休日（　　　）％、法定外休日（　　　）％
　ハ　深夜（　　　）％
4　賃金締切日（　　　）－毎月　　日、（　　　）－毎月　　日
5　賃金支払日（　　　）－毎月　　日、（　　　）－毎月　　日
6　賃金の支払方法（　　）
7　労使協定に基づく賃金支払時の控除（無　，有（　　　））
8　昇給（　有（時期、金額等　　　　　　　），　無　）
9　賞与（　有（時期、金額等　　　　　　　），　無　）
10　　　　退職金（　有（時期、金額等）　　　，　　　無　　）

退職に関する事項	1	定年制（　　有（　　　歳），　　　　無　　）
	2	継続雇用制度（　有（　　歳まで）　，　　　無　　）
	3	自己都合退職の手続（退職する　　　　日以上前に届け出ること）
	4	解雇の事由および手続

　〔　　　　　　　　　　　　　　　　　　　　　　　　　　　　〕
　○詳細は、就業規則第　条～第　条、第　条～第　条

その他	・社会保険の加入状況（　厚生年金　　　健康保険　　　厚生年金基金　　その他（　　））
	・雇用保険の適用（　　有　，　　無　）
	・雇用管理の改善等に関する事項に係る相談窓口
	部署名　　　担当者職氏名　　（連絡先　　　　　）
	・その他

　〔　　　　　　　　　　　　　　　　　　　　　　　　　　　　〕

※以下は、「契約期間」について「期間の定めあり」とした場合についての説明です。

労働契約法第18条の規定により、有期労働契約（平成25年4月1日以降に開始するもの）の契約期間が通算5年を超える場合には、労働契約の期間の末日までに労働者から申込みをすることにより、当該労働契約の期間の末日の翌日から期間の定めのない労働契約に転換されます。
ただし、有期雇用特別措置法による特例の対象となる場合は、この「5年」という期間は、本通知書の「契約期間」欄に明示したとおりとなります。

以上のほかは、当社就業規則による。就業規則を確認できる場所や方法（　　　　　　　　　　　）

就業規則および給与規定など、上記に定める雇用条件を確認、承知致しました。今後も、就業規則を厳守し、社業発展のため、誠実に、勉強、職務に精励します。

　　　　年　　月　　日　氏名　　　　　　　　　　　　　　　　　印

(5)　採用の確定は「資格を証明する書類の提出が完了した日」とする

　職員を雇用する際、ヘルパー、介護福祉士、看護師等の資格を保有していることを条件として雇用することが多いでしょう。しかし、面談や経歴書だけでは、仕事に必要な資格要件が確保できているかどうか証明することができません。

　「資格を保有している」と口頭で伝えられても事実は不明ですから、確認のために、労働契約書を締結しただけで雇用契約が成立するとはせず、必要書類を初出社の日までに提出させることを前提に、採用の確定は「資格を証明する書類の提出が完了した日」とすることが大切です。その趣旨を労働契約書にも明記しておきましょう。

＞ 2　雇用関係終了時の一工夫

　「雇用関係の終了」における対応は、注意を要する問題です。例えば厚生労働省における 2021 年度の労働相談の内訳を見ると「『自己都合退職』「解雇」『退職勧奨』『雇止め』の『雇用関係の終了』に関するものが 32％、また、『労働条件の引下げ』その他『労働条件』に関するものが 25％、『いじめ・嫌がらせ』に関するものが24.4％、『その他』が 18.5％」と公表されています。

　つまり、「雇用関係の終了」が、労働相談の申請の約 3 割を占めています。「雇用関係の終了」は、極めてデリケートな問題であり、いったん紛争にまでこじれると、当事者だけではなく同じ職場の他の介護労働者にも何らかの影響を与えることになります。

　なお、「雇用関係の終了」と言っても、次のようにいくつかのパターンがあります。

区　分	内　　容	代表的なリスク
自己都合退職	職員から雇用契約の解除の申込みがあり、使用者も同意することによって契約が終了する。いわゆる自己都合退職の申出による雇用関係の終了	双方が了解・合意して契約を解除するのでトラブルは少ないが、退職前に「有給休暇の残り分」を一気に消化し、退職することもある

契約期間の満了	使用者と職員との間で取り交わされた所定の雇用契約期間が満了した場合の雇用契約の終了	「やむを得ない事由がある場合でなければ、その契約期間が満了するまでの間において、労働者を解雇することができない」（労働契約法第17条）ので、途中での解除はよほどの理由が必要。途中解除の場合は、残余の賃金分が請求される可能性もある
解　雇	事業所の閉鎖や経営の悪化等の事業主の都合による場合や、職員本人の責に帰すべき重大な問題によって雇用関係を終了させる解雇または懲戒解雇	「解雇は、客観的に合的な理由を欠き、社会通念上相当であると認められない場合は、その権利を濫用したものとして、無効」（労働契約法第16条）となる。

（1）　試用期間満了・契約期間満了

　「試用期間」や「契約社員」等の名称にかかわらず、「雇用契約期間」を設定している場合に、その期間内ならば自由に契約解除ができるとの誤解があります。法的にはまったく逆で、契約期間の途中で契約を解除する場合は、通常の解雇よりも厳しく有効性が判断されることが次の「労働契約法の施行について」（2008年1月23日基発第0123004号）で示されています。

　あえて契約期間を設けて雇用したのですから、その契約期間が満了するまでは契約を履行する責任を果たすべきで、「やむを得ない事由があるとき」に該当しない場合は解雇することができないことを明らかにしたという趣旨です。

　2　契約期間中の解雇（法第17条第1項関係）
　（中略）
　（2）　内容
　　ア　法第17条第1項は、使用者は、やむを得ない事由がある場合
　　　でなければ、契約期間中は有期契約労働者を解雇することができ

ないことを規定したものである。
　イ　法第17条第1項の「やむを得ない事由」があるか否かは、個別具体的な事案に応じて判断されるものであるが、契約期間は労働者及び使用者が合意により決定したものであり、遵守されるべきものであることから、「やむを得ない事由」があると認められる場合は、解雇権濫用法理における「客観的に合理的な理由を欠き、社会通念上相当である」と認められない場合」以外の場合よりも狭いと解されるものである。
　ウ　契約期間中であっても一定の事由により解雇することができる旨を労働者及び使用者が合意していた場合であっても、当該事由に該当することをもって法第17条第1項の「やむを得ない事由」があると認められるものではなく、実際に行われた解雇について「やむを得ない事由」があるか否かが個別具体的な事案に応じて判断されるものである。

　しかし、職員からの契約解除の扱いは異なります。1年契約など有期雇用の途中であっても、労働者本人にやむを得ない事情がある場合には、退職できるとされています。また契約期間が1年超の有期労働契約の場合に、1年以上勤めたときには、理由のいかんにかかわらず退職することができます。
　労使いずれからの契約の解除かにより扱いが異なることに注意が必要です。

（2）　慎重な対応が求められる解雇

　「解雇」と言っても、大きくは2つの内容があります。一つは、事業所の閉鎖や経営の悪化等の事業主の都合による場合です。コロナ禍による利用者減等を理由に廃業・統廃合をするケースが続発しています。もう一つは、介護労働者本人の責に帰すべき重大な問題によって雇用関係を終了させる懲罰的な解雇または懲戒解雇があります。
　訪問介護は実質的に単身でサービス提供を行いますので、金銭問題等が潜在化し、深刻な問題を発生させるケースがあります。また、「決めた時間にサービス提供ができていない」が、「来ているこ

とにしてもらっている」というサービス面での問題も発生しています。

　不祥事としては、こうした個別の介護労働者による問題事例が発生しがちですが、同時に、単に「職員本人の不心得」という個人への処分のみでは事が収拾できず、管理者ぐるみで対応したことが発覚し、事業所の指定取消し問題に発展する例も発生しています。

　こうなると、介護サービス事業は行政から指定を受けてサービスを提供していますので、1人の職員あるいは管理者の行った非行により、事業そのものが運営基準への適合性に欠けると認定され、事業の根幹を揺るがし、利用者や家族に多大な迷惑をかけてしまうことにも繋がりかねません。

　また、個別の職員によって引き起こされた問題であっても、暴行や虐待といった事件はサービスを利用する利用者や地域からの不信感につながりかねません。

　このように、職員の不祥事は本人の進退問題だけではなく、事業所の存亡や地域における介護への信頼などに関わる問題にも発展しかねないものです。

　介護サービス事業は、「普遍的にこうした事件が発生する土壌がある」というのではありません。しかし、注意しないと問題が一気に深刻化する事業だということを理解しておく必要があります。

　介護サービスは、医療における診察や投薬のような短時間のサービスの積重ねとは異なります。食事、排泄、入浴などの基本的な生活への介助、通院などでの外出介助など、利用者の生活全般の中で身体にも直接接するサービスを日常的に継続して提供しています。

　介護労働者の介護サービスに対する「志と誇り」に陰りが生じ、惰性で仕事をするようになると、そこから問題発生の可能性が大きく膨らんでくるという懸念もあります。こうした問題が発生しないように、問題行動を予見し予防することが大切です。問題行動は概ね何らかの芽があり、小さな問題行動の段階で何らかの対処をしておくことが必要です。感情的にならず落ち着いて対応することが大切です。次のような手順を踏むようにしましょう。

① 初動の段階では、明確な証拠確保の行動が大切

　「伝聞」や「記憶」では駄目です。明確な第三者からの証言（手書き）、録画、写真、録音など再現可能な証拠資料が不可欠です。また、本人直筆の「経過報告」も有効です。

　こうした採証活動が曖昧なケースが多く、あっせん調停の場で、処分が「事実無根」であり「解雇権の濫用」と抗弁され、労働者から損害賠償を求められてしまったケースもあります。

② 厳正で公正な手続きを経ることが大切

　Ⅲ4(2)のとおり、懲戒処分を行うときは、懲罰委員会を組織し、当事者の弁明の機会の提供後に事実認定を行い、処分を決定するなどの厳正で公正なプロセスを経て、処分を決定することが大切です。この経過も録画や録音をしておくと万全です。なお、規模の小さな事業所であっても、最小限使用者と上長の2名による懲罰委員会を組織することをお勧めします。

　厳正で公正な対応をしている使用者の姿は、必ず他の介護労働者にも安心感や信頼感を広げる効果があり、問題を解決するプロセスを通じて労使間の信頼を深めることができます。

▶ 3　名も実もある管理監督者

（1）　介護サービスにおける管理監督者の独自の役割

　介護サービスにおいては、管理監督者の役割はとても重要であり、事業の成否を分けるキーポイントと言えます。職員が組織的にサービスを提供するだけに、管理監督者が個々の職員が持っている可能性を最大限に引き出す支援や教育、指揮命令ができているのか、その水準が保たれているか、組織の総合力をいかに発揮できているかが問われるためです。

　特に小規模の介護事業所では使用者自らがプレイングマネージャーの役割を担っているだけに、管理監督者の言動は介護労働者の働きぶりと介護事業所全体のサービスのレベルに直結します。

（2）　名ばかり管理職問題

　介護保険法は、サービス種別等に応じた①人員基準としての資格者の配置、サービス提供責任者の配置、常勤管理者の配置、②事業の運営とサービスの提供を行うために必要な設備基準、③介護計画や利用者台帳の作成の準備などを明確にした指定基準（下記参照）を定めており、事業所はこの基準を満たしておく必要があります。

　この人員基準を満たすために「常勤管理者」や「サービス提供責任者」を選任しなければならないので、現有の職員から選任したり場合によっては事業所の外部から資格を有する介護労働者を雇用したりして役職を任命することになりますが、その場合に、介護保険法が求める「人員基準」で配置する「常勤管理者」や「サービス提供責任者」の要件が、労働基準法で定める管理監督者の要件と適合するかどうか、十分な考慮が必要です。

訪問介護事業者の指定基準の概要

> 【1】　人員基準
> （1）　訪問介護員
> 　　介護福祉士又は訪問介護員（ヘルパー）を、常勤換算で2.5人以上（サービス提供責任者を含む）配置すること。
> （2）　サービス提供責任者
> 　　常勤職員で専ら訪問介護業務に従事する者のうち、1人以上のサービス提供責任者を配骰すること。
> （3）　常勤管理者
> 　　専ら管理の職務に従事する常勤管理者を配置すること。

　「人員基準」は、あくまでも資格要件と常勤換算のための労働時間要件に過ぎないのに対し、労働基準法では、実際的な責任と権限や処遇の実態を問題にしています。次の①から④の4点を目安としています。

　したがって、「常勤管理者」や「サービス提供責任者」が即時に労働基準法上の管理監督者であるとは言えないということを十分に

理解してください。

　管理監督者の責任と権限を明確にしていくためにも、この4点に関する責任と権限を有する者が管理監督者であることを明確にしておくことが大切です。単純に「サービス提供責任者だから管理監督者である」と決め、実体を伴わない状態で安価な給与で残業をさせていては持てる能力が発揮できないばかりか、名ばかり管理職問題をも発生させかねません。

①　労働時間、休憩、休日等に関する規制の枠を超えて活動せざるを得ない重要な職務内容を有していること

　介護サービスは、訪問介護サービスで直接のサービス提供時間外であっても、利用者の状態の急変への対処など24時間連続した管理体制が求められることのある職場と言えます。

　当然に、管理監督者には利用者の要望や状態に応じた業務の指示や、臨機応変な人員の手配が求められることになります。そういう意味でも「労働条件の決定その他労務管理について、経営者と一体的な立場」で、労働時間等の規制の枠を超えて活動せざるを得ない職務を担っていることは間違いありません。

②　労働時間、休憩、休日等に関する規制の枠を超えて活動せざるを得ない重要な責任と権限を有していること

　介護サービスにおける管理監督者は、サービス提供のあり方の見直しや改善、人員配置計画に則った採用その他職員の労務管理などの業務について、日々現場で検討し、方針を決定し、実施する役割を担うため、経営者から重要な責任と権限を委ねられている必要があります。

　「センター長」「サービス提供責任者」といった肩書きであっても、自らの裁量で行使できる権限が少なく、多くの事項について使用者等に決裁を仰ぐ必要があったり、上司の命令を部下に伝達するに過ぎないような場合があったりする者は、管理監督者とは言えません。

③　現実の勤務態様も、労働時間等の規制になじまないようなものであること

　介護サービスの管理監督者は、利用者と家族の支えとなるために

時を選ばず判断し対応することが要請され、労務管理においても継続的に高度な判断が求められます。

労働管理においても一般労働者と異なる立場にある必要があります。労働時間について厳格な管理をされているような場合には、管理監督者とは言えません。

④ 賃金等について、その地位にふさわしい待遇がなされていること

以上のように事業所の経営上重要な職務を担い、責任と権限を持つ管理監督者には、その職務の重要性に見合った給与、賞与等の待遇となっていることが必要です。一般の介護労働者と比較して相応の待遇がなされていることが求められます。

厚生労働省ではパンフレット「労働基準法における管理監督者の範囲の適正化のために」を作成して管理監督者の範囲を解説していますので、こうした資料も参考に自社の管理監督者の職務や待遇が適正と言えるか確認しましょう。

▶ 4 ボランティアの活用と労働基準法

2015年の介護保険法改正では、専門性の必要なサービスには専門性の高い専門職を配置し、専門性がさほど必要ではない「総合事業」での軽度利用者に対しては、それなりの人材を配置すべきという考え方が打ち出されました。

もともと介護事業ではボランティアや有償ボランティアという立場で介護事業に関わってきた方達が存在していましたが、このボランティアの活用の仕方が要注意となります。厚生労働省は、2007年9月から導入された介護支援ボランティア制度（厚生労働省の認可を受けた有償ボランティア制度）の活用に関して次のような注意点を示しています。ここで示されたポイントを正しく理解し、ボランティア活用に取り組むことが大切です。

2015年2月4日厚生労働省老健局振興課「介護保険最新情報 Vol.417」

問1　有償ボランティアは、労働基準法第9条の労働者に該当する場合があるのか。

（答）

1　総合事業においては有償ボランティアの方々の活躍も期待されるが、ボランティア活動は、一般的には「自発的な意志に基づき他人や社会に貢献する行為」とされ、その性格として「自主性」、「社会性」等があげられる。

　　その中で、有償ボランティアは、ボランティアによる支援に対し、交通費などの実費や謝金の支払いを受けるものである。

2　その中で、有償ボランティアと称していても、個別の事案ごとに活動実態を総合的に判断し、使用従属関係下にあると認められる場合には、労働基準法第9条の労働者であるとして、労働基準関係法令や最低賃金法の適用対象となる。

3　労働基準法第9条の労働者に該当するか否かに当たっては、以下の点等について総合的に勘案して判断することになる。

・ある活動日、活動時間に、活動を行うことについて、指示があるか（注1）

（注1）　活動を行うことについて、ボランティアに諾否の自由があるか

　　　　・活動時間の延長や、活動日以外の日における活動指示が行われているか

　　　　・活動の割当、活動時間の指定、活動の遂行に関する指揮命令違反に対する手当等の減額等の制裁があるか

　　　　・欠席・遅刻・早退に対する手当の減額制裁があるか（実活動時間に応じた手当を支給する場合においては、活動しなかった時間分以上の減額を行っている場合があるか）

・ボランティアが、一般の労働者と明確に区分されているか（注2）

（注2）　「明確に区分されている」とは、例えば、活動場所については、一般の労働者と全く異なる部屋で活動しなければならないということではなく、一般の労働者と同じ部屋の中で活動する場合であっても、対象者がボランティアであることが分かるよう区別されていることが考えられる。（ボランティアと表記された名札を付ける等）

4 企業等と連携した有償ボランティアを行う場合の労働関係法令との関係について

(1) 労働者性の有無について

一部の事業所において、社会参加の活動の一環として、外部の企業等と連携した有償ボランティアの活動に取り組んでいる事例が見受けられるところです。有償ボランティアに参加する利用者についても、個別の事案ごとに活動実態を総合的に判断し、利用者と外部の企業等との間に使用従属関係が認められる場合には、労働基準法（昭和22年法律第49号）第9条の労働者に該当するものとして、労働基準関係法令の適用対象となります。

有償ボランティアに参加する利用者が労働基準法第9条の労働者に該当するか否かに当たっては、以下の点等について総合的に勘案して判断することになります。事業所の取組に疑義が生じる場合には、事業所の所在地を管轄する労働基準監督署まで相談願います。

ⅰ 利用者が、ある活動日、活動時間に、活動を行うことについて、外部の企業等からの指示があるか（注1）

ⅱ 活動時間の延長や、活動日以外の日における外部の企業等からの活動指示が行われているか

ⅲ 活動の割当、活動時間の指定、活動の遂行に関する指揮命令違反に対して、外部の企業等からの謝礼等の減額等があるか

ⅳ 欠席・遅刻・早退に対して、外部の企業等からの謝礼等の減額があるか（実活動時間に応じた謝礼等を支給する場合においては、活動しなかった時間分以上の減額を行うことはないこと）

ⅴ 利用者と一般の労働者が明確に見分けられるか（注2）

（注1）活動を行うことについて、利用者に諾否の自由があるか

（注2）「明確に見分けられる」とは、例えば、活動場所については、一般の労働者と全く異なる部屋で活動しなければならないということではなく、一般の労働者と同じ部屋の中で活動する場合であっても、服装等により利用者と一般の労働者が見分けられるようになっていることが考えられる。

事業所が、社会参加活動等の実施に当たり、外部の企業等と業務委託契約を結ぶ場合にも、上記ⅰからⅴを踏まえて、その契約の内容が、社会参加活動に強制的に参加させることにつながるものとな

らないよう留意することが必要です。また、当該事業所のサービスを利用するに当たり、社会参加活動等に参加することが条件であると誤解されないよう、利用申込者に対する丁寧な説明が必要です。

(2) 謝礼の受領について

　有償ボランティア活動を実施するに当たり、(1) のi～vを総合的に勘案して判断した結果、有償ボランティアに参加する利用者が労働基準法第9条の労働者に該当しないと判断された場合、一般的には、社会参加活動等に参加した利用者に対する謝礼は、労働基準法第11条の賃金に該当せず、労働基準関係法令の適用対象外になると考えられます。

　なお、当該謝礼は、利用者に対するものであると考えられ、事業所が、利用者に対する謝礼を一部でも受領することは、介護報酬との関係において適切ではありません。利用者に支払われる謝礼を、一時的に利用者を代理して預かることは可能ですが、その場合でも、あらかじめ利用者本人やその家族等の了解を得ることが必要です。

(3)「労働者派遣」、「職業紹介」、「労働者供給」の該当性について

　外部の企業等との連携により社会参加活動等を実施するに当たり、有償ボランティアに参加する利用者と、事業所及び外部企業等のいずれとの間にも使用従属関係が無い場合には、利用者が連携先の企業等において社会参加活動等に参加した場合であっても、事業所が「労働者派遣」、「職業紹介」、「労働者供給」を行ったことにはならないものと考えられます。

▶ 5　高齢者・外国人材の活用

　慢性的な人手不足が生じている介護業界で注目される人材として、高齢者と外国人材が挙げられます。2021年度「介護労働実態調査」結果によれば、65歳以上の労働者（有期職員、無期職員）が「いる」と回答した事業所は68.0％となっています。また、介護業界で働く外国人材の増加も見込まれています。

　このように高齢者、外国人材の活躍が期待される中で、事業所としてどのようなことに配慮し、対策を講じておけばよいかを確認します。

（1）　高齢者を雇用する際の注意点と対策

　令和２年に厚生労働省が策定した「高年齢労働者の安全と健康確保のためのガイドライン」（「エイジフリーガイドライン」）によると、労働災害による死傷者数において60歳以上の占める割合は26％で増加傾向にあります。このガイドラインが事業者に求められる取組みとして挙げているのは、次の５つです。

　特に、「腰痛」や「転倒」災害が多発している高齢者介護施設向けには対策をイラスト付きで解説している「高齢者介護施設における雇入れ時の安全衛生教育マニュアル」（2017年３月中央労働災害防止協会）も作成されていますので、こうした資料も活用して取り組みましょう。

---

①　**安全衛生管理体制の確立等**

　経営トップ自らが安全衛生方針を表明し、担当する組織や担当者を指定するとともに、高年齢労働者の身体機能の低下等による労働災害についてリスクアセスメントを実施

②　**職場環境の改善**

　照度の確保、段差の解消、補助機器の導入等、身体機能の低下を補う設備・装置の導入などのハード面の対策とともに、勤務形態等の工夫、ゆとりのある作業スピード等、高年齢労働者の特性を考慮した作業管理などのソフト面の対策も実施

③　**高年齢労働者の健康や体力の状況の把握**

　健康診断や体力チェックにより、事業者、高年齢労働者双方が当該高年齢労働者の健康や体力の状況を客観的に把握

④　**高年齢労働者の健康や体力の状況に応じた対応**

　健康診断や体力チェックにより把握した個々の高年齢労働者の健康や体力の状況に応じて、安全と健康の点で適合する業務をマッチングするとともに、集団および個々の高年齢労働者を対象に身体機能の維持向上に取り組む

⑤　**安全衛生教育**

　十分な時間をかけ、写真や図、映像等文字以外の情報も活用

した教育を実施するとともに、再雇用や再就職等で経験のない
業種や業務に従事する高年齢労働者には、特に丁寧な教育訓練
を実施

（出典）厚生労働省ホームページ

（2） 外国人材の活用

　現在、介護業界で外国人材を受け入れる仕組みには次の4制度が
あります。制度ごとに受入れの要件や日本で就労可能な期間等が異
なりますので、詳細は**第6章**で解説します。

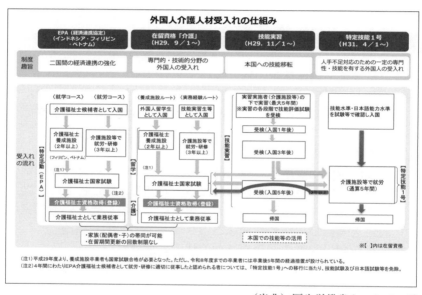

（出典）厚生労働省ホームページ

第 5 章

「真・報連相」で
職場を変える

I 介護現場の「コミュニケーションDX」

　今、世界中の企業の現場で「デジタルトランスフォーメーション」（略して「DX」）がキーワードとなっています。職場には便利なシステムやアプリが、次から次へと送り出されています。

　労働集約産業といわれる介護の現場でも、業務の効率化の推進のために、早い時期から「IT化、ICT化が必要」といわれてきたところですが、コロナ禍を奇貨として、短時間に新しい変化が生まれています。

＞ I　介護現場の DX 事例

　業務の効率化における主だった取組みを挙げると「ロボットによる介護業務のサポート」「センサーによる利用者の状況把握」「事務作業のペーパーレス化」「介護ソフト間の連携と統合」「従業員の出勤計画と結果の見える化」など多岐に及びます。

　職場内のコミュニケーションにおける DX でも、従来からの取組みに加えて、次のような新しい変化があります。

（I）　スマホアプリによる情報発信・情報共有

　シフト勤務や直行直帰が多い介護事業所では、全員が集合しての朝礼・夕礼などでの連絡・報告は難しいのが現実です。しかし、情報共有が滞ることで、クレームやミスの発生に繋がることもあります。

　スマホのアプリを使うことで、情報や方針などを共有することが容易になります。「言った、言わなかった」「聞いた、聞かなかった」というズレを防止することができます。

（2）　携帯端末による利用者情報の共有

　スマホやタブレットなどを職員全員が携帯し、いちいちパソコンを操作しなくてもサービス提供の記録、利用者の状態、スケジュー

ル確認・調整など必要な情報を確認できるようにしている例があります。パソコンまでの移動時間のムダが削減できます。

施設内に Wi-Fi 環境が整備されていれば、範囲内の勤務中の通信料も不要です。

（3）　インカムによる情報共有

インカムを利用することで、施設内の離れた場所の相手との円滑なコミュニケーションが可能になります。他の階にいる相手に報告や連絡をするために移動する効率の悪さを改善する効果もあります。

インカムは、スマホと異なりサービス中でも操作に手が取られずに通話できることは利点です。

（4）　オンラインによる教育や情報伝達

①　事業所内での教育研修

介護職員の時間的負担が大きいのが教育の時間です。業務の新しい方針の理解の促進や、新しく採用したスタッフに業務を教えるために時間と手間をかけています。

動画を活用した教育や情報伝達は、職員が動画を閲覧するだけで実施できます。視覚的に学ぶことができるので、習得効率も上がるでしょう。また、移動時間も節約できます。

②　事業所外での説明会や研修会

介護業界では、コロナ禍で外部の説明会や研修会参加の方法も劇的に変化しました。感染対策のために「大勢の集まる場所での研修には参加してはならない」とされていたからです。

行政からの制度説明会や資格受験、ケアマネの更新研修など、参加しなければならない説明会、研修などが多くありますが、これらが一気にオンライン開催となったことで多くの介護職員が体験できるようになり、経験値が一気に向上しました。

2 報連相の目線からみた コミュニケーション DX の注意点

　コロナ禍では、介護の現場で働く人が「エッセンシャルワーカー」と表現されました。「エッセンシャルワーカー」とは、日常生活を送るために欠かせない仕事を担っている人たちのことを指します。

　したがって、介護事業所におけるテレワークは一部の事務職に限定され、介護職員は現場に出勤し利用者との対面サービスを続けてきました。そのため、ここでの検討からテレワークは除外します。

　上記のような介護現場のコミュニケーションの DX について、報連相の目線からみて注意すべき点を検討すると、次のようになります。

（1）　スマホアプリによる情報発信

　スマホアプリを使ってできるのは、あくまでも文字や写真、動画という事実情報の送信です。受信する側の声色や表情までは見られません。問題は、受信者がその情報で伝えたいことや意味まで理解できているかどうかまではわからないということです。アプリによっては受信確認が表示される場合もありますが、受信者の理解まではわかりません。

　受信者から見た情報について返信がなければ、単なる一方的な送信でしかないという点に注意が必要です。

（2）　携帯端末による利用者情報の共有

　「利用者情報の共有」をする目的は、いつ、誰に、どんなサービスを提供したという事実情報さえきちんと文字や数字、写真を使ってサーバーに保存されれば、達成できるでしょうか。

　実際には、これらの情報が「記録」され誰でも見られるようにすることでは達成できません。提供したサービスに利用者がどう反応したか、利用者の健康情報、家族に関する情報などと組み合わせて、他の事業所やケアマネージャーとも相談しながら、サービス提供側としてどのような点に留意して次の対応を決めるかを考える際

の参考情報とすることが、目的だからです。

　ですから、記録する情報の意味や留意点を一番わかっている職員自身の、意見や感想も大切になります。

　端末を使って業務を行う職員に対し、単なる記録登録ロボットとして仕事をしてもらうことが目的ではなく、利用者の様子を観察し自分なりに考えて行動する人になってほしいことを伝え、端末を利用する目的がきちんと理解されるようにする必要があるでしょう。

（3）　インカムによる情報共有

　インカムは、スマホアプリによる一方的な発信と異なり、発信と応答の関係が成立します。受信者からの応答がなければ、伝わっていないことがわかります。電話で話をするのと同じように、報告・連絡・相談が成立しやすい方法と言えます。発信者・受信者の声色からその感情も相手に伝わるので、相手の理解度も、対話を通して発信者には推測することができます。

　半面、言葉だけでの伝達には限界があります。写真や動画などのように見てわかる情報も大切です。また、日時や場所などを口頭で伝えた場合、聞き違え、聞き忘れが発生するリスクがあります。復唱してもらう、メモをしてもらうなど、付随的な対策が必要になります。

（4）　オンラインによる教育や情報伝達

　オンラインで動画を視聴して説明会や研修を受けると、移動の時間が節約され、体感的な臨場感も感じられます。

　半面、情報が一方通行になりがちで参加する者が主体的に学ぼうとしなければ、聞き流すだけで無駄な時間となってしまいます。

　主体的にオンライン研修に参加できるように、事前にレポートの提出をすることなどを通知しておくとよいでしょう。その際は、レポートのまとめなどでフィードバックすると効果的です。

　また、研修の最後に、参加者同士でのグループ討論、その討論のまとめ発表、発表に対する講師の講評をすることで理解度を深めることができます。

Ⅱ 介護現場で「真・報連相」を活用する目的

　職場では、何気なく「報連相」という言葉を使います。それも上司が部下に向かって話すときに使われることが多いものです。従来の「報連相」は、理論的展開や意味づけを曖昧にしたままで方法論としての「やり方・手段」を教えている傾向があり、何でも「報連相」で済ませて訳のわからないままに口にする傾向にありました。職場で問題が起きても管理者が「報連相がなっとらん」と大声を上げ、とにかく「報連相をしろ」と言うばかりで、言われた職員は、「『報連相』って何だろう？意味がわからないのにやれと言われても……」という状態にありました。

　「報連相」の意味を明らかにしないまま「やり方・手段」として求められても、理論のない技術では、結局は「目的喪失の精神論」的な行動となり、継続性も深みも生まれません。結果、すぐに元の黙阿弥となってしまい、職場はコミュニケーション不足に陥ってしまいます。

＞ １　「報連相」は、良い人間関係を育てる

　常々現場を眺めていて思うのですが、管理する側の思惑だけで職員に伝達をして「何を言われたのかさっぱりわからないけど、わかったふりをしている」ということがあまりにも多いのではないでしょうか。

　また、介護サービスを提供する側の理解で自分の思惑や都合で話をしたりサービスを提供したりして、相手には目的や意味が伝わっておらず、不快な思いをさせているケースもあります。

　特に、相手に目的や意味が伝わっていない状態でサービスを提供していても、利用者と家族は「お世話になっているから」と我慢しがちです。問題が発生しないうちは何とかやっていけるのですが、「ささいな相談の行違い」等から不信を招き、どうフォローしても修復できず、やがては不信が誤解を増幅させて人間的信頼関係が崩

れ、破綻してしまうことになります。

　「質の高い成果」の出る仕事をするためには、介護事業に必要な「質の高い専門性」が不可欠です。これに加えて、「質の高い仕事の進め方」を体得することが不可欠です。専門性が100点でも仕事の進め方が0点では、かけ算すると0点になります。

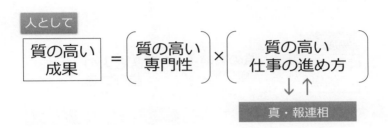

　「質の高い仕事の進め方」ができる良い人間関係を、職場内、事業所と利用者および家族との関係で育つようにするために、コミュニケーションを大切にしなければなりません。そのために「報連相」があります。

　「質の高い仕事の進め方」をする良いコミュニケーションが展開できれば、介護サービスの仕事は「最高に面白い自己実現の場」にもなります。

▶ 2　介護の職場にはコミュニケーション技術と実践展開が必要

　「介護サービスは紙による報告書が多い」という嘆きを聞きますが、実際の業務の圧倒的な部分は「報告・連絡・相談」の連続だと断言できます。その相手も職員同士、利用者とその家族と職員同士、ケアマネージャー、医師、他の事業者など、人と人との交わりの接点で様々に展開され、連続しているはずです。製造業の工場労働であれば、出勤してから退勤するまでの間に人と話をしたのは「5分程度だった」という可能性はあります。しかし、介護事業所で出勤してから退勤するまで「誰とも話をしなかった」という職員は絶対にいないでしょう。

介護は、高齢者という「人」に対する専門サービス業ですから、絶対に「人」から離れて仕事をすることはありません。この点は、介護事業の本質的特徴です。だからこそあらゆる場面でコミュニケーション技術と実践展開がどうしても必要になります。この重要性は、上記Ⅰの介護現場のコミュニケーションのDXに関する検討からもおわかりいただけるかと思います。

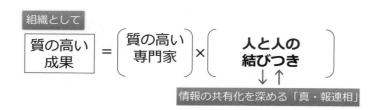

　サービスを受ける側とサービスをする側が、あるいは管理者と職員が、十分なコミュニケーションをとることでお互いを信頼し合い、理解し合い、さらに言えば愛し合える関係が醸し出されるならば、日々の職場でのストレスは「ほとんどゼロ」に近い状態になり、「幸せな職場」をつくることができるように思います。しかしながら、どの事業所でも万全のコミュニケーションがとれているか、その理論は定式化できているかと問われると、なかなか「できている」とは断言し難いのではないでしょうか。

▶ 3　万全なコミュニケーションの構築は誰でもできる

　十分なコミュニケーションは、「報告・連絡・相談」の理論と技術を理解し、実践することで実現できます。そのために、職場で「報告・連絡・相談」について深い理解と実践方法を根づかせる必要があります。「報告・連絡・相談」の理論と技術の基礎を理解し、職場の実際の人間関係に応用することで、皆が安心してコミュニケーションを深め、人と人との良い関係、結びつきを育てることができます。

　「基礎」がしっかりしていれば、安心して「応用」も展開できま

す。また、人間関係がピンチに陥っても、この原理原則に立ち返って対応することで修復をすることも可能です。人間関係がとても幸せな職場であるということは、介護労働者にとって「働きたい職場」の重要な選択条件ですから、人材確保の重要な要素となります。

　著者も会員である一般社団法人日本報連相センターは、「真・報連相」と称して、今までの「報連相」と区別して考え方やノウハウを広め、風通しの良い職場・人間関係を広げることを目的として活動しており、661 名の会員がいます（2023 年 4 月 1 日現在）。この「真」は、「現実（リアル）の」を意味し、「真実の報連相」という意味で使われています。

　本来、「報連相」というのは単なる「やり方・手段」ではなく、理論に裏打ちされた技術です。技術は、「わざ」（技）であり「すべ」（術）です。この方法論としての技術をしっかりと理解し、活用することが大切です。「真・報連相」については次に詳述しますが、「報告・連絡・相談」の理論と実践の系統的な追求に関心のある方は、是非ともこの輪の中にご参加されることをお勧めします。

　介護の職場における「よい人と人との結びつき」を育てる「報連相」を確立しましょう。そのために、この「真・報連相」の理論を理解し、現場で実践展開されることを期待します。

（1）「真・報連相」の主な活動
　当法人は、「真・報連相」の提唱を通して、個人と組織の自立と互恵による発展、並びに、互恵と支援のある社会の実現に寄与することを目的とし、次の事業を行っています。
1. 真・報連相の研修教材や素材、ノウハウの開発と提供
2. 研修、シンポジウム、セミナー、講演会、勉強会、通信講座の開催
3. 人材育成、組織開発、社会発展のための研究、教育、支援、交流
4. その他、当法人の目的を達成するために必要な事業
（2）組織概要
名称　　　一般社団法人日本報連相センター
設立　　　1993 年 4 月 01 日
法人化　　2012 年 5 月 11 日
役員　　　代表理事　延堂溝墾

（出典）日本報連相センターホームページ

▶ 4 「真・報連相」の考え方は、わかりやすく、実際に使える

　経験論的ではありますが、実際に介護サービス事業所の職員で「ああ、あの人は素晴らしい。できる人だ」と思われる人の仕事の進め方を観察すると、共通することが見えてきます。その本質的な部分を、「真・報連相」では、「3つの核心」として、次のように要素を定式化しています。これらの3つの核心部分について理解を深めることが、理論としての「真・報連相」を理解する糸口になります。

　それでは、この「3つの核心」について、順を追ってご説明します。

「真・報連相」の3つの核心

> (1) 3つの視点
> 　手段である報連相を「環境（相手）」、「目的」、「自己」との関連でとらえます
> (2) 3つの深度
> 　報連相の本質は情報の共有ですが、それには「3段階の深度」があります
> (3) 5段階のレベル表
> 　報連相のレベルを考えます

Ⅲ 「真・報連相」理論の核心その1 「3つの視点」

　「真・報連相」の核心部分の第一点は、環境（相手）、目的、自己の「3つの視点」でとらえることにより質の高い効果的な報連相を実現できるということです。

真・報連相の3つの視点のイメージ

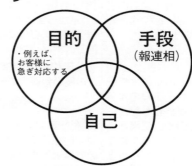

　上の図は、その「3つの視点」の関連を図解したものです。従来の「報連相」は、手段としての報連相を問題にしていたのに対して「真・報連相」では、技術としての「やり方・手段」を環境（相手）、目的、自己の「3つの視点」が加わって理論的な理解を深めているところに、革新性があります。

　これを「サービス提供責任者から経営者への給付管理の状況に関する報告」という例でみると、次ページの表のように表すことができます。

例）報告

　サービス提供責任者が、経営者から「明日提出する給付管理の状況を教えて」と依頼されました。集計までは今日終わったところですが、途中経過と明日の見通しを、すぐに報告しなければなりません。

　このとき、サービス提供責任者はどのように報告するのがよいのでしょうか？

従来の報告	「真・報連相」の視点をプラス	「真・報連相」による報告
まだ途中経過の集計が終わっただけなので「今日、とりあえず集計はできました」と報告するほどでもないと考え、報告せずに帰る	① 「環境（相手）」を考慮してこそ高い質の報連相になる 「現在会議中で忙しそうだ」「性格からすると、現時点での給付管理実績の数字の裏づけのない報告では納得しないのでは？」	会議中であっても、経営者は「経過報告」を大切にしていると考え、「集計ができた程度ですが、途中経過の報告をしましょうか？」とメモを回して確認する
まだチェックが終わっておらず、集計作業も全工程の半分程度が終わったところなので、結果がまとまってから報告するのでよいだろうと思い、報告せずに帰る	② 「目的」を明確にすることが質の高い報連相の分岐点になる 「給付管理の実績は、現在会議で検討中の来月の資金繰りに直結するので緊急を要する内容として、報告が必要とされている。早く報告し、判断・指示を仰がなければならない」	経営者は何のために報告を必要とするのかという目的を考え、「詳細で最終的な数字の裏づけも大事だが、今は第一報として先月と同じ程度かどうかだけでも先に伝えるほうがよいのでは」と判断し、会議に割り込んででも報告する
集計した結果の示す意味までは考えずに、結果が出たら報告することが役割だと思う	③ 「自己」が「目的」に基づいて「相手」に報連相をする。「自己」を含めた全体状況を知る 報告する時の態度や姿勢、言葉遣いにも気を配り、自分自身が、報告をしようとしている内容と事業所の資金繰りとの重大な状況を認識し、給付管理の状況に問題がある場合にはそれを隠さずに迅速に報告する	・現在開かれている会議は来月以後の資金繰りの方針を決定するためだということを知っており、その決定に必要な情報ということを理解している ・集計した結果が非常に重大な状況を示していることを理解し、途中経過ではあるが、経営者に隠さずに迅速に報告する

報連相をするのは「自己」であり、報連相の対象は「環境」としての相手（経営者）です。この報連相を実行することの「目的」は、何かを考え、明確にすることで質の高い報連相が実現できます。

＞ １ 「目的」思考が大切。「目的」を明確にすることが質の高い報連相の分岐点

報連相は、技術であり「やり方の問題」ですが、同時に内容の問題でもあると位置づけたところに「真・報連相」の革新性があります。

この「目的」を事業所の経営組織としての目的と考えれば、その事業所の「経営理念」に目的が明確にされているはずです。例えば、「地域の高齢者と家族の幸せの実現」などです。この「経理理念」を明確にすることは、介護事業所の全体のレベルを決定づけるものです。経営者としての経営責任を持って成文化し、日常的に自己検討を繰り返すべき事項です。

かつて世間を騒がせた大手事業所の経営理念は、「一人でも多くの高齢者の尊厳と自立を守る」ことでした。この「一人でも多くの高齢者……」が行動理念となり、本部から毎日ノルマの達成状況の追及が行われ、達成するための方法として「生活保護の高齢者は狙い目」等の情報が社内で報連相されていたといわれています。その結果、法的な基準からは多少資格者が不足していても「一人でも多くの高齢者……」のため社内では「正義」となり、正当化されてしまいました。

だからこそ組織のトップから下位の職員に至るまで、何事についても「何のために」と考える目的思考が大切になっています。目的に照らして考えることが大切なのです。間違った目的を掲げて報連相を展開しても、目的が間違っているのですから質の高い仕事を達成することは不可能です。この「目的」について考えるということは、質の高い報連相の分岐点なのです。

▶ 2 「環境（相手）」を考慮してこそ質の高い報連相になる

　これまでの「報連相」は、もっぱら下位層の職員から組織の上位層の管理者に対して行うだけだったと言っても過言ではありません。ところが、本当に質の高い報連相を達成するには一方向へ向いたものでは不十分で「環境（相手）」へ向けてされなければならないとしたところに、「真・報連相」の革新性があります。

　「真・報連相」で言うところの「環境」は、「自己」から「客観的に自立した存在」として位置づけられています。つまり、自己以外のすべての人々ということにまで広がります。「報連相の相手」と考えるとさらに具体的になります。

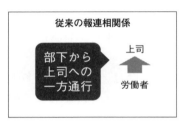

従来の報連相関係

部下から上司への一方通行　上司　労働者

「真・報連相」による関係

上司　同僚等　労働者　利用者　取引先等　自分をとりまくすべての人

　「相手」を職員の立場から考えると、上位管理者がすぐに浮かびますが、それ以外にも、同僚や後輩の新米介護労働者、また介護サービスの利用者とその家族も相手となり得ます。また、介護サービスを支えてくれている取引先も相手となり得ます。

　ですから、報連相の相手は、自己を取り巻くすべての人々であると考えると、朝起きてから寝るまでがすべて報連相の連続であると理解できます。

　介護サービスは、一つの出来事に対してあらゆる面から「人」が関わって成立するサービスです。仮に上位管理者だけが報連相の相手であると位置づけてしまうと、同僚や後輩の新米介護者は、意識して報連相をする相手ではなくなります。また利用者や家族も余計な相手となり、取引先への配慮などは不要な行為であるということ

になります。

　そうではなく、「自己」を明確に認識し、「自己」から上下左右の
すべての相手に対して行うのが報連相であると言えます。「相手は
誰」であり「相手はどのような人か」を考えながら報連相を展開す
ることが、質の高い報連相となるかどうかの分かれ目になります。

　デイサービス中に利用者が転倒した場合を例に、どんな「環境
（相手）」がいるのか考えてみます。

例：デイサービス中に利用者が転倒した場合

報 第一報として管理者に報告し、今後の措置について相談

連 同僚や後輩など他の職員に「転倒」のあったことを連絡
怪我の状況によっては、直ちに病院へ連絡し診察を受ける
医師の診断を得て、利用者本人や家族への事故発生の報告と治療方針の
医師からの説明（連絡）を受け、今後の対処に関する相談が行われる

相 一連の経過を踏まえて事業所で対処の妥当性の検証（総括）が行い、事
故原因の究明と「再発防止策」を確認
デイサービスに関わる職員に「再発防止策」を連絡（原因によっては、
外部の取引先の協力を得て、その取引先と相談して改善策を検討）

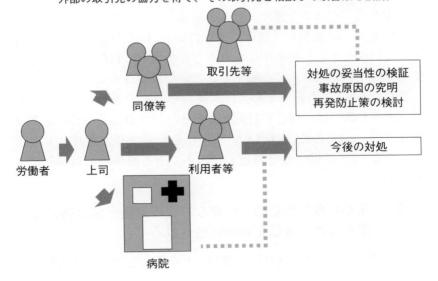

取引先等

同僚等

対処の妥当性の検証
事故原因の究明
再発防止策の検討

今後の対処

労働者　　上司　　　　利用者等

病院

▶ 3 「自己」が「目的」に基づいて「相手」に 報連相をする

（1）「目的」と「自己」が同調できる面積がカギ

　報連相を実施する主体者は、「自己」です。「自己」が行動を意思決定するときは、「自己」の価値観や目的に基づいて意思決定をします。ですから「自己」が、どのような「目的」を選択するかは極めて大切です。

　「目的」と「自己」が重なるところを「自己目的」と考えることもできます。職場生活の場合、この部分は自分自身が「何のために働くのか」ということの問いかけでもあります。「結婚し幸せな家庭を築きたい」や、「人から感謝され認められることが無上の喜び」など様々でしよう。「真・報連相」は、この「目的」と「自己」を、それぞれ明確に区別し、同時に関連づけて考える点に優れた展開があります。

　「目的」と「自己」とが関連づけられていない「目的喪失状態」の職員では、「働かされている」ことになるので主体性は希薄になり、本当に質の高い報連相や仕事を実現することはできません。

　ですから、実際の介護サービスの現場で目の前で困っている利用者がいても、可能なら「避けて通りたい」「他の同僚に回してしまえ」ということが行動基準になり、さして大きな負荷でなくても、やがては「燃え尽き」て退職することになりかねません。

　これに対し、「ああ、あの人は素晴らしい。できる人だ」と思われるような職員は、自己の目的と介護サービス事業所の目的が重なり合う部分が大きく、自己という存在をしっかりと認識しています。つまり、「目的」と「自己」が同調できる面積が広いことになります。

（2）　仕事と自己の目的とが重なり合う面積が広い職員は、 働くことで自己実現が促進される

　「面積が広い」というのは、全部同一ということではありません。

労働者は、管理監督者から指揮命令を受けて働く立場ですので、全部の同一を実現することは難しい面があります。しかし、重なり合う部分の面積を広げることはできます。

　仕事と自己の目的とが重なり合う面積が広い職員は、働くことで自己実現が促進されます。実際の介護サービスの現場でも、目の前で困っている利用者がいたらその状態に応じたサービスを主体的に提供していくことが自分自身の幸せであり、無上の喜びであると理解し行動をすることができます。そして、周りの職員にもその喜びを広げたいと考えて、支援していくことになります。「できる人＝（仕事と自己の目的とが重なり合う面積が広い職員）」の周りには、人にやさしい「育ち合う人間関係」ができていることが特徴です。

　また、報連相の実践においても「正直な」報告、「マイナス情報ほど早い」報告ができ、「質の高い報連相」ができるという特徴があります。

　それでは、「質の高い報連相」（＝質の高い仕事の進め方）のためには何が大切なのでしょうか。

（3）　経営者、管理者、職員が「自己」を自立させ、「自己」が貢献するという関係性を確立する

　本来、他人である職員とともに仕事をする場合、その経営組織は組織運営を意識して実践するべきです。

　大量退職や不祥事を起こしている経営組織には、職員数が多くても、複数の事業所を展開していても、実態は「経営者の個人的経営」で、経営者の「甘え」が優先されている問題が散見されます。経営の発展のためには、会社という経営組織から「自己」を自立させ、「自己」が貢献するという関係性を確立することが必要です。自立した経営幹部となり、自立した管理者や職員とともに経営の目的を共有して経営を行うならば、不正や仮装隠蔽行為は自ずと排除されます。

　また、管理者や職員は、たとえ上司が何と言っても「自己」の目的＝良心を大切にするという覚悟があるならば、報連相という技術を使って、率直に意見具申することで不祥事を起こさない、あるい

は自浄作用を働かせて未然に防ぐことができるはずです。

　介護サービスの仕事は、利用者とその家族へのサービス提供という身体生命に関わる仕事です。経営組織の不祥事となると、その被害は甚大なものになります。特に、ヘルパーが単独で利用者宅に出向いてサービスを提供する訪問介護サービスは、その経営組織の評価が、ヘルパー個人の力量に依拠するサービスです。このヘルパーの「自己の確立」はとても大切なことです。職員としての誇りを持って「心技体」ともに優れた自己の確立が必要です。

Ⅳ 「真・報連相」理論の核心その2 「3つの深度」

　介護保険サービスを受けるには、要介護度の認定調査を受ける必要があります。認定調査では身体能力を数値化し、レベルを測定して情報を明確にし、医師の診断書も文字情報という形で認定調査の情報として提示され、定められた要介護度の度合いと比較して要介護度が決定されます。

　介護サービス事業所では、これらの文字情報だけでは不十分として、サービス提供にあたってはケアマネージャーや事業所と利用者および家族との担当者会議が開催され、情報交換が実施されます。

　また、サービスを提供する都度、報告文書が作成され、サービス提供事業所ごとに確認され、それがケアマネージャーに「実績表」として提出されます。

　こうした一連の行為は単に介護保険上の仕組みとして行われているということですが、「報連相」という観点から考えると「情報の共有化」の一部と考えられます。この「情報の共有化」を「3つの深度」で推進することは、職員の力を何倍にも引き出す有効な力となります。

　実際に介護サービス事業所の介護労働者で「ああ、あの人は素晴らしい。できる人だ」と思われる人というのは、この「3つの深度」の情報の共有化を理解し、情報の共有化を深めるような報連相ができている人です。

	共有化のレベル	聴いた人
深度1	事実情報（データ）の共有化 知っている（見た・聞いた・読んだ）	聞く 耳できく
深度2	意味（例えば目的）の共有化 わかっている（意味が通じる）	訊く 口できく
深度3	考え方の波長の共有化 共感・感動・やる気（心が揃う）	聴く （耳と目と心 =全身できく）

「情報の共有化」という言葉は日常的に誰でも使うもので、職場では日報などの「文字情報」としてのデータを水平展開することとして理解されていますが、ここでいう「情報の共有化」は、それとはまったく異なるものです。

では次に、「3つの深度」の情報の共有化とは具体的にどういうものかを説明します。

＞ 1　情報の共有化の【深度1】 「事実情報の共有化」（知っている）

（1）　経営理念を成文化する

「情報の共有化」のためにまず必要なのは、深度1の「事実情報の共有化」（知っている）です。

経営組織を維持発展させるために求められる共有化情報は多岐にわたり、経営理念、利用者の状態、サービス提供計画、品質管理、各種マニュアル、緊急連絡先など数限りなくあります。

ところが、介護サービス事業者を訪問して思うことは、経営理念の成文化が意外にできていないという点です。たとえあっても「サービス提供方針」のような行動指針的なものが非常に多いということです。この行動指針的なものには、多分に経営者が「こうありたい」という当面の行動に目が向いて、若干無味乾燥な文章を羅列しているケースが散見されますが、実際には経営理念にこだわりをお持ちの経営者が多いのも業界の特徴です。「本当に納得できる在宅サービスを」「終末を生きていて良かったと思えるものにしたい」などの思い入れ、あるいは利用者と家族から感謝された体験によるものが見受けられます。

この思いや体験が経営理念へと繋がっているのですから、これを成文化し、誰が見てもわかるようにしておくべきです。従業員全員に、今後の運営の基本姿勢をわかるようにするためには「思い」を伝えられるように文章化することは不可欠です。

まずは経営者の「思い」を、成文化して「見える化」し、知らせておくことが必要です。これが「事実情報の共有化」の最も大切な

事項です。定型の文章に定型の言葉を入れていく日常業務とは異なり、自分のことを自分の言葉で考え、介護労働者や利用者にわかる「ことば」で書き表す技術が必要になりますが、これは経営者でなければできない、経営者の責任において実施すべき情報の共有化で最も大切な第一に実行すべき事柄です。部下や社外のコンサルタントに「おまかせ」してつくるようなものではありません。

（2）　成文化するメリット

文字化された情報の良い点は「風化しない」ことです。「言葉で熱く語る」ことは、何を伝えたいのかが直接的にわかりやすいのですが、時を経たり、感情が変わったりすると「風化」したり「劣化」したりすることになります。また「言葉での表現」には記録性がないので、後で都合が悪くなったらいとも簡単に変更することができます。

つまり「文字情報」には「言葉での表現」と比べて次のような優れた面があります。

---

① 時間的経過で風化・劣化しない安定性と、忘れたり感情の変化によって変わったりしない継続性がある
② 統一言語である日本語や数字で書いているので、誰が見ても読めるという普遍性がある
③ 必要な時に確認できる再現性があり、時には証拠にもなる

▶ 2　情報の共有化の【深度2】
##　　「意味の共有」（わかっている）

次に、この経営理念の文章は、「知っている」「暗記している」ということだけでは、本当の目的を達しているとは言えません。共有化を深度2に深化させて、「意味」をみんなが「わかっている」ということが必要です。

（1）　経営理念の「意味の共有」の重要性

　かつてとんでもない不祥事を起こした介護事業者は「一人でも多くの高齢者の尊厳と自立を守る」という経営理念を掲げていました。売上目標や新規顧客獲得目標、利益目標等の数字や行動マニュアルなどの文字としての情報も、ふんだんに展開され、周知されていたはずです。しかしこの事業者は、どのような手段であっても「一人でも多くの高齢者」を獲得したらボーナスを支給し、褒め称えるという組織になっていました。

　この結果から、売上目標や新規顧客獲得目標、利益目標等の数字や完備された行動マニュアル、その大元の経営理念の文字情報が、正しく理解され受け止められていたと言えるでしょうか？　後半の「高齢者の尊厳と自立を守る」という部分がスッポリと抜け落ちていたとは言えないでしょうか？

　会社全体に「高齢者の尊厳と自立を守る」という崇高な使命の部分が浸透し、それを中心に据えて真剣に事業を考えていれば、身寄りのない生活保護の高齢者を狙い撃ちにしたり、人員基準に達していないのに虚偽報告を行ったり、問題が発覚したら次々に事業を廃止したりするようなことはできなかったはずです。

　つまり、「知って」いても「暗記して」いても、「わかって」いなければ目標を達成することはできないということです。

（2）　日常業務の情報の「意味の共有」の重要性

　介護の現場では、日常業務における文字情報は「氾濫している」と言える状況です。中でもケアマネージャーは「利用者と話をするより、机の前で書類仕事をしているほうが長い」という、本末転倒の状態になっています。にもかかわらず、不幸にして利用者に関する「情報の不足」による事故が発生してしまうという現実があります。では何が不足しているのでしょうか？　先の「意味の共有」で考察してみましょう。

　文字情報には優れた面もあるのですが、「大量の文字情報を配付するだけでその意味が十分に伝わるのか」という問題があります。

例えば、グループホームでのシフト交代の時に「当直引継書」を書いたうえで、どうしても「利用者のことが心配」な場合には、「当直引継書」の文字情報以外に「この利用者の方は今日熱が出て、対応したのだけど、もう少し注意して経過を観察して対応してほしい」と、口頭で説明をするでしょう。

この「どうしても心配だから口頭でも」と、文字情報の理解を口頭で促すことが文字情報の「意味の共有」化をする作業と言えるでしょう。このことを技術として意識して利用すると、さらに情報の共有化のレベルは高まります。ささいなことと思われるかもしれませんが、情報の「意味の共有」化は、チームワークが求められる仕事ではとても大切なことです。

「意味の共有」化をするためには、その「意味」の情報を構成すべき要素を明確に意識することも大切です。いくら「言葉」や「文字」で伝えても、相手が「意味」を理解していないのでは、行動の変化は発生しません。

人間が行動を開始する場合には、その動機づけとして次の3つの意味の情報の理解が必要です。

① 重要性の意味の理解		
② 緊急性の意味の理解		
③ 可能性の意味の理解		

区分	理解内容	行動
重要性の意味	実行しないと大変なことになる	変化要因
	特に重要ではない	不変要因
緊急性の意味	「今すぐ」あるいは「ある時まで」	変化要因
	いつでもよい	不変要因
可能性の意味	自分にはできる	変化要因
	自分にはできない	不変要因

「重要性」とは、あることを「実行しないと大変なことになる」、あるいは「実行することによってとても良いことができる」という内容のことです。

「緊急性」とは、「あることを今すぐしないといけない」、あるい

は「ある時期までに実施すればとても良いことになる」という内容です。

「可能性」とは、あることは「あなたならできる」「あなたでないとできない」という内容のことです。

これらの情報がバランス良く展開されて理解されると、その人は概ね行動を開始します。逆にどれか一つでも欠けたり薄い場合は、行動が曖昧だったり忘れ去られたりします。また、いずれかが欠落すると行動は変わらない要因となるものです。

管理者が指揮命令するときには、こうした内容が整理されているかを確認して行うと、極めて説得性のある指示ができるようになります。

また職員が上司に対して何らかの目的で「行動を開始してほしい」と思うときにも、このことが言えます。その説明の内容として上記の3つの内容について意識して整理しながら話をすると、上司に行動をスムーズに起こしてもらいやすくなります。

コラム　あと10名の利用者獲得を！

　経営者が「思い」を込めて訴えかけ、情報の意味の「重要性」「緊急性」「可能性」が伝わったことで職員の行動が変わった例を、ご紹介します。

　介護保険制度改正の影響で、売上が4割もダウンしてしまったある介護サービス会社の社長。

　ある日の朝礼で「あと10名の利用者獲得を！」と檄を飛ばしましたが、職員は「ああ、数字の話か。また営業しろと言っている。介護の世界に営業は不向きなのに」と陰口をしながら聞いていました。

　その日の昼食時、社長は早速職員に尋ねました。

　　社長：その後どうかね？
　　職員：何の件ですか？
　　社長：朝言っていた件だけど。

職員：ああ、10人増やすということですね。
　　社長：そうそう。どうなった？
　　職員：何を10人増やすんでしたかね？
　　社長：（話をそらしたな〜）利用者のことですよ！
　　職員：それは、私の仕事ではありません。

　そこで社長は、次の日の朝礼で「あと10名の利用者獲得」の目的や意味がわかってもらえるように、具体的な数字の裏づけに基づき改めて職員にじっくりと説明しました。

　　社長：当社は、地域の利用者のためになるサービスをしています。だからこそたくさんの方に利用してもらいたいのです。現状では利用枠のゆとりがまだ10名あり、事業維持のためにも、あと毎月40万円の売上がなければ、ゆくゆくは事業の廃止もあり得ます……。

　社長は、切々と話しているうちに創業以来の苦労を思い出して、最後には涙を浮かべてしまいました。しかしその後、「社長は金が大切なんだろう」と斜に構えていた職員の行動は、知人のケアマネージャーに「新しい利用者の紹介をしてね」と声かけを始めるなど、変わりました。「他人事だ」「誰かがやるだろう」という人任せの空気もなくなりました。
　社長の「思い」が込められた話から、「あと10名の利用者獲得」が単なる「数字の話」「営業の話」ではなく、「事業維持のために10名の利用者と毎月40万円の売上の獲得が必要」という情報として理解されたからこそ、職員の行動が変わったのです。

▶ 3　情報の共有化の【深度3】
「考え方の波長の共有化」（心がそろう）

　情報の共有化が深度1から2に深化するのは、ある意味では論理的世界だと言えます。つまり、文字情報を見て読んで、かつ口頭でもその意味の説明を受けて「納得する」というプロセスを実行しているということです。

（1）　感情の波長を合わせて「思いの共有化」を図る

大切なことは「人間はロボットではない」ということです。ロボットならプログラムしたとおりに火の中でも水の中でも飛び込むでしょうが、人間は「感情」というやっかいなものを秘めている動物です。

ですから「理屈はわかるけど、賛成できない」「言っていることはわかるけど、君とは行動できない」ということがあります。感情の世界があることに注目する必要があります。介護サービスでも、「あの人にヘルパーで来てもらいたくない」ということを言う利用者がいます。また、ヘルパーが「あの利用者は苦手」と言うことがあります。感情的になるまでにはそれぞれのプロセスがありますが、この点に注目し、非常に大切なこととして位置づけているのが「真・報連相」の革新性の一つです。

こうした感情面での波長が合えば、感情の波はうねりになります。人間集団がうねりとなって大きなパワーを発揮します。そして心がそろい、マンパワーがさらに高まります。日々、介護サービスを提供するために仲間のいる介護事業所に出勤することが、楽しみになっていきます。逆に考え方の波長、感情に行違いが生じると、感情の波は打ち消し合ってさざ波も立たなくなります。この感情の波長を合わせるためには、何よりも対面で話し合い、熱い「思い」を直接に語りかけ、対話する以外に方法はありません。

近年、介護サービスではFAXと電話で要件を伝えるパターンが広がっています。場合によってはメールで済ませる事業所もあるでしょう。しかし、私達が仕事をしていて、本当に伝えたいと思っているのは「思い」ではないでしょうか。

これは、FAXやコンピュータではできないことです。電話での話合いもよいのですが、やはり生の「思い」を伝えるには限界があります。質の高い「報連相」を実現するためには、心技体の「心」の部分が最も大切であり、このツボを押さえると高い質の仕事が推進できます。「できる人」は、これを意識して実施しているので、その人の周囲には「思い」を共有している人が集まってきます。

この「考え方の波長の共有化」は、「思いの共有化」です。ベテランの介護労働者にも、新規採用の介護労働者にも、経営者にもすべての人に必要なことです。

（2）　受信者はしっかり「聴く」ことが大切

また、情報の共有は、発信者だけでは深められません。受信者も相手の話に耳を傾けて、しつかり「聴く」ことが大切です。介護の世界でもいわれていますが、「傾聴」です。この「きく」を情報の共有化の深度にあてはめると、次のように表すことができます。

```
聞く（hear）　　深度1（耳できく）
訊く（ask）　　　深度2（口できく）
聴く（listen）　深度3（全身できく。耳＋目と心できく）
```

コラム　「聴す」の読み方をご存じでしょうか？

「聴く（きく）」は送り仮名の「く」を「す」として「聴す」と書くこともできます。この読み方をご存じでしょうか？　「ちょうす」ではありません。

　小学館デジタル大辞泉では、「聴す」の意味は、「不都合なことがないとして、そうすることを認める。希望や要求などを聞き入れる」とされ、ひらがなで書くと「○○す」の3文字になるとされています。漢字表記では「許す」と書くことが多いでしょう。相手の言い分や意見をよくよく聴き、お互いの意見を述べ合うことを通して、相手の希望や要求を認めるようになる心の動きが込められています。
　答えはつまり、「ゆるす」です。「聴く」と同じ漢字で、「誰かの話に心と目と耳を使って積極的に理解をしようとする積極的な姿勢」を表しています。その意味で、お互いに敬意を持ち、考え合って受け入れる対話は「ゆるしあい」なのでしょう。私たちは、しっかりと「対話」を大切にしていかねばなりませんね。

V 「真・報連相」理論の核心その３ 報連相には「レベル」がある

　ここまでの「3つの視点」と「3つの深度」を縦糸と横糸にして織り出したのが、右の「真・報連相のレベル表」です。

　従来の「報連相」は、連絡は「お知らせ」、相談は「お知恵の拝借」という程度の認識で各人がバラバラに受け止めていて、実は「報告」となってもその解釈は共通のものとなっていない状況がありました。「真・報連相」では、「報連相」の本質を関係者の「情報の共有化を深めること」と考えていることが重要なポイントです。これは「報連相」理論の革新性とでも言うべきものです。

　「真・報連相」では、報告の本質を、表の上部にあるとおり「義務＋α」という視点から、「相手」への「義務」として明確に意識し、「中間報告」を行い、「相手と自己、双方の満足を目指す報告を実現すること」と定義しています。また連絡の本質を「情報の共有化」と再定義し、3度の「情報の共有化を深める」、あるいは5度の「情報によるマネジメント」として定義している点が重要です。そして相談の本質を「互恵によるシナジー（相乗）効果を求めることにあり」と再定義しています。

　これにより理屈としての「報連相」の本質を理解し合う共通の土俵を確保でき、報連相の理論があたかも「パソコンのOS」のような役割を果たします。良いOSの上でこそアプリケーションソフトはより効果的に動きます。介護サービス事業所での「アプリケーションソフト」とは、朝礼、担当者会議、電話連絡、利用者への声かけ、家族との話合い、当直引継など日常的なすべての業務活動です。

　また、従来の「報連相」は部下対上司という個人間のやり取りでしたが、「真・報連相」の目的は、組織全体が「情報の共有化を深める組織」となることです。「真・報連相」を活用する目的は、そういう組織を作ることで経営理念を実現すること、と言えます。

　「真・報連相」は、「心技体」の報連相です。その「体」に当たるものが「情報の共有化を深めている組織」です。

真・報連相のレベル表

この表は、仕事の進め方（＝報連相）の重要事項の一覧表

創作1993／改訂2014

お願い：下から上に読んでください

	報　告（義務＋α）	連　絡（情報の共有化）	相　談（シナジー＜相乗効果＞）
5度	・正直に報告している ・相手の報連相が悪いのは、自分にも原因がある事に気づいている ・相手と自己、双方の満足を目指す報告をしている（相手の目的と自己の目的の両方を意識している） ・相手の好みに応じた報連相の仕方をしている	・報連相を楽しんでいる ・悪い情報ほど、早く連絡している ・「情報によるマネジメント」を行っている ・情報を意味づけするのは相手であることをわかりとをしている ・情報交換、情報収集連絡で人脈づくりをしている	・情報の共有化を深める相談づくりに取り組んでいる ・報連相が良くない人にも、寛容な態度で接し、支援している（＝支援の相談！） ・相談を受けたら見返りを求めず支援を相談している ・必要な場合には、問題解決に取り組んでいる（互恵の相談） ・必要な場合には、相手に誠実に寄り添って相談している
4度	・結果や状況報告だけに止まらず「自分の意見」もしっかり述べている。「提案」を添えている ・連絡に加えて、原因の分析と将来策も報告している ・必要を感謝された場合、適切な報連相をしている ・上司に対してだけでなく、部下（後輩）同僚、関係各部門への報告も抜かりなく行っている	・重要性、緊急性、連絡先の範囲（他部門、他社）などの判断を一段高い視点でしている（低い視点、高い視点から考えている） ・連絡が滞る、連絡方法が他へ及ぼす影響まで、影響を考えている ・生情報の連絡に加え、加工情報の連絡もできる	・自他を尊重しながら、自分の意見を正直に、率直に表現できる。柔軟な対応で歩み寄りもできる ・仕事に取り組んで深めている ・効果的な質問で情報の共有化を深めたい ・心を開き、腹を割って相談できる人を大切にしている
3度	・目的を明確にして報連相している ・状況が変わった時、長い期間を要する仕事、或いはその仕事の来子のメドがついた場合などには、「中間報告」をしている ・「中間報告」の大切さに気づいて、実行している ・「3項目で表現」する方法を活用している	・連絡の要不要（形式）という意味であることを理解している。また、情報の共有化を深めている ・連絡が適切に情報提供して上司を補佐している ・適切にお礼状を出している。またお礼の電話もしている（メール、電話、お礼状の使い分けも心得ている）	・「相談」といった名前（形式）で、「意見具申」・「情報提供」とか「上司の方針や意思の確認」をしている ・情報の減退、必要な場合に「相談」している ・お客様、上司、社内外から相談を受けている ・当面の相談が穏やかに先へつなることも相談している
2度	・コスト意識を持って報連相している ・報告の機会を、上司の考えを知る機会にもしている ・必要な場合には、事前相談をしている ・報告（連絡）ではあまりあやまっていっている。ミスの対処が適切で、以後気をつけている ・T.P.O.（時、所、状況）を考えた報告をしている	・間違いの起きそうな場合、その都度念を要する内容は、文書（メモ）で連絡している ・重要な連絡は相手に確実に伝わったかどうか確認している（発信→連絡） ・情報ツールを使いこなしている。明確な言語表現ができる	・「こうしましょうか」と自分の考えを添えて相談している ・相談の内容で「お願い」や「問題解決」もしている ・誠意、熱意をもって相談し、相手が判断しやすいように、状況を説明している ・相談しただけに対して、必ず結果報告をしている
1度	・報告は正確に、という基本原則をわかっている ・仕事が終わったら、直ちに、命じた人に直接報告している ・「飛び越し報告」には遠慮（ちゅうちょ）する原則は知っているが、時には遠隔（ちゅうちょ）することもある ・結果、経過の順で要領よく簡潔している ・5W2Hで、わかりやすい表現をしている	・必要と思うことは、その都度こまめに生情報を流している（タイミング、鮮度が尊い） ・悪い情報ほど早く連絡する、という原則は知っている ・相手を見て、明るく大きな声で挨拶をしている ・適切で「周りやり」をしている	・上司に対してどう相談していましょうかと必要な相談をしている ・こまめに相談しているが、時には自分一人で「どうしよう」かと、苦しんでいることがある ・よい報連相はよい人間関係の上にできる、という人間関係はよい報連相の上に育まれることを知っている

安心と信頼は、報連相の上に成り立つ

報連相の上に立つ

不許複製　©糸藤正士　一般社団法人 日本報連相センター　本部 06-6226-1262　http://www.nhc.jp.net　日本報連相センターホームページ

（出典）日本報連相センター

「真・報連相」を実践するために 指針をまとめる

全員で「真・報連相」の理論面を確認したら、事業所における手作りの「レベル表」（266 ページ）を作成しましょう。これは、全員参加でチャレンジすることに意味があります。

＞ 1 「これだけはやろう」「これだけはやめよう」を出し合う

いきなり高次元の実践を求めても、完全な実践をすることは難しいものです。まずは、社内の実態を出し合うことから始めます。

事前に 266 ページの「手作り報連相レベル表」を各人が記載していきます。具体的な場面を記載し、「これだけはやろう」ということと「これだけはやめよう」ということを、各欄に 2 つ以上書いてきてもらいます。

このレベル表の記入が終わったら、グループ討論でこの表を参加者全員に配付し、お互いに発表し合います。同じ職場ですから、実態を出し合うことでお互いの「共感」が広がることになります。また、気づいていない事項については「ああ、それもあったな」と新しい気づきにもなります。

＞ 2 自社の「手作り報連相レベル表」の作成と共有～グループ討論によるレベル表の作成

議論を通じて「どうしてもこれだけは実行したい」と共有できたものを、実践の指針としてまとめ表（267 ページ）に落とし込むことになります。ここに掲げた例では、報告の方針として「まとめてから報告する」「整理する前の報告は少し待つ」の 2 つに集約されています。

出し合った意見の中から最終的に表を作る際に大切なことは、決定の仕方です。組織の意思決定方法には、右のような方法がありますが、「真・報連相」は「コンセンサス」を重視しています。

組織の意思決定方法

類　型	方　法	メリット	デメリット	評　価
多数決による意思決定	いくつかの案に対して、多数決で決める	合理的で民主的で、スピーディである	少数意見がカットされる	・少数意見が正しい場合もある ・意思決定の過程で、その目的・意味を考えることが弱い
ある有力者による意思決定	会社幹部がいろいろ論議するが、社長が最後に決定する	・スピーディである ・リーダーシップの発揮と考えられる	「意見を言っても無駄」という諦めや、命令を承る受動的な思考になりがち	決定の目的・意味を主体的に考えて自立、互恵、支援を行う姿勢は生まれない
コンセンサスによる意思決定	全員の合意による意思決定「混戦させる」のではない	手間暇がかかるが、決定事項の目的や決定の意味を深く考えることになる	全員の合意によるものなので手間暇がかかる	決定の目的・意味まで組織で認識でき、決定に参加した自立、互恵、支援関係の人間集団が形成される

　「多数決」で決まったことが、必ずしも正しいとは限りません。「ある有力者（社長など）」による意思決定も、必ずしも正しいとは言えません。むしろ「また社長が大声で意見を通している」ということで反発心だけが残る場合があります。これでは「真・報連相」の目的とは逆行します。

　お互いの意見を出し合って「いずれを採択すべきか」と議論を繰り返し、目的にも立ち返りながら異なる意見にも耳を傾け、「その意見の目的は、意味は」と問いかけながら、自分の意見を振り返る、そして正しいと思える意見に自分自身も納得して変更する、こういうプロセスがとても大切です。

　介護サービスは、集団的なチームワークを原則にしています。この仕事を推進するためにも、コンセンサスによる意思決定をする能力は極めて貴重な能力になります。

【　　】の手作り『報連相レベル表』　作成者氏名：　　　　　　　令和　　年　　月　　日

	報告	連絡	相談
(＋) こ れ だ け は や る	例えば …だけはやる	例えば …だけはやる	例えば …だけはやる
(－) こ れ だ け は や め る	例えば …のようなことはやめる	例えば …のようなことはやめる	例えば …のようなことはやめる

（留意点）①まず、目的を明らかにすること　②5W1Hで、具体的に表現すること。（具体的とは、少なくとも3Wぐらい含む表現です）
③手作りの過程で、関係者が目的の共有化を含めて、充分に相談すること。

不許複製　一般社団法人日本報連相センター/NHC

(出典) 日本報連相センターホームページ

（事例）2022年8月30日　報連相研修　まとめ

	これだけはやろう	これだけはやめよう
報告	『まとめてから報告する。』 現状、急いで話の内容がまとまらないまま何を伝えたいのかが分からない報告をすることがある。 このような報告は報告相手も混乱させる意味のない報告となってしまっている。 事前相談であっても『分かること』『分からないこと』をきちんと整理した上で報告を行う。 1. 報告のタイミングを逃さない ・第一報は遅れずに（★ここが一番重要） ・中間報告は要所要所で行う ・先に結果の報告、次に経過の報告 ・発言≠報告 ・カルーン＋電話メモ、付箋などを使ってここ二重に伝える	『整理する前の報告は少し待つ』 迅速な報告が必要ですが、整理できていないまま報告をすると相手に伝わらないよくない報告をしてしまうため、自身で整理をした上での報告を行うようにします。 現状把握できているポイント、分かっていないポイントを整理して報告することで、迅速で正しい情報のみの報告を行えるようにします。 1. 報告漏れ ・報告を忘れるのはダメ！電話対応が数件続く時、忙しい時は要注意！ 2. 相手の時間を奪わない ・相手に伝える前に、まず自分の中で内容の整理をしてから ・相手にわかりやすい、簡潔な内容で伝える。
連絡	『相手にきちんと情報が伝わるまでが連絡』 情報をただ連絡するだけではなく、相手に確実に情報が伝わったかを確認する。相手に情報が伝わったかどうかではなく、連絡手段をTPOに応じて メール＋口頭など、連絡手段を工夫する。 ・相手の立場や状況を考える（タイミングと方法） ・受け取る方は十人十色ということを意識する。 ・重要な情報はメモして口頭のダブルで確認をする。最終確認をする。	『情報を一部の人だけに共有』 必要な情報が一部の人にしか伝わっていない、ということがないように、情報は関係者全員に伝えるようにする。 メッセージ等で、情報を共有し、情報の共有化を図る。 ・（〜だろう）思い込みをやめる。 ・専門用語や略語を使わないようにする。 ・言いっぱなしをやめる
相談	する側：『前置きから始める』 『相談なんですけど』と声を掛けることで、聞く側も心の準備ができたり、忙しいタイミングであっても、相談事項があるという共通認識のもとで時間調整ができたりするのではないだろうか。 される側：『相談されやすい雰囲気を作る』 周りを見る。余裕をもって仕事を進めるなど、相談を受ける側も声を掛けやすい環境を用意する意識が大事。 ・相談内容を自分の中で明確にし、相手が判断しやすいよう、分かりやすく説明する。 ・どんな相談事でも自分の意見を用意する（相談事は自分で解決するというスタンスで）。	する側：『どういう反応が返ってくるか気にするのをやめる』 びくびくして消極的に声を掛けていく。 （例えば、答えが分からない悩みを抱えている場合、そのまま一人で悩んでいても良くは答えにたどり着く可能性は低いので、分からないという情報を持って相談しにいこう。） される側：『適当に話を聞く』のをやめる ・連絡は情報を聞いたら完了の場合もあるが、相談≒相手は悩んでいることもそうなので、特に「聴く」ことが大切になってくる。 ・相談したい内容がまとめられておらず、ノープランのまま相談すること。（何が問題なのか分からない、結局何が言いたいのか分からない） （例：何か問題事で悩んでいたら丸投げの相談）

> 3　一定期間での見直し

　人間という動物は、他から押しつけられたことに対しては抵抗を
しますが、自分が意思決定に参加したことはとても大切にします。
自らの行動は、自ら意思決定に参加して決定したいものです。

　「手作り報連相レベル表」も、「一度作ればよい」というものでは
ありません。「発表大会」等のイベントで場づくりをして雰囲気を
盛り上げても、その後の継続がないと、一時の「報連相運動」で終
わりになります。一時的な取組みでは、報連相のレベルアップ（＝
仕事の進め方のレベルアップ）の効果は限られたものになるでしょ
う。

　しかし、継続ということは何事にもよらず難しいものです。継続
のためには、企業としての報連相の職場展開について、位置づけを
明確にすることが不可欠です。経営指針書などの方針書に明確に報
連相の発展を位置づけて、組織として曖昧にせずに推進することが
大切です。

VII 介護事業における「情報の共有化」の重要性

現場で見かけた事例から、情報の共有化のポイントを説明します。「真・報連相」の視点で職員一人ひとりが報連相の力を有機的に活用することが、具体的に介護サービスの改善に繋がることがおわかりいただけると思います。

❯ 1 事例1：なぜ家に帰らないの？

あるデイサービス利用者の女性は、最近、自宅へ送られてからも自分の家には入らずに隣の家の玄関で長男の嫁が帰るのを待つようになりました。雨が降っても寒くてもひたすら待っていて、送迎担当の介護労働者はそれを知っていましたが、「帰宅時は家族が不在だが家へ送っておけばよい」との申送りを受けていたので、あまり気に留めていませんでした。

ところがある日、その女性が警察に保護されました。「親類の家へ行こうとしたが、新しい道路ができていてわからなくなった」と、自宅から10キロも離れた場所で徘徊していたところを保護されたのです。

「認知症障害はないのに徘徊していたなんておかしい」と思った担当のケアマネージャーが早速事情を聞いたところ、家に入らずに外で待っていたのは「中学生の孫に暴力でお金をせびられて辛いから」ということがわかりました。

さらに、道に迷って警察に保護されたのも、孫の暴力がエスカレートして辛いので、こっそり親類のところに相談に行こうと思って出かけたら昔と道が変わっていて行き方がわからなくなった、ということがわかったのです。

その後、担当ケアマネージャーと家族が話し合い、率直に女性が我慢していた理由を話し、家族で事実認識をして対応策をとるようにお願いしました。

家族も長男の嫁が帰宅するまでの2時間近くの間、女性が隣の家の玄関で待っていることは知っていましたが、なぜ家に入らずに待っていたのか、その理由が「中学生の孫に暴力を振るわれお金をとられて

いたこと」だとは知りませんでした。

　以後、孫の行動は改善し、女性は穏やかな生活に戻ったそうです。

（1）　在宅での介護を維持するためには、家族の在り方も重要な情報となる

　デイサービスでは、職員が自家用車や送迎車両を運転して利用者の送迎を行っています。限られた時間で一気に利用者の送り迎えをする仕事です。当然、迎えと送りの際の家族への申渡しもしますが、家庭の事情によっては家へ送るときに家族が不在で利用者一人だけの場合もあります。

　この女性の場合、最近、家に帰らず隣人の家に行くようになっていましたが、送迎担当者は、その変化を報告しませんでした。報告がなかったので、担当のケアマネージャーも関心を持つことはありませんでした。実はそこには深刻な悩みがあったのに、そのままにされていたのです。

　介護は、利用者と家族と介護サービス事業者が一体となって成り立つ仕事です。いずれも欠かすことのできない重要な要素です。在宅での介護を維持するためには、何と言っても家族の在り方が問題となります。このケースでは、変化に気づいていた送迎担当者が報告していれば、担当ケアマネージャーは家族と話し合い、状況を確認し、場合によっては改善策を示唆・助言指導することができたはずです。

（2）　情報の共有化のポイント

　このケースでは、送迎担当者が『家へ送っておけばよい』という言葉を鵜呑みにせず、「どうしたの？」と一声かけて話を親身に聞いていれば、早期に原因がわかり、ケアマネージャーや家族を交えた対策の話合いができ、辛い目に遭うことはなかったでしょう。

　それぞれの利用者の顔色や雰囲気の変化まで見逃さずに観察し、職員同士が自分の持っている情報を交換し、全員で情報を共有しておくことがいかに大切か、この事例からわかります。

> 2 事例2：なぜ車いすから転倒するの？

> 　認知症が進行している男性利用者は、車いすに乗っていますが自分自身の状態を上手に口で説明できません。この男性利用者が、車いすに乗っているにもかかわらず移動中に転倒することがあって、とうとう手を骨折してしまいました。
>
> 　施設としては、原因のわからない事故が再三にわたって発生していたこともあり、ついには「身体拘束しかないか」との議論になりました。しかし、この施設では「拘束ゼロ」を当然のこととして対応していましたので、「十分な検討もせずに拘束をするとはいかがなものか」と基本理念に立ち返り、職員全員が多忙な施設の運営の中でも常に男性の姿を視野に入れて、まさに360度の視点から観察をしました。
>
> 　すると、爪先を床に押しつける動作をしていることに気づき、足を確認すると、足の指の間が水虫になっていたことがわかりました。男性は、足の指がかゆいので床に爪先を押しつけていたのです。車いすが動いている時に爪先を押しつけたために前傾姿勢となり、それが転倒の原因になっていたことがわかりました。
>
> 　早速水虫の治療をしたところ、男性がつま先を床に押しつけることはなくなり、車いすから転倒することもなくなりました。

（1）　職員全員で基本理念に基づいて対策を検討し、拘束を回避

　「身体拘束」は介護の世界では禁止ですが、やはり地域によって運用が違っているようです。このケースでも施設の会議でいったんは「車いすの上での身体拘束」であり「限定的だから」と拘束することが検討されましたが、「利用者のための介護であり、たとえ『転倒防止』という大義があっても利用者を拘束することは賛成できない」、「なぜ転倒するかわからないのに拘束することは問題だ。単にバランスを崩してしまうのか、それ以外に原因があるのか調べるべきでは？」との意見が出て集団の目で原因を調査することとなりました。

（2） 情報の共有化のポイント

　このケースでは、基本理念に基づいて全員が男性の「転倒の原因」を見つけるために絶えず目を配り、情報を共有したことが解決に繋がりました。

　もし、十分な検討をせずに（情報の共有がなされずに）拘束を実施していれば、水虫に気づくこともなく、職員が「利用者のための介護」をすることはできなかったでしょう。

　また、自分では症状を訴えることのできない男性の不快な気持ちもそのままで、解消されることはなかったでしょう。

❯ 3　事例３：押しつけのアクティビティ？

　あるデイサービスで健康体操のアクティビティを指導する女性は、「なぜ私のアクティビティは楽しんでもらえないのか」「何のために働いているのか」と悩んでいたところ、「頭で考えるだけでなく、現場を見て、現場から学ぶことも大切では？」と誘われ、他のデイサービスの様子を見に行ってみました。

　すると、利用者がニコニコして大きな声を出して嚥下体操をしたり、風呂上がりの気持ち良い気分でカラオケをしたりして楽しそうでした。そのデイサービスのアクティビティは、一応のメニューはあるのですが、利用者と介護労働者がキャッチボールをするように語り合いながら、自在に変化をしていたのです。職員も、顔色や気分を確認しながら利用者一人ひとりにニコニコと話しかけていました。職員自身も、義務や仕事だからしているというのではなくて、楽しんでいることが十分に伝わり、輝いていました。女性は、その職員の姿に驚かされました。

　見学に行ったデイサービスの指導者に相談してみると、「利用者に今の気持ちを話してもらい、楽しいと思うことを連想しながら次々と展開していくことが一番。利用者の気持ちから高揚のうねりを引き出すことこそが大切。相手の心、感情を読み取ることにアクティビティの大切な点がある」と話してくれました。また、「当社では、職員全員が何らかのアクティビティを提供できるように一つ以上の『芸』を持っている」「アクティビティを行うには、利用者の身体状況や性格を知っていて、相手の反応を見ながら流れを臨機応変に変更し、最後

は落ち着くところに落ち着けるように実施する」とも話してくれました。

　女性は、「現場を見て話をして、利用者の顔を見て聞くと、自分の足らないことがよくわかった。マニュアルでは表せない生なことが多く学べた」と感じたそうです。

（1）　利用者の心、感情を読み取ってサービスを組み立てることが必要

　デイサービスのアクティビティに限らず、利用者と話合いをしながらサービスを組み立てていくことは、サービス業の基本でもあります。

　しかしこの女性は、「決まった時間で、決まったカリキュラムを進行させる」という方法でアクティビティを運営していました。利用者の中に入ると、自分が何をしようとしているかわからなくなるのが怖かったので、あまり利用者の輪の中にも入らず前に立って指導をするという方法をとっていました。

（2）　情報の共有化のポイント

　この女性が言う「自分の足らないこと」は、それまでの自分のやり方では不十分だったということを指しています。また、「マニュアルでは表せない生なこと」とは、見学したアクティビティの利用者の立場に立って利用者が望むことを次々と展開し、反応を見ながら流れに臨機応変に対応するやり方を指しています。

　介護サービス事業所においては、アクティビティに限らず、こうした相手の心、感情を読み取ってのサービスの提供が重要です。利用者によっては自分で身体の状況や感情を説明できない方もいるので、他のサービス業にもましてこの点が重要です。

　こうした事例から、介護サービス事業所では従来のような「報連相」では不十分で、組織全体が利用者のために「情報の共有化を深める組織」であることを求められていることがわかります。

コラム 「情報の共有化」を深められなかった組織の末路

　建設業者のTさんは「これからは介護事業が儲かる」という話を聞いて、総額2億円を投入して地方都市に土地を購入し、高齢者住宅を建てました。建物の建築は元来の仕事ですから困ることはほとんどなく、計画どおりに事は運びました。幸運なことに隣が整形外科であったため、周囲から「病院併設」の評判が広がり、満員となりました。

　しかしTさんは、工事を進めながら「職員の募集をしても応募が少ない」ことにビックリしていました。職員が集まらなければオープンさせることができず、投入した2億円を回収できないからです。焦りながら「資格を保有していれば誰でもOK」と適性評価などもせずに面談即採用とした結果、何とか竣工直後に高齢者住宅、訪問介護事業、デイサービスの経営展開に必要な職員を確保でき、オープンの運びとなりました。

　その後も、Tさんの頭は売上数字、稼働率、マニュアルによる効率化などでいっぱい、「職員は"指示をしたら動く道具"程度」に考え、膝を突き合わせて話すようなことはせずに、日々売上数字や稼働率を追求し続けました。

　開設の数日後、管理職はうつ病を発症し、開業と同時に行方不明になってしまいました。「資格さえ保有していれば」と採用した職員からも次々と退職者が発生し、半年間で200%を超える退職率となってしまいました。

　そんなとき、少し離れた地域にある高齢者住宅の視察をしたTさんは、そこでは毎月職員が増えていて辞める人はいないと聞いて驚き、職員をつかまえて「なぜ、あなたは辞めないのか」と聞きました。

　その職員は、「ここの施設長は一生懸命に私達のことを見てくれていて、時々助言もあって、人間関係がとても良い。ここでなら自分は成長できる。将来に向かって働きがいを感じる」と誇り高く返事をしました。

　Tさんは、「自分は職員と事務連絡はしたことがあるけれども、同じ仕事をする職場の上司として向かい合うことができていなかった」と痛感しました。

VIII 「人」を動かす4つの方法

> 1 自分の意志を他人（ヒト）を動かして実現する

　介護サービスは人の手によって行われます。一定の規模になれば、リーダー長、ユニット長、課長職などの管理者が配置されます。この管理者が、自分以外の「人」の集団の力を発揮させることができるかは、非常に大切なことです。そのためには「管理者とは何か」ということを理解しておく必要があります。

　真・報連相は、管理者の役割を「自分の意志を他人（ヒト）を動かして実現する」と定義しています。この定義には、次の3つの要素があります。

（1）　スタートは「自分の意志」がしっかりとしていること

　役員会などで決まったことを部下の職員に伝える場合も「役員会で決まったことだから」では、単なる取次ぎでしかありません。

　「腹に落ちている」という言葉で表現されることが多いのですが、よく考えて、管理者として自分の職責をかけて自己決定をしていることが大切です。担当する部署の状態を踏まえて決定事項の意味や目的、与える影響などをしっかりと理解して指示命令をすることが大切です。

（2）　「他人」を動かすこと

　管理者が「部下に説明するより自分でやったほうが良い」と自分で手配をしてしまうことがあります。「自分」で動くのは一人親方と同じです。これでは組織の力が発揮できません。

　やはり「他人」が動きたくなるような指示命令を、どのように展開していくのか、これが管理者の仕事だとキモに銘じて努力しなければなりません。

なお、この「他人」とは、部下だけでなく、ケースによっては他の部署の職員であったり、場合によっては、上司や利用者・家族であったりする場合もあります。

(3) 「動かす」ことが大切

「現実にどうやって動かすか」です。「伝えたけど動かない」ということはよくあることです。管理者の悩みの大半はここにあるのではないでしょうか。自分以外の他人に、思うように動いてもらえるとよいのですが、一筋縄ではいかないところに難しさがあります。

では、どうやって動かすのでしょうか？

▶ 2 「人」を動かす 4 つの方法

人を動かすには、大きく分けて次の 4 つの方法があるといわれています。それぞれの方法を確認してみましょう。

---

(1) 権限に基づく、指示命令で
(2) 人格とか、専門性とか、自分の魅力・持ちもので
(3) ハートに訴えて、共感を持って働きかけることによって
(4) 情報によって

---

(1) 権限に基づく、指示命令で

役職等の権限によって動かすというのが、これまで一般的でした。しかし、上司の権限で命令されたことの意味や目的がわからないと、頭は働きません。場合によっては「やりたくないなあ」と思いながら嫌々で「手・足」だけを動かすことになります。

(2) 人格とか、専門性とか、自分の魅力・持ちもので

「あの上司に頼まれたら嫌とは言えない」と、意気に感じて「あの人のためならば」と動く場合があります。しかし、その上司に魅力的なものがない場合は、職員の共感を得られない、ということになります。

（3）　ハートに訴えて、共感を持って働きかけることによって

　ハートに訴えて共感を得る働きかけは、とても大切です。「心が動けば、身体も動く」のです。しかし、相手が意気に感じ、やる気にならなければ動かないことになります。

（4）　情報によって

　大切なことは、意味や目的、事情という「情報」をしっかりと伝えることができているかどうかです。その情報の良し悪しによって、情報を知った後の行動は変わります。

第 **6** 章

介護事業所をめぐる
今日的な課題

I 介護事業所に求められる BCP とは？

> 1 2021年度介護報酬改定と BCP 策定の義務化

2011 年 3 月に東日本大震災が発生して以来、震災の影響で製造ラインが停止し経営に大幅な影響を受けた製造業を中心に BCP（Business Continuity Plan ＝業務継続計画）策定に取り組む企業は増加傾向にありました。一方で製造業以外の介護・医療の事業所やサービス業の事業所については、BCP の必要性が乏しいと思われていた影響もあり、策定がやや遅れている状況にあったのが現状です。そのため多くの事業所や施設では BCP 策定の取組みがまだまだ浸透していませんでした。

しかし 2021 年度介護報酬改定において、介護事業所に対し 2 種類の BCP 策定が義務づけられることとなりました。今や介護事業所の提供している様々なサービスは、要介護者とその家族等の生活を支えるうえで欠かせないサービスとなっています。昨今多発している自然災害や新型コロナウイルスをはじめとする感染症の感染拡大に対し、いかにして介護サービスを継続し提供していけばよいのか、また仮にサービスが休止した場合にもすぐに再開できるような体制をいかに構築していくのか、真剣に考え、実践していかなければなりません。それらを具現化し、いざという時に対処できるようにする体制を確立しておくための指針となるのが、BCP です。

BCP 策定の義務化は、サービスの種類や事業所の規模等に関係なく、すべての事業所が対象となります。ただし 3 年間の猶予期間が設けられており 2024 年 3 月末が策定の期限となっています。なお BCP は法人単位ではなく、事業所単位（施設単位）で作成する必要があります。そのため、複数の種類の介護サービスを提供している事業所については、それぞれの介護サービスに応じた BCP を作成する必要がありますので、その点注意が必要です。

▶ 2　BCPを身近なものに置き換えてみましょう!!

　詳細は後述しますが、BCPで決める概要は次のとおりです。しかしいきなりこれをやろうとしても項目が多岐にわたるため、イメージしづらいというご意見をよく耳にします。そこで、まずはご自身に身近な「家族」をテーマにBCPを作っていく方法をお勧めします。

> **事業所としてBCPを作る際に考えるべき項目**
> ・基本方針＝BCPを何のために作るのか？　その目的
> ・考えられるリスク＝自然災害や新型コロナウイルス感染症といった事業所に被害を及ぼす可能性のある事象や問題
> ・想定被害＝リスクが発生したときに予想される被害の状況
> ・復旧目標＝リスクが発生してから日常に戻るまでの期間
> ・復旧までの対応策＝復旧までの期間においてやるべきこと
> ・平時対応＝復旧までの対応策を実施するために普段から準備しておくこと
> ・緊急時対応＝実際に自然災害や新型コロナウイルス感染症が発生した直後にやるべきこと

　例えば、普段当たり前にできている「毎日おいしいご飯を食べる」ことを継続できるようにすることを目標にした場合、逆にそれが継続できなくなるのはどういう場合なのか？を「考えられるリスク」として考えます。そのリスクを「毎日ご飯を作ってくれている家族がコロナウイルス感染症に感染した場合」と想定したとします。そうすると、想定される被害は、「ご飯を作ってくれる人が誰もいなくなり、おいしいご飯が食べられない」ということになります。

　次に、感染した家族が回復するまでの期間を1週間とすると、その1週間の期間をどのように乗り切るのか、方法を考えます（復旧までの対応策）。

我が家の BCP 策定例

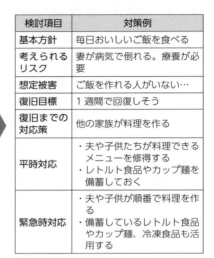

検討項目	内容
基本方針	毎日おいしいご飯を食べる
考えられるリスク	
想定被害	
復旧目標	
復旧までの対応策	
平時対応	
緊急時対応	

検討項目	対策例
基本方針	毎日おいしいご飯を食べる
考えられるリスク	妻が病気で倒れる。療養が必要
想定被害	ご飯を作れる人がいない…
復旧目標	1週間で回復しそう
復旧までの対応策	他の家族が料理を作る
平時対応	・夫や子供たちが料理できるメニューを修得する ・レトルト食品やカップ麺を備蓄しておく
緊急時対応	・夫や子供が順番で料理を作る ・備蓄しているレトルト食品やカップ麺、冷凍食品も活用する

　その方法が決まれば、実際にその方法が行動できるようにするために、普段からどのような準備をしておけばよいのかを、平時の対応として考えます。例えば「家族全員が料理できるメニューを覚える」や「レトルトや冷凍食品、カップ麺などを買いだめして保管しておく」といったことになるでしょう。

　そして最後の緊急時の対応は、実際にこのようなリスクが発生した直後に、誰がどのように料理を作るのか、具体的な手順等を決めておくことになります。ここでは「元気な家族が代わりに料理を作る。その際、レトルト食品や冷凍食品、カップ麺等も活用する」といったことになるでしょう。

　このようにして出来上がったものは、立派な我が家の BCP と言えます。家族以外でも、友人や趣味で参加しているスポーツチームといったように、いろいろな場の日常の継続をイメージして作ることができますので、BCP を作る際は、そのメンバー各自が身近なもので作ってみることをお勧めします。なお、実際に BCP を作る際にどのようなメンバーで作っていけばよいのか？よくご質問をいただくことがあります。

　BCP の内容については、災害時に職員や利用者の方がどのよう

に行動すればいいか？災害に備え普段から何を準備しておけばよいのか？緊急時の資金の準備をどのように行うのか？等、決めるべき内容が多岐にわたります。そのため、経営者だけで作成したり、特定の一部署に任せきりにして作ったりしてしまいますと、実際の災害時にまったく機能しないBCPが出来上がってしまいます。いざという時に使えないBCPにしないためにも、事業主・施設長だけでなく各部署の職員も一丸となって検討・作成していく必要があるのです。

> 3 BCP で決めるべき内容

　介護事業所のBCPでは、その事業継続に関する具体的な対策方法や計画を一つにまとめ、「自然災害発生時のBCP」・「新型コロナウイルス感染症発生時のBCP」という2種類を作成します。それぞれの内容を詳しく見ていきましょう。

（1）　自然災害発生時の BCP

自然災害（地震・水害等）BCPのフローチャート

1．総論
- （1）基本方針
- （2）推進体制
- （3）リスクの把握
  - ①ハザードマップなどの確認
  - ②被災想定
- （4）優先業務の選定
  - ①優先する事業
  - ②優先する業務
- （5）研修・訓練の実施
  BCPの検証・見直し
  - ①研修・訓練の実施
  - ②BCPの検証・見直し

2．平常時の対応
- （1）建物・設備の安全対策
  - ①人が常駐する場所の耐震措置
  - ②設備の耐震措置
  - ③水害対策
- （2）電気が止まった場合の対策
  - ①自家発電機が設置されていない場合
  - ②自家発電機が設置されている場合
- （3）ガスが止まった場合の対策
- （4）水道が止まった場合の対策
  - ①飲料水
  - ②生活用水
- （5）通信が麻痺した場合の対策
- （6）システムが停止した場合の対策
- （7）衛生面（トイレ等）の対策
  - ①トイレ対策
  - ②汚物対策
- （8）必要品の備蓄
  - ①在庫量、必要量の確認
- （9）資金手当て

3．緊急時の対応
- （1）BCP発動基準
- （2）行動基準
- （3）対応体制
- （4）対応拠点
- （5）安否確認
  - ①利用者の安否確認
  - ②職員の安否確認
- （6）職員の参集基準
- （7）施設内外での避難場所・避難方法
- （8）重要業務の継続
- （9）職員の管理
  - ①休憩・宿泊場所
  - ②勤務シフト
- （10）復旧対応
  - ①破損個所の確認
  - ②業者連絡先一覧の整備
  - ③情報発信
- 【通所サービス固有事項】
- 【訪問サービス固有事項】
- 【居宅介護支援サービス固有事項】

4．他施設との連携
- （1）連携体制の構築
  - ①連携先との協議
  - ②連携協定書の締結
  - ③地域のネットワーク等の構築・参画
- （2）連携対応
  - ①事前準備
  - ②入所者・利用者情報の整理
  - ③共同訓練

5．地域との連携
- （1）被災時の職員派遣
- （2）福祉避難所の運営
  - ①福祉避難所の指定
  - ②福祉避難所開設の事前準備

（出典）厚生労働省老健局
「介護施設・事業所における自然災害発生時の業務継続ガイドライン」

① 総　　論

（ⅰ）　基本方針

　基本方針では、主に何のためにBCPに取り組むのか、その目的を検討して記載します。目的について参考となるのが、経営理念です。BCPは業務継続のためにどのようなことすればよいのかをまとめる計画ですが、もっと大きな目的として、サービスを利用する方・そしてそこで働くすべての方の命を守るために何をすればよいのか？　というものが重要になります。

　この基本方針は、BCPの真の目的といったものを経営理念と関連づけて考えるのが一番簡単な方法かと思います。

（ⅱ）　推進体制

　BCPの大きな柱となるのが、平時の対応と緊急時の対応です。

　平時の対応では、普段からどのようなことを準備すればよいのかを記載し、緊急時の対応では、実際に自然災害が発生したときにどのような対応をすればよいのかを記載することとなります。

　この推進体制では、平時の対応をする場合にどのような体制（誰が何を担当し、実際に対応を行うのか）で実施するのかを決定し、記載することとなります。

（ⅲ）　リスクの把握

　リスクの把握では、自身の施設とその地域がどのような災害リスクを抱えているのかをハザードマップや行政が公表している被害の想定資料等を利用し、把握していくことになります。マップや想定資料を計画に盛り込むことにより、すべての職員がどのような災害リスクを抱えているのかを理解することができるようになります。

　またそれにより事前に対策を立てやすくなり、事業所において足りない物や購入するもの、変更すること等を把握することができ、準備も進みやすくなることで、業務継続の可能性を高めることができきます。

（ⅳ）　優先業務の選定

　自然災害が発生した場合、当然ながら施設自体も何らかの被害を受ける可能性があります。特に複数のサービスを提供している事業所においては100％の状態で施設が稼働できない状況下において、すべてのサービスを通常どおり提供することは難しいかもしれません。限られた人員と資源の中で、複数あるサービスの中からどのサービスを優先するのか、それを決める必要があります。また単独のサービスのみを提供する事業所においても、そのサービスにおける様々な業務のうちどの業務を優先してやるのか、をあらかじめ検討し、決定しておかなければなりません。

（ⅴ）　訓練およびフィードバックの実施

　BCPにおいて最も重要な部分です。就業規則や人事制度と同じく、BCPの内容も時間が経過するにつれ、変えていく必要があります。見直さず放置してしまうと、いざ災害が発生した場合に、何の意味もない使えないBCPになってしまいます。

　この項目では、BCPの定期的な見直しの実施とBCPの内容どおりに行動できるようになるための訓練の実施について記載します。BCPは少なくとも年1回の見直しが必要とされておりますので、具体的にいつやるのかを決めておくことをお勧めします。

（2）　平時の対応

①　各インフラが停止した場合の対策・必要品の備蓄

　自然災害の場合、ガス・水道・電気・通信といった様々なライフラインが停止することが予想されます。

　そのような状況下でサービスを提供するにあたり、停止したライフライン（電気・水・ガス等）をどのような方法で確保し、必要な業務を遂行するのか、また代替えとして必要な備品や食料・飲料水等はどのようなものがどれぐらいの量必要なのかも、記載します。

②　災害発生時の資金の準備等

　災害発生の有無に関わらず、施設の運営に資金は必要です。特に

災害が発生した場合、多額の資金が短期間のうちに必要になる可能性があります。また金融機関が業務停止に陥ることも想定し、非常時に備え常時いくらかの現金を用意しておく必要もあるでしょう。

常備する現金の額のほか、火災保険の契約内容や給付金の金額等もここで記載します。

（3） 緊急時の対応

① BCP発動基準・対応の体制および拠点

実際に災害が発生した場合、施設も含め非常に混乱し、収拾がつかない状況になります。混乱した中でBCPをスムーズに発動し、実行できるようにするために、どのような場合にBCPを発動するのか、またどのように行動するのか、対応時の拠点や体制はどのようになるのか、をまとめておきましょう。

② 安否確認および避難場所・方法、職員の管理等

被災した場合に最も重要なのは、利用者・入居者、そして働く職員の命を守ることです。そのための安全確保や避難等についての対応策を検討し、決めておきましょう。

③ 重要業務の継続、復旧対応

サービスを中断させないための対応策や、やむを得ず中断した場合の代替策、復旧させるための対応策を、ライフラインの状況や職員の出勤状況を踏まえて整理しておきましょう。また復旧作業がスムーズに進むように、関連する業者や取引先について災害時でも連絡をとることのできる緊急連絡先や担当者等を把握しておくことも重要です。

④ 他施設との連携

災害に備え連携している他の施設がある場合は、その連携の内容について確認する必要があります。連携協定を締結している場合は、協定書をBCPに添付しておくことも重要です。普段から他施設との協力体制を構築しておくことが、事業の継続に大きなプラスとなります。

⑤ 地域との連携

他の施設だけでなく地域との連携や貢献をすることは、社会福祉

施設としての公共性に鑑みると、重要な使命を果たすということができます。また防災体制の強化という意味でも非常に大きな意味合いを持つことになります。災害派遣福祉チームへの職員登録や福祉避難所として運営する場合は、地域にとっても大きな貢献ができる活動になります。そのような活動について、施設としてどのように考え、行動していくのかについて記載しておく必要があります。

⑥　その他注意点

　一部の介護サービス（通所サービス・訪問サービス・居宅介護支援サービス）施設・事業所については、先述した内容以外に独自に定める内容がありますので、厚生労働省ガイドラインを参考に、記載してください。

▶ 4　新型コロナウイルス感染症発生時の BCP

　新型コロナウイルス感染症発生時の BCP のポイントは、スピー

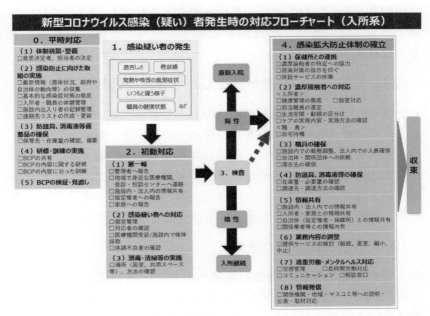

（出典）厚生労働省老健局
「介護施設・事業所における新型コロナウイルス感染症時の業務継続ガイドライン」

ディで正確な情報共有と感染（疑い）者が発生した場合の初動対応、そして普段からの感染防止対策が重要です。なお、感染者への対応方法については、入所サービスや訪問サービス等、提供する介護サービスにより、対応方法が異なる点があります。そのため、厚生労働省の用意している雛型もサービスごとで異なりますので注意が必要です。

（1）　平時の対応

　感染（疑い）者発生時の迅速な対応としては、平時と緊急時の情報収集・共有体制や、情報伝達フロー等をいかに構築するかがポイントとなります。そのためには、全体の意思決定者を決めておくこと、各業務の担当者を決めておくこと（誰が、何をするか）、関係者の連絡先、連絡フローの整理が重要になります。

　そのため、どのような体制で対応していくのか、どのような備品（マスク・消毒液・防護服等）が必要なのか、職員に対しどのように情報共有をしていくのか、といったことを検討し、決めておく必要があります。当然ながらBCPに関する研修や見直しの実施も必要になります。

（2）　感染（疑い）者が発生した場合の初動対応

　介護サービスは入所者・利用者の方々やその家族の生活を継続するうえで欠かせないものであり、感染（疑い）者が発生した場合でも、入所者・利用者に対して必要な各種サービスが継続的に提供されることが重要です。そのため、感染（疑い）者発生時の初動対応について誰が対応するのか、消毒・清掃の実施をどのようにするのか等、平時からシミュレーションを行うことが重要になります。

（3）　感染防止体制の確立

①　保健所との連絡・濃厚接触者への対応・職員確保

　新型コロナウイルス感染症では、自然災害と比べ、収束時期が見通せないことが多く、また業務に従事する職員が突発的に感染者や濃厚接触者となること等により急激に不足する場合があります。濃

厚接触者とその他の入所者・利用者の介護等を行うにあたっては、可能な限り担当職員を分ける必要がありますが、限られた職員数しか確保できない場合、こうした対応が困難となりクラスターのリスクが高まることから、適切なケアの提供だけではなく、感染対策の観点からも一定数の職員の確保は重要です。そのため、施設・事業所内・法人内における職員確保体制の検討、関係団体や都道府県等への早めの応援依頼を行うことが重要です。

② 業務内容の調整、過重労働・メンタルヘルス対応・情報発信

業務の重要度に応じて分類し、感染者・濃厚接触者の人数や出勤可能な職員数の動向等を踏まえ、提供可能なサービス、ケアの優先順位を検討し、業務の絞り込みや手順の変更を行う必要があります。また限られた人数の職員で対応を行うため、勤務する職員のメンタルのケアや長時間労働の予防も対応する必要があります。さらに感染の拡大と風評被害を防ぐため、スピーディで正確な情報の発信をどのように実施するのかについても検討しておく必要があります。

繰返しになりますが、BCP策定は、2024年4月までに完成させる必要があります。2種類のBCP策定には非常に時間がかかること、また現在進行形で次々に発生する様々な自然災害や時間の経過とともに変異していく新型コロナウイルスから、多くの方の生命を守り、事業を継続するためには、残された時間は非常に少ないため、早急にBCPを策定導入する必要があります。何から手を付けたらよいいかわからない介護事業所においては、厚生労働省から発行されているガイドライン等を参考にし、自社の現状の対応状況もチェックしながら、次ページのヒアリングシート等を利用し、準備を進めていきましょう！！

自然災害発生 BCP　初回ヒアリングシート

1. 事業所概要・優先サービス

会社名・施設名など	
施設所在地	
BCP 作成の目的	
提供する介護サービス	
災害時優先すべきサービス ※一番に復旧させたいサービス	

2. 想定される災害リスク

施設の所在地において発生する 可能性のある災害は？	地震		津波
	洪水・高潮		土砂災害

当施設の BCP を 発動する 基準	地震	震度　　　　　以上を観測した場合
	水害 土砂災害	☐　警戒レベル4（避難勧告、避難指示（緊急）、氾濫危険情報等） ☐　警戒レベル3（避難準備・高齢者等避難開始、大雨警報、洪水警報、高潮注意報等）
	その他	☐　公共交通機関の計画運休が実施される場合 ☐　高速道路、主要幹線道路が通行止めになる場合 ☐　その他　（　　　　　　　　　　　　　　）

3. BCP に取り組むための組織体制

主な役割	部署・役職	氏名	補足事項
責任者			
防災・インフラ担当			
業務担当			
給食担当			
研修・訓練担当			

Ⅱ 外国人労働者の現状と雇用について

▶ Ⅰ 外国人労働者を雇うのは日本人を雇うよりも難しい!?

　近年、地方でも外国人労働者の方を見かけるようになってきました。2022年10月末現在の政府統計によると、国別ではベトナムが最も多く46万2,384人（全体の25.4%）、中国が38万5,848人（同21.2%）、フィリピンが20万6,050人（同11.3%）の順となっています。介護分野でも、**第4章**でみたように4つの制度により受入れを進めており、増える傾向にあります。

介護分野の特定技能外国人在留者数の推移

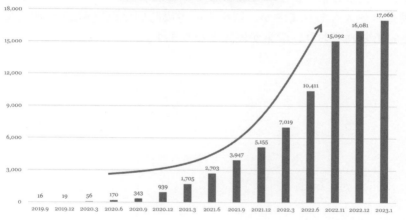

出典：出入国在留管理庁公表データを元に作成。

（出典）2023年3月29日介護分野における特定技能協議会運営委員会
（令和4年度第1回）資料

　人材不足を補う目的から、今後も介護分野における外国人労働者数は増加が見込まれます。そこで、ここではこれから外国人労働者の受入れを検討するにあたって、日本で介護の仕事に就くことがで

きるのは具体的にどのような外国人なのか、就労上どのような点に留意する必要があるのかを確認します。

（1）　日本で介護の仕事に就くことができる在留資格は？

はじめに、日本で介護の仕事に就くことができるのは次ページの表の在留資格で在留している外国人です。就労が認められない観光ビザなどの在留資格で在留している外国人や在留期間を超えてあるいは上陸の許可を受けることなく滞在している外国人は就労できず、このような外国人が就労した場合には、不法就労となり退去強制等に処せられます。不法就労外国人を雇用した事業主、不法就労となる外国人をあっせんした者等不法就労を助長した者は、3年以下の懲役または300万円以下の罰金に処せられます（出入国管理及び難民認定法第73条の2）。

そのため外国人を雇用する際には、在留資格の確認が必須です。なお、在留資格「留学」で在留している留学生がアルバイトとして働くケースもありますが、留学生の労働時間は原則週28時間までと定められており、学業が優先となります。

介護職員として就労可能な在留資格と制度の概要

	EPA（経済連携協定）介護職員	介護福祉士養成校所属の留学生
制度趣旨	相手国との経済連携強化	専門的・技術的分野の人材受入れ
送出し国	インドネシア（2008年度〜）、フィリピン（2009年度〜）、ベトナム（2014年度〜）	制限なし
在留資格	特定活動（介護福祉士候補者または介護福祉士）	国家資格取得前：在留資格「留学」 国家資格取得後：在留資格「介護」
在留期間	国家資格取得前：原則4年（一定の条件を満たせば5年） 国家資格取得後：制限なしで更新可能	国家資格取得後は制限なしで更新可能
家族の帯同	国家資格取得後に配偶者・子どもの帯同可能	国家資格取得後に配偶者・子どもの帯同可能
求められる日本語能力試験のレベル	・フィリピン、インドネシア 母国で6カ月、日本で6カ月の日本語研修等を受けた後に受入れ施設で就労開始。N4程度が来日要件で大多数は就労開始時点でN3レベルに到達 ・ベトナム 母国で12カ月、日本で2.5カ月の日本語研修等を受けた後に受入れ施設で就労開始。N3が来日要件	介養協のガイドラインより、下記のいずれかに該当するもの ・日本語能力試験N2以上に合格した者 ・日本語教育機関で6カ月以上教育を受け、N2相当以上と確認された者 ・日本留学試験の日本語科目で200点以上取得した者 ・BJTビジネス日本語能力テストで400点以上取得した者
国家試験の受験義務	必須。不合格でも一定点数以上を取得できていれば1年間に限り、滞在延長のうえ、再受験が可能	必須。ただし、不合格でも2017-2021年度の卒業者は卒業後5年間介護業務に従事するか国家試験に合格すれば国家資格の登録を継続できる
勤務できるサービスの種類	介護福祉士候補者： 介護保険3施設、ショートステイ、通所介護、認知症通所介護、特定施設入居者生活介護等 介護福祉士： 上記のほか、訪問系サービス等	原則として制限なし
配置基準に含められるまでの期間	日本語能力試験N2以上の場合は、雇用してすぐに配置基準に含められる。その他の場合は、雇用して6カ月後に含められる	雇用してすぐに配置基準に含められる
夜勤の可否	国家資格取得前：雇用して6カ月経過、または日本語能力試験N2以上合格で可能 国家資格取得後：可能	可能
法人内の異動	国家資格取得後に可能となる	可能
介護職種での転職の可否	国家資格取得後に可能となる（ただし、在留資格変更の許可が必要）	可能
受入調整機関	国際厚生事業団（JICWELS）	

	技能実習生	特定技能1号
制度趣旨	日本から相手国への技能移転（国際貢献）	人手不足対応のための一定の専門性・技能を有する外国人の受入れ
送出し国	制限なし	制限なし
在留資格	1年目：技能実習1号 2～3年目：技能実習2号（評価試験合格後に1号から移行） 4～5年目：技能実習3号（評価試験合格後に2号から移行）	特定技能1号
在留期間	最長5年	最長5年
家族の帯同	不可	不可
求められる日本語能力試験のレベル	入国時：日本語能力試験N3程度が望ましい水準、N4程度が要件 入国から1年後：N3程度が要件 ※ N3程度に満たない場合、雇用する事業所で介護に必要な日本語を学ぶことなどを条件に3年目まで在留することが可能	入国前に試験等で下記の水準を確認し合格することが入国条件となる ・ある程度日常会話ができ、生活に支障がない程度の能力 ・介護の現場で働くうえで必要な日本語能力 ※ 技能実習2号修了者または養成施設卒業者は試験等を免除
介護福祉士国家試験の受験義務	なし ※ 国家資格を取得すれば、在留資格「介護」に変更が可能	なし ※ 国家資格を取得すれば、在留資格「介護」に変更が可能
勤務できるサービスの種類	訪問系サービス以外	訪問系サービス以外
配置基準に含められるまでの期間	日本語能力試験N2以上の場合は、雇用してすぐに配置基準に含められる。その他の場合は、6カ月後に含められる	雇用してすぐに配置基準に含められる（ただし、6カ月間は受入れ事業所によるケアの安全性の確保体制が必要）
夜勤の可否	可能（ただし、技能実習生以外の介護職員を同時に配置することなどが求められる予定）	可能
法人内の異動	可能	可能
介護職種での転職の可否	原則、不可	可能
受入調整機関	各監理団体（団体管理型）、各企業（企業単独型）	登録支援機関 ※国により手続きが異なる場合があります

※国家資格：介護福祉士のことを指します

（出典）社会福祉法人東京都社会福祉協議会・東京都高齢者福祉施設協議会人材対策委員会「現場発外国人介護従事者の受け入れガイドブック」

（2） 外国人労働者の受入れにあたり留意すべき点

① 3つの留意点

　近年、外国人労働者に対する誤った認識から最低賃金を下回る賃金で働かせた等により行政から処分を受けるケースが増えていますが、人手不足だからと安易に外国人を雇用しようとしても、日本人の採用以上に労力、投資が必要となることを知っておく必要があります。具体的に留意すべき点として次の3つが挙げられます。

1　日本にいる外国人労働者が日本人と異なる点は「在留資格」という資格で認められた範囲内で日本での活動を行っている点のみ

➡　労働基準法や最低賃金法といった労働関係法令が適用されるのは日本人と同様で、日本人と同等以上の賃金水準を確保する必要がある

　海外の現地法人等においては現地の賃金水準で雇い入れることができるが、日本にいる外国人労働者はあくまでも日本の労働関係法令に則って処遇する必要がある

2　採用については、ハローワークなどから直接申し込んでくることもあるが、日本人と同様、待っているだけではなかなか応募がないため、アプローチをかける必要がある

➡　時には現地へ行って採用活動を行うこともある

3　基本的には日本で技術を習得して母国へと活かすことを目的として来日しているため、いつかは退職し帰国してしまう

➡　在留資格「技能実習」「特定技能」の在留期間は最長5年間

---

② 労働条件の明示

　採用した際にはまず、労働条件通知書を交付しましょう（記載内容は第4章参照）。

　外国人労働者に対して、労働条件通知書を渡す際には、誤解を避けるためにそれが彼らにとって十分に理解できるものでなければな

りません。そのため、彼らの母国語（または読める言語）で書かれた労働条件通知書を渡すのがベターです。

　作成する際は、厚生労働省ホームページ上の「外国人労働者向けモデル労働条件通知書」を活用するのがお勧めです。英語、中国語、韓国語、ポルトガル語、スペイン語、タガログ語、インドネシア語、ベトナム語のサンプルがあります。日本語訳も付いていて、双方にとって理解可能なものです。

　加えて、上記①のとおり労働関係法令上の扱いは日本人と変わりませんので、労働条件について労働者の国籍を理由として差別的取扱いをすることが禁止されています。日本人労働者と同じ働き方をする場合には、同等の労働条件を設定する必要があります。

　働き方のルールブックである就業規則についても、日本人労働者同様外国人労働者にも周知しておく必要があります。その際に留意すべき点は、労働条件通知書同様、外国人労働者が読んでも十分に理解できる就業規則を作っておくことです。方法は主に２つあります。

　１つ目は、翻訳した就業規則を用意しておくことです。就業規則の翻訳サービスを行っている業者がありますので、インターネットで調べるなどして依頼するのもよいでしょう。また、社内に外国人労働者の母国語を話せる人がいる場合はその人に作成を手伝ってもらってもよいでしょう。

　２つ目は、厚生労働省ホームページに掲載されている「モデル就業規則やさしい日本語版」を活用することです。このモデル就業規則には、もとの就業規則の横（下）に赤字で簡単な日本語に言い換えた文章が書かれています。外国人労働者に就業規則を説明する際は、赤字で書かれた文章をもとに説明すると、伝わりやすいでしょう。

　いずれにしても外国人労働者と就業規則の内容を共有することで、お互いに働き方をめぐる誤解が生じないようにすることが重要です。

③　就労上の支援

　外国人を雇い入れる際には、日本人と外国人との文化の違いを理

解し、受け入れることが不可欠です。例えば、外国人労働者の中には信仰に基づいた生活を日常的に送る国から来る人もいます。そのような労働者には、あらかじめ宗教上のルールを確認しておき、同僚の理解を促すことでトラブルを避けることができます。

この他にも、日本の雇用慣行とは大きく異なる点が多々あります。厚生労働省が作成している「外国人社員と働く職場の労務管理に使えるポイント・例文集〜日本人社員、外国人社員ともに働きやすい職場をつくるために〜」は、日本と外国との違いを踏まえて給与計算や休暇等に関する説明ができる資料となっていますので、こうした資料も活用するとよいでしょう。

④　**明確なキャリアビジョンを示す**

外国人労働者は自らのキャリアアップについて事業所に対してかなり厳しい目を持っているという点も、留意点として挙げられます。海外から技術を学びに来るのですから、自分がどういった技術を身に付けることができ、技術修練度によって待遇面もどう変わるかといった点は、最も気になるところです。ずっといてもらいたいと考えるならば、最初の面談の際に、先述した就業規則はもちろん、事業所の魅力、キャリアアッププランを明示して説明する必要があります。

言葉の壁や待遇面での見劣りによって、日本よりも他の国のほうが実入りが良いという理由で外国人労働者から以前よりも人気がなくなっているのも事実ですので、それでもなお日本を、自社を選んでもらえるようにするためには学べる環境が充実していることもアピールする必要があるでしょう。

外国人労働者の受入れは決して安易な人手不足解消策ではなく、長く働き続けることができ、意欲やスキルに見合った待遇が受けられる魅力的な職場づくりに取り組み、またそれをきちんと制度化して示せるようになることが必要であることを念頭に置いて検討しましょう。

▶ 2　外国人労働者受入れの第一歩は「技能実習生」から

　それではここからは、具体的に外国人労働者を受け入れる方法と手順を確認します。

　現在最も多い受入れ方法は、はじめに技能実習生として受け入れた後、特定技能へと在留資格を変更してなるべく長く日本で働いてもらえるようにする方法です。そこで、本書でもまず技能実習生の受入れ方法を紹介します。

（1）　監理団体の紹介を通じて受け入れる

　技能実習とはその名のとおり、母国から日本に来て日本の技術を学ぶための在留資格で、現地求人も行う監理団体の紹介を通じて受け入れるケースが最もポピュラーです。

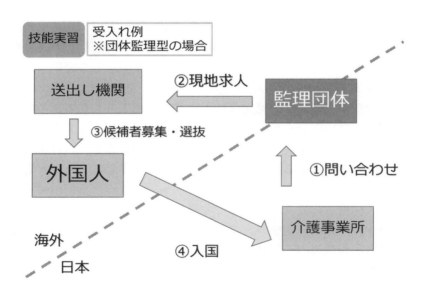

　人材の選抜も監理団体がしてくれますが、現地に赴いて実際に選抜に関わり、働いてもらいたい人物かを見極めることも重要です。現地に赴くことで日本との風土の違い、食生活をはじめとする生活

習慣などを知ることができ、採用後の理解がより進むといった利点があります。複数企業での合同視察を実施している監理団体なども多いので、まずは監理団体に問い合わせてみるところから始めてみましょう。

技能実習生の入国手続は送出し機関が行いますが、入国した技能実習生がどのように実習を行うかといった計画の立案や期間中の技能実習生の支援を行うのは、監理団体です。技能実習生の在留期間は最長でも5年間と限られているため、その中でいかに効率的に技術を習得してもらえるような計画とするかが重要となります。

計画の内容には法令による一定のルールがあり、例えば、技能については本国において習得が困難なものであることや、同一の作業の反復のみによって習得できるものではないこと、といった取決めがされています。

さらに監理団体は、企業が計画どおりに実習を行っているかの監査や、入出国に関する申請のサポートも行ってくれます。

このように監理団体は非常に重要な役割を担っているため、選定を誤ると良い人材は得られません。商工会議所などが監理団体になっているケースもありますので、まずは聞いてみるのもいいでしょう。

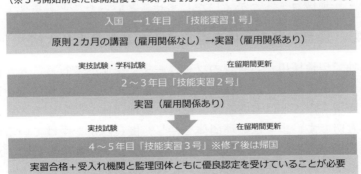

在留期間

・最長5年間
(※3号開始前または開始後1年以内に1カ月以上いったん帰国する必要がある)

入国 →1年目 「技能実習1号」

原則2カ月の講習（雇用関係なし）→実習（雇用関係あり）

実技試験・学科試験　　　　在留期間更新

2～3年目「技能実習2号」

実習（雇用関係あり）

実技試験　　　　在留期間更新

4～5年目「技能実習3号」※修了後は帰国

実習合格＋受入れ機関と監理団体ともに優良認定を受けていることが必要

（2）　訪問介護員としての従事は不可

　技能実習生を母国語でフォローすることができるのも、監理団体の特徴です。技能実習生に求められる日本語能力は、入国時で日常会話ができる程度の日本語能力検定 N3 以上が望ましいとされていますが、来日後に身に付ける人が多いのが実態で、なかなか伝わらないときもあるからです。

　日本語能力検定 N2 以上であれば、比較的流暢に日本語を話すことができるため、雇用後、すぐに人員配置基準に含めることができますが、そのほかの場合は雇用後 6 カ月経過後に含めることができるので注意が必要です。さらに訪問介護員については、従事させることができません。施設系や通所系であればサービス提供中も他の職員がいますが、訪問系は単独でサービスを行う場合もあるため、技能実習生だけでの従事は認められていないのです。

（3）　技能実習生の住居は事業所が用意

　技能実習生の住居は、受け入れる事業所が用意します。広さなど要件が定められていますので、監理団体と相談のうえ準備をする必要があります。賃貸住宅を借り上げるケースが一番多いですが、一度に複数の技能実習生を受け入れる場合や在留期間修了ごとに入れ替わる等の場合は、一軒家等を借りたり所有したりすることで技能実習生同士の共同住宅とし、孤立を防ぐといった企業も多いようです。近隣住民の理解を得るため、地域の慣習（特にゴミの出し方）を教え、地域コミュニティになじませるといったことも重要です。

（4）　優良な監理団体を選定することが何より大切

　単独で現地採用から教育のフォローまでをすべて行うことが困難な中小企業にとっては、技能実習修了までの間労働関係法令を遵守して雇用することはもちろん、優良な監理団体を選定することが何より大切です。まずは監理団体を探し、優良認定を受けているかなどを判断基準に選定していくとよいでしょう。特に最近は、SNSなどでより有利な条件で働けるところがあるなどとブローカーが誘

いかけ技能実習生が失踪するケースも少なからずありますので、注意が必要です。

　最初の一人目はハードルが高いとは思いますが、いったん計画の立案ができていれば技能実習生が帰国した後も、新たな技能実習生を迎え入れることができますので、計画をブラシュアップしつつ受入れに慣れていけばよいのです。

▶ 3　人手不足解消のために設けられた「特定技能」

（1）　在留資格「特定技能」とは

　特定技能は、人手不足解消のため 2018 年に設けられた比較的新しい在留資格です。「特定技能 1 号」と「特定技能 2 号」があり、特定技能 1 号は「相当程度の知識又は経験を必要とする技能を要する業務に従事する外国人」、特定技能 2 号は「熟練した技能を要する業務に従事する外国人」を対象としています。

　特に人手不足が深刻な建設業や製造業等の中小企業や小規模事業所をはじめとして、生産性向上や国内人材の確保のための取組みを行ってもなお人材を確保することが困難な状況にある特定産業分野（14 分野）において受入れが可能となっており、介護事業も含まれています（現状、特定技能 2 号の受入れが可能なのは建設、造船・舶用工業の 2 分野に限られているため介護分野での受入れは不可）。

　特定技能 1 号の在留資格を取得する方法は、技能水準および日本語能力水準が要求されるレベルに達しているかを確認する試験に合格する方法（試験ルート）と、技能実習（2 号）を良好に修了した人が「特定技能」に在留資格を変更する方法（技能実習ルート）があります。出入国管理庁が公表している 2022 年 12 月末時点の特定技能 1 号在留外国人数の内訳を見ると、介護分野では、総数 16,081 人のうち試験ルートが 12,999 人、技能実習ルートが 2,808 人と試験ルートが大半を占めますが、今後、技能実習ルートでの人数の増加が見込まれています。

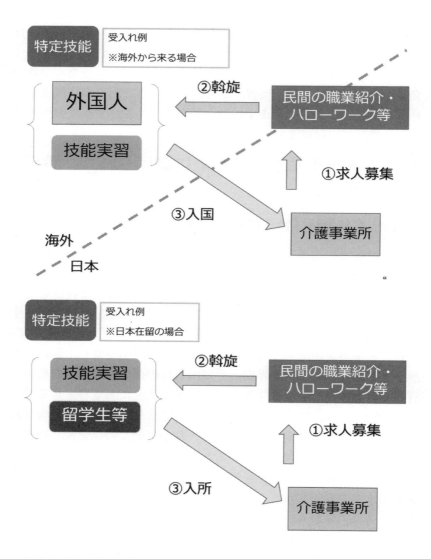

（2）　受入れのメリット

　技能実習2号または3号からの在留資格の変更も可能であるため、在留資格を変更することで特定技能1号として最長5年間、技能実習と合わせて最長10年間就労することが可能となります。技能実習生が最長5年で帰国するのであれば雇っても教育し甲斐がな

い、と思っていた事業所も視野に入れてみてはどうでしょうか。

　2021年度介護労働実態調査結果によれば、介護事業所の離職者の勤務年数は「1年未満の者」が35.0％、「1年以上3年未満の者」が23.7％、「3年以上の者」が41.3％となっていて約半数は3年未満での離職となっているため、最長10年の在留期間は技術習得としてはかなりやり甲斐があり、人材としても魅力的と言えます。技能実習生同様、訪問系サービスに従事させることはできませんが、受入れ施設におけるケア安全体制を確保したうえで、雇用後すぐに人員配置基準に含めることができます。

（3）　受入れにあたっての留意点

　特定技能の特徴として、登録支援機関または事業所（受入れ機関）が外国人を支援する役割を担っています。行わなければならない支援項目は、生活オリエンテーションの実施、生活のための日本語習得の支援、外国人からの相談・苦情対応、外国人と日本人との交流の促進に係る支援となっていて、日本で生活するうえで必要となる行政手続等も外国人と役所等に同行して行ってくれます。

　ただし、登録支援機関はあくまでも外国人支援の立場に立っていますので、支援責任者が外国人およびその上司と3カ月に1回以上定期的な面談を行い、労働関係法令違反があれば通報する義務を負っています。受入れ時の計画と異なる点がないか、常に留意する必要があります。

　また、受入れ機関は分野別協議会の構成員になることが必須とされています。分野別業協議会とは、他の受入れ機関や業界団体、関係省庁等で構成されており、特定技能外国人の受入れに係る制度の趣旨や優良事例の周知や特定技能所属機関などに対する法令順守の啓発など、受け入れ機関だけでは得られない情報等を共有することができます。

> 4 ずっといてもらいたいならば在留資格 「介護」

（1） 在留資格「介護」とは

　事業所にとってみれば、雇用期間に限りがある人材を雇用するのはためらいがあるというのが本音です。そこで、介護事業所で働く外国人の最終目標とも言える在留資格「介護」があります。

　在留資格「介護」はその名のとおり、介護業界で従事するために2017年に創設された制度で、日本の国家試験に合格して介護福祉士の資格を取得する必要があります。上記特定技能1号の人が国家試験に合格して在留資格「介護」へと変更するルートのほかに、外国人留学生として入国して専門学校に行きながら資格を取得するルートも多いです。

　最大の利点としては、一定期間での在留資格の更新手続は必要ですが、特定技能や技能実習生のように年数制限がないため、ずっと滞在することができることが挙げられます。家族の帯同も可能で母国にいる家族を連れてくることもができるため、日本で働き続けたいという外国人が安定して仕事に就くことが可能です。勿論、国家試験の内容を理解するほどの日本語能力を有していますし、介護の知識と技術も高いものが見込めます。訪問介護にも従事することが可能です。

（2） 在留者数が少ないため受入れのハードルは高い

　ただし、在留資格「介護」を持った外国人の在留者数は2022年6月末時点で5,339人と技能実習生や特定技能1号に比べて少数にとどまるため、採用は難しいとも言えます。実際に迎え入れている事業所は、医療看護系の専門学校に紹介してもらったり、専門学校への教育支援などを行って特定技能から切り替えられるよう取組みを行ったりしているようです。また、留学生をアルバイトとして雇用し、事業所を知ってもらい、学費を一部負担するなりして将来への社員登用に繋げるといった動きもあります。

書式ダウンロード特典利用方法

本書に収録している 📥 マークつきの書式のデータは、下記の手順でダウンロードのうえ、ご利用いただくことができます。データのダウンロードに必要な環境等をご確認のうえ、ご利用ください。

手順❶

日本法令のホームページ（https://www.
horei.co.jp/）にアクセスし、上部中央
にある「商品情報（法令ガイド）」を
クリックします。

手順❷

右下の「出版書」のコーナーの、「購
入者特典：書籍コンテンツ付録データ」
の文字をクリックします。

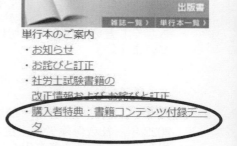

手順❸

ご利用いただけるファイルの一覧が表
示されますので、お使いのものを選ん
でファイルを開くか、またはデータを
保存のうえご利用ください。

ダウンロードするデータのファイルごとにパスワードが設定されています。
ファイルを開こうとするとパスワードの入力を求められますので、
「**5tei_kaigo2023**」を入力して開いてください。

【ソフトウェア要件・ハードウェア要件】
●ソフトウェア
OS環境：Windows7日本語版/8日本語版/10日本語版
ブラウザー：Microsoft Edge、Google Chrome
Microsoft Word 2007、2010、2013、2019
Microsoft Excel 2007、2010、2013、2019
●ハードウェア
上記OSおよびハードウェア環境
作成印刷する書式の用紙サイズに対応したプリンタ

【使用承諾】
●本書の各種データを使用することによって、何らかの損害やトラブルがパソコンおよび周辺機器、インストール済みのソフトウェアなどに生じた場合でも、著者および版元は一切の責任を負うものではありません。このことは、各種ファイルのダウンロードを選択した際のメッセージが表示されたときに「開く（O）」または「保存する（S）」を選択した時点で承諾したものとします。

合同経営グループ

　合同経営グループは、1995年に創業し、「輝きと笑顔のために、一隅を照らす」を経営理念に笑顔で働くことを大切にしてきました。「一隅」とは、いま、あなたがいる場所のことで、一隅を照らす光が集まれば、大きな光となって、やがて国全体を照らすことになるという考えです。

　当グループは、行政書士法人、社会保険労務士法人、税理士法人の3つの士業法人があり、ワンストップサービスを提供しています。「三人寄れば文殊の智慧」の精神で連携する法務の専門家集団として、許認可、人事労務、税務などの業務を総合的にサポートしています。2000年から施行された介護保険制度では、制度の始まった初日から総合的にサポートを展開しています。

　また、当グループの香川県ケアマネジメントセンター㈱は、介護保険制度が施行された2000年から、居宅介護支援事業所として指定を受けています。ケアマネージャーは、高齢になっても在宅で限りなく幸せに生きることができるよう、「あなたの場所で、あなたらしく」という使命を大切に、利用者本位のケアプランの作成をしています。

監修者・執筆者略歴（五十音順）

井平　日菜（いひら　ひな）

2022年　社会保険労務士法人合同経営　入社
現在は給与計算業務を中心に労務相談等に従事。

尾原　良太（おはら　りょうた）

社会保険労務士
社会保険労務法人合同経営　執行役員
飲食業でのマネージャー業務に従事後、複数の社会保険労務士事務所で勤務、またクリニックでの事務マネージャー業務を経て、2014年社会保険労務士法人合同経営に入社。
入社後は労務相談業務や就業規則策定のアドバイザー、顧問先での社内講師等を中心に活動している。
また近年は「介護事業所のBCP」のコンサルティングや講師・執筆活動も行っている。
著書：「介護事業所のための就業規則（日本法令・2020年（共著））
　　　「介護事業所のBCP策定支援で社労士ができること」（開業社会保険労務士専門誌『ＳＲ』第64号）

是松　郁子（これまつ　いくこ）
社会保険労務士法人合同経営　代表社員
社会保険労務士
2007年合同経営に入社後、顧問先での労務相談業務や給与計算業務に従事し、2018年より代表社員に就任。
また、かがわ障害年金相談センターではセンター長として相談業務に携わっている。

酒井　洋美（さかい　ひろみ）
社会保険労務士
1996年　合同経営に入社
1998年　社会保険労務士開業登録
1999年　㈱合同経営　取締役就任、香川県ケアマネジメントセンター㈱　監査役就任
2013年　社会保険労務士法人　合同経営　役員就任
現在は、顧問先の労務相談業務、給与計算業務に従事するとともに、合同経営グループ内の管理・総務業務にも携わっている。

林　哲也（はやし　てつや）
社会保険労務士法人　合同経営　代表社員
特定社会保険労務士
1995年　社会保険労務士開業登録、2013年社会保険労務士法人 合同経営を設立し代表社員就任
1999年　香川県ケアマネジメントセンター㈱代表取締役に就任し、2000年介護保険の施行と同時に、居宅介護支援事業の指定を受け、以後、独立系の居宅介護支援事業所として運営
現在、中小企業家同友会全国協議会経営労働委員長　香川県中小企業家同友会代表理事

松井　健太郎（まつい　けんたろう）
行政書士法人合同経営　法人役員
行政書士
小売業に従事後、行政書士法人合同経営に2019年入社。
障害福祉事業をはじめ、介護事業、建設業等多岐にわたり許認可申請の相談対応を行っている。
YouTube動画配信にも力を入れ、介護・障害福祉事業処遇改善加算関連の動画については、短時間ながら書類作成の注意点をわかりやすく伝え、好評を得ている。

宮田　莉玖（みやた　りく）
2022年、社会保険労務士法人合同経営に入社
現在、労務相談業務に従事している。

| 5訂版 | 実例でみる | 平成21年5月1日　初版発行 |
| | 介護事業所の経営と労務管理 | 令和 5 年8月1日　5 訂初版 |

 日本法令®

検印省略

〒101-0032
東京都千代田区岩本町1丁目2番19号
https://www.horei.co.jp/

監　修　林　　　哲　也
著　者　合同経営グループ
発行者　青　木　鉱　太
編集者　岩　倉　春　光
印刷所　日本ハイコム
製本所　国　宝　社

（営　業）　TEL　03-6858-6967　　Eメール　syuppan@horei.co.jp
（通　販）　TEL　03-6858-6966　　Eメール　book.order@horei.co.jp
（編　集）　FAX　03-6858-6957　　Eメール　tankoubon@horei.co.jp

（オンラインショップ）　https://www.horei.co.jp/iec/
（お詫びと訂正）　https://www.horei.co.jp/book/owabi.shtml
（書籍の追加情報）　https://www.horei.co.jp/book/osirasebook.shtml

※万一、本書の内容に誤記等が判明した場合には、上記「お詫びと訂正」に最新情報を掲載
しております。ホームページに掲載されていない内容につきましては、FAXまたはEメー
ルで編集までお問合せください。

© Godokeiei Group 2023. Printed in JAPAN
ISBN 978-4-539-72989-2